城《しろ》割《わり》の作法

一国一城への道程

福田千鶴

吉川弘文館

まえがき―平和な城の風景から―

世界に残る城壁都市

日本の城下町を散策すると、それを取り囲む高い城壁がないことにふと気づく。確かに、川、沼、湖、海といった自然の防御施設に都市域が囲まれており、橋を切り落としてしまえば敵の侵入攻撃を防御できるとはいえ、敵から攻められたときに本当にこれで町や人々を守ることができるのだろうか、と疑問に思える。江戸という二百年以上も平和な時代が続くなかで、ランドマーク化した大名の居城のみが石垣と壁で囲まれている平和な風景。明治維新の廃城令のなかで居城も最終的に壊されていくにしろ、天守のある城が平和の象徴であり、城壁で守られる必要のない町の風景には、なにがしかの違和感をもつ。世界に残る城壁都市を散策したことがある人なら、なおさらそれを実感するのではないだろうか。

中世ヨーロッパでは、城や寺院を中心にして周囲に四壁を作ることで、各地に自治都市がいくつも誕生した。たとえば、一九八六年に世界文化遺産に登録されたエヴォラ歴史地区。ポルトガルの南東部のアレンテージョ地方に位置し、標高三百メートルの丘を城壁が取り囲み、今でも中世都市の面影を色濃く残した美しい町である。

エヴォラ歴史地区

エヴォラ歴史地区を取り囲む城壁（著者撮影）

城壁を抜けて、狭い石畳の小道を昇っていくと、町の中心には二世紀末のローマ時代の遺跡であるディアナ神殿、十二～十三世紀のロマネスク様式と初期ゴシック建築が融合したエヴォラ大聖堂、十六世紀のイエズス会の大学やサン・フランシスコ聖堂がある。ここは、一五八四年に伊東マンショたち、天正遣欧使節が立ち寄った町としても知られる。筆者も、エヴォラ大聖堂に隣接するエヴォラ公共図書館が所蔵する、屏風の裏張りから発見された豊臣秀吉期の文書、いわゆる「エヴォラ文書」を調査するために、エヴォラの町を訪ねたことがある。その時、この城壁で囲まれた中世都市を散策し、自治都市エヴォラとそこに住まう人々の生命・財産を守ってきたのはこの高い城壁なのだと実感した。そして、それが壊されるという歴史を経ることなく、現代にまで伝えられているのである。

同様の景観は、アジアでも確認することができる。韓国の首都ソウルは、一三九二年に李成桂が朝鮮王朝を建てて以来、城壁都市として整備された。景福宮を中心に市街地を城壁で取り囲み、東西南北の門を設けて城域を管理した。近代都市化のなかで城壁は取り除かれたが、巨大な崇礼門（南大門）がソウル駅近くにあり、繁華街にある東大門付近からは軍事施設や城壁等が発掘され、歴史公園として整備されている。これらを散策すると、ソウルがいかに巨大な城壁都市であり、李王朝とともにその景観が維持されていたかがわかる。

戦国から近世へ

ふりかえって日本をみた場合、かつて中世に生まれただろう城壁で取り囲まれた自治都市の城壁遺跡をすぐに思いつかない。よく考えてみれば、後北条氏の小田原城や豊臣秀頼が大坂の陣で籠城した大坂城は壮大な惣構えで取り囲まれていたはずだ。確か豊臣秀吉は京都の町を取り囲む「御土居」を造ったはずだ、などと思いつくが、遺構は断片的だし、大坂城の場合は豊臣期の大坂城を徹底的に破壊して埋め立てた土台のうえに、徳川の大坂城が新たに建造されたことは、近年よく知られる事実となった。徳川大坂城の場合は惣構えを設けることはせず、大坂の市街地は城壁による制限を受けることなく江戸時代に拡張されていった。

では、いつ日本全国の城下町から、それを取り囲む城壁がなくなったのか。城の築城は古代から連綿と続けられ、その長い歴史のなかで壊されたものもあっただろうが、エヴォラのような中世城壁都市の遺構を日本国内でみつけることができないとすれば、日本には城壁を壊すという固有の歴史があったのではないかと考えざるをえなくなる。これが本書の問いかけの核心にある。つまり、城割《しろわり》の歴史である。

ソウル市　東大門に連なる城壁遺構（著者撮影）

群小の城が乱立する戦国時代になると、領域の支配を強化する過程で戦国大名は敵対する者の城を破却する政策をとった。織田・豊臣政権による天下一統の過程でも、城割政策が進められた。そして、これを引き継いだ徳川政権のもとで、城割政策は大転換を遂げる。いわゆる「元和の一国一城令」である。これにより大名の領国は居城一つのみが残され、武家諸法度により城郭の修繕普請であっても幕府への報告が義務づけられた。大まかにいえば、そうした歴史過程のなかで日本の城下町は城壁をもたない都市として成立することになったといえる。

そうなのだ。この城割の時代を経ることなしに、乱世（戦争）から無事（平和）へと歴史が大きく変容することはなかったとさえ思える。それほどに、近世という時代の成立にあたって、全国規模で進められた城割政策がはたした役割は大きかった。戦時には武士のみならず民衆が籠城して戦った城壁を持つ城郭。この機能になんらかの制限を加えることなしに、二百年以上も国内戦争のない徳川の平和は到来しなかったのである。

本書のねらい

本書は、このような問題関心から城割の歴史を紐解き、近世成立期に起きた城郭をめぐる様々な事件の因果関係を解き明かしていくことにし、書名を『城割の作法――一国一城への道程《みちのり》――』とした。その意図について、あらかじめ述べておきたい。

近年の城郭研究では、城を壊すことを指して「城破《わ》り」を用いることが増えた。ところが、本文で述べるように、城を壊す作法には「わる（破る）」と「たたむ（捨む・畳む）」の違いがあり、その他にも多様な作法があった。本書ではここに着目したい。そのため、これらを含み込む概念として、「城割」を用いることにした。いわゆる「一国一城令」を伝達された細川忠興が、「諸国城割の御触状」と書状に記したことも、右の用法の汎用性を後押ししている。

その一方で、豊臣期には城割の歴史とともに、「太閤町割」「国割」といった重要な政策が進められた。つまり、「割」には、城割のように壊すこととは反対に、新たな区画を造り、割り当てるという意味での用法がある。

『精選版日本国語大辞典』によると、「割」の用法には十項目が立てられており、多様な用法があることがわかる。城割は、第一の用法「力を加えて、二つまたはいくつかの部分に分離させ、全体の完結性を失わせる」であり、㋺建物、城などをとりこわす。破壊する、との説明に該当する。一方、国割・町割は第二の用法「事柄の全体を二つ、またはいくつかの部分に分ける」であり、㋑分割する。また、区分したそれぞれに事物を分配し分担させる、わりあてる、に該当しよう。第三の用法以下は割愛するが、いずれも共通して、本来ある姿＝完結性が崩された状況をたとえる際に用いられるようである。たとえば、割り算、水割り、腹を割って話す、土俵を割る、などである。いわば、町割、国割も、本来ある姿が崩されることで区画が整理され、その結果として新たな町の区画や国境が創出されたものと考えれば、なぜ「割」という表現が用いられたのかも納得がいく。

つまり、「割」の根本には、本来ある姿を崩すという行為が備わっており、城割であれば城としての本来あるべき姿を崩させることがその語源にあったとみなすことができるかもしれない。そのような城の本来あるべき姿を崩していく城割の歴史が進められた結果、近世には「城のあるべき姿」も大きく変わることになった。それが、一国一城であることを原則とした城壁のない城下町の成立であったというのが、本書の大きな見通しである。

また、城割の歴史を読み解くことで、近世成立期に生じた小田原城の破却、大坂冬の陣後の大坂城の破却、福島正則による広島城の破却といった個々の事件がつながっていたのだということが理解できるようになる。逆にいえば、城割という視点からこれらの事件を読み解いてこなかったために、個々の事件は不可解な疑獄的な事件として取り扱われてきたのではないかと思う。

そこで、まずはこの聞き慣れない城割とはどのような作法・習俗だったのかを理解する必要がある。そのうえで、そこに徳川政権が新たな城割方法を打ち出し、乱世を強制的に終了させようとしたという歴史的背景のなかで右の諸事件を位置づけたい。そうすれば、これまで不可解とされてきた彼らの所行もすっきりと理解できるようになる。また、島原・天草一揆も城割の歴史のなかに位置づけて理解することで、これまでの宗教戦争としての評価だけではなく、あの原城という古城でなにが起きたのかという歴史を問い直すことにもつながるのではないかと思う。

そして、そのような歴史を知ると、今まで何気なく見ていた身の回りの風景がきっと違ったものにくっきりと見えてくるようになるだろう。そのような歴史の楽しみを読者の皆様に感じてもらえるきっかけに本書がなることができれば、著者としては望外のよろこびである。

目次

挿図目次

第一章　城割の作法・習俗

はじめに

一般に「城」といえば、播磨の姫路城や土佐の高知城などのように、天守閣がそびえたつ近世城郭を思い描くのではないだろうか。まず、その城郭イメージから離れて考えてみるところから始めたい。即ち、大名領国の中心に天守閣がそびえたつ一つの城郭があり、その周囲に城下町が形成された近世都市。この景観が定着するまでには、大名の居城以外にある膨大な数の城を壊さねばならなかった。この城を壊す行為は、史料上では「城わり」「城割」「城破り」「破城」「破却」などと出てくるが、以下では引用の場合を除いて、「城割」と表記を統一して呼ぶことにしておきたい。

日本列島では、古代より軍事施設としての柵や城が設けられ、戦国末期までには群小の城が乱立した。たとえば、筆者の勤務する九州大学は、黒田氏の近世城下町として栄えた福岡から西側に位置する糸島半島にある。旧国郡名でいえば、筑前国志摩郡にあたる。大学の周辺にはのどかな田園風景が広がり、小さな山々に囲まれている。その景観からは、ここにかつて群小の城郭があった気配を感じとることは難しい。

しかし、江戸時代前期の儒者として著名な貝原益軒（一六三〇～一七一四）が著した『筑前国続風土記』の「古城古戦場」では、志摩郡だけでも鷺城・今津村城・柑子岳城・加也山城・姫島城・馬場村城・泊村城といった七城の存在を伝える。福岡県の調査では、他に水崎城・大神城・岩松城・松隈城があったとされる（福岡県教育委員会二〇一五）。他にも記録や人々の記憶に残らない城は数多くあっただろう。

とすれば、これらの城はいつどのようにして廃城となったのだろうか。そして、城郭の遺構はまったく残されていないほど徹底的に壊されたのだろうか。志摩郡の場合、多くの城は戦乱で敗北した際に廃城となったが、天正十五年（一五八七）に豊臣秀吉が九州を制圧した際に破却された城もある。慶長五年（一六〇〇）の関ヶ原合戦後に筑前に入部した黒田氏は、志摩郡内に端城を設けることはなかったから、最終的にはこの段階で志摩郡内にあった全ての城は廃城となったとみなしてよいだろう。

では、なぜこのような田園地帯に城郭が必要とされたのだろうか。福岡県各地に残る古代・中世の城址を地道に四十年の時間をかけて現地調査した廣崎篤夫の研究では、「福岡県城址一覧」として八百余を紹介しており、それでも福岡県下の城址を網羅したものではなく、千を越える城址があるのだという（廣崎一九九五）。福岡県下だけでこの数だとすれば、いったいどれだけの城が日本列島全体にあったのだろうか。

その数は時代により流動的なので確定するのは困難だが、推定で二万、あるいは四万とされている。「日本六十余州」と称されるので、二万を六十で単純に割れば一国に平均で少なくとも三百以上の城があったことになる。四万なら六百以上となるが、福岡県下だけで千以上という数字は筑前・筑後の二国と豊前国の一部をあわせたものであることからすれば、妥当な数字のようにみえる。

つまり、乱世（戦国時代）を終焉させ、戦争のない平和な江戸時代に向かう過程で、大名の領国内には居城一つのみが残されたが、その状態に到達するためには、相当の数の城を壊さねばならなかったのである。そのように考えれば、城割が乱世の終焉にとっていかに重要な政策だったのかが容易に理解されよう。

これほど多くの城が必要とされた理由として、その核心にあるのは自力救済の拠点としての役割である。中世社会における紛争解決では、人々は自らの生命・財産を実力で守らねばならず、そのために地縁的集団や職能的集団などの社会集団を作り、相互に私的な武力を行使することで権利侵害を防ごうとした。これを自力救済という。城は私的な武力行使を受けた際に、それから逃れ、あるいはそれに対峙するための、まさに自力救済の拠点として必要とされたのである。

戦国期までの城の多くは山城であり、身近にある周辺の山々の頂きに、石垣をめぐらした城がそこかしこに造られた。あるいは、石垣をめぐらさずとも、天然の要害である山は、戦時の民衆の避難所になった。藤木久志は、戦国の村々には戦時の避難所としての「村の城」があったことを指摘し、過酷な戦国を生きる村人たちのしたたかさを明らかにした（藤木一九九五）。

そのような状況にあって、領国支配の強化を進める戦国大名は、敵対する者たちの自力の拠点である城を壊す必要に迫られ、城割政策を展開した。戦国の乱世（戦争）から治世（無事）への変容を社会全体が強く希求するようになる十六世紀後半にあって、城郭政策、なかでも城割を推し進める政策は喫緊の政治課題となっていく。その大きな流れは第二章以下で扱うことにして、本章ではまず城割の作法・習俗について確かめてみたい。

一　自律的城割と他律的城割

城割にはなにか作法があるのではないか。近年、考古学や建築史による古城の発掘調査が進み、石垣や堀の残存状況の共通性から、城割にはなにか特徴的な作法があることがわかってきた。作法とは「しきたり」のことである。この作法が世の中で広く承認された共通の生活様式になると、習俗とみなされる。ここでは、戦国期における城割の作法について、主に文献史料から検討することにしたい。

戦国期には、戦争や紛争において降参する際に様々な作法をとることで秩序を回復していたことが知られている。藤木久志の名著『戦国の作法』（藤木一九八七）によれば、降参の儀礼は「弓箭の義理」ともいわれ、「わびごと」「人質」「身代わり」「髪を剃る」といった作法が中世後期にほとんど習俗といえるほど広く行きわたっていたという。城割もまた降参の作法の一つとして、広く習俗となっていた。

これを大きく取り上げたのは、『城破りの考古学』（伊藤・藤木編二〇〇一）である。その「まえがき」において、「破城・破却の作法は、城郭の生命を断ち切り、領域全体の無事＝平和の回復を確定する神聖な手続き」だったと編者は指摘した。城を壊す行為は平和回復のための手続きの一つとして習俗となっており、降参の作法として広く共有化されていたというのである。藤木久志の表現を借りるならば、「自力の場での暴力の反復を断ち切るためのさまざまな習俗の一つ」であったということもできよう。

ただし、中世の城割で注目すべきことの第一は、城を徹底的に壊さなくてもよかったという点にある。これがとても重要なのである。いわば「当知行」（実際に知行権を行使すること）の標識である城を象徴的に破却させることで、敵対者自身によって自己のナワバリであることを否定させる降参の作法に基づく城割がおこなわれた。端的にいえば、敗者の側が降参の意思を示すために、自らの手で象徴的に城の一部分を壊せばよかったのである。

伊藤正義の整理によれば、「破城・破却の実態」は「外から目立つ、良く見える門、塀、矢蔵などの建物を引き下ろし、要害堅固な城の出入口の虎口や土塁、堀などを突き崩して埋める」という部分的な破壊行為であったこと、それは自らの手による「破城・破却」であったために儀礼的・呪術的な自分破却の静かな手続きとなったが、敗者が勝者と世間に対して降伏、屈服、服従を表明し、城地と領主との関係を断ち切る厳しい戦国の作法、慣習法であったこと、逆に島原・天草一揆後に破却された原城は、粘土によって死者の怨念を徹底的に封じ込める凄まじい城割（「城破り」）がおこなわれていたという（伊藤二〇〇一）。

そこで、伊藤のいう「自分破却」を自律的城割の作法、原城のように他者によって壊された城割を他律的城割の作法とひとまず整理しておきたい。誰が城を壊すのか、という行為主体の差に注目すれば、このような概念化が有効だと考えるからである。ともに領域の平和を回復するための城割の方法ではあったが、降参の作法として用いられたのは自律的城割の作法だった、というべきだろう。一見すると他律的城割の作法も降参の作法のようにみえるが、厳密にいえば降参していない城の生命を断ち切る作法である。強制降伏させる作法といった方がわかりやすいかもしれない。これは中世の検断の暴力に通じるもので、退治すべき「城郭」を破却することで、領内の禍を絶つという観念に淵源があるとも考えられる。

ただし、原城の破却を他律的城割の典型例として位置づけると、中世の自律的城割から近世の他律的城割に変化したようにもみえるが、そうではないだろう。自律的城割と他律的城割は、戦国期に習俗として併存していたのではないだろうか。次にそのことを詳しくみていくことにしたい。

二　城を壊す―「たたむ（捨む・畳む）」と「わる（破る）」―

戦国期に多く見られた自律的城割と江戸前期の島原・天草一揆後の原城破却にみられた他律的城割の違いは、中世と近世の段階差というよりは、敗者自らが降参の作法として実施する城割の作法と勝者が敵対者・反逆者の怨念の残る城を徹底的に破却する城割の作法の違い、言い換えれば誰が城割をするのか、という行為主体の差にあるのではないか。前節の検討からこのような問いを立ててみた。

この点をさらに掘り下げるために、以下では「破城之巻」と題した史料を分析したい。奥書に「不識院権大僧都大阿闍梨謙信」、つまり上杉謙信の名が記され、加治遠江守景英・同万休斎景治・同七郎兵衛尉景明・澤崎主水景尚・高松刑部正朝の五人の家臣に宛てたもので、これは「当家」、即ち上杉家の秘伝である旨の記載がある。実用書とは断定しえないが、城割の具体的方法を示した稀少な史料であり、城割における呪術のもつ意義を考察するうえでも示唆に富む内容である。

まず史料冒頭を原文のまま掲示する。

夫城ヲ破ル事日取ニハ十悪大破日罰カ時、悪門ノ方ヨリ城ニ打入、何方ニテモ敵ノ落タル方ニ向テ入ヘシ、城ヲ破テヨリ後ハ立テ可働、不可居、皆抜道具ニテ城ニ可打入、扨鬼門ノ方ヨリ太刀ヲ抜、城ヲ四十九穴ニ切破也、抜四十九穴ニ太刀ノ切先ニテ四十九字ヲ書也、

ここでは、破城する際に城に打ち入るための作法が記されている。第一に、「十悪大破日罰」の時刻に、当日の方角の悪い門から城に打ち入ること、いずれの門であろうと敵が逃げ落ちた方に向いて入ること、第二に、破城後は立って働き、座ってはならず、武器は抜身（鞘から抜いた状態）で城に打ち入ること、第三に、鬼門（北東・丑寅）の方角から太刀を抜き、切先にて四十九穴の字を書いて城を切り破ること、としている。

即ち、「建除満平定執破危成収開閉」の字を四十九穴に太刀にて書き（図1）、「破」の字にあたる所の四か所の土を太刀の「切首」にて城中へ刎ね散らし、丑寅（鬼門）の方角より破り始め、未申の方へ破り捨《たた》む。その際に、「《ヲンアンフハセキヤランマカキアラタマソワカ》」の呪文を千回唱え、その呪

	巳			南			未	
辰	**破**	危	成	平	開	執	建	申
	執	成	危	満	収	定	閉	
	定	収	**破**	除	成	平	開	
東	平	開	執	建	危	満	収	酉
	満	閉	定	閉	**破**	除	成	
	除	建	平	開	執	建	危	
寅	建	除	満	収	定	閉	**破**	戌
是より破始	丑			北			亥	

図1　四十九穴図

注）便宜上,「破」の字を太字で示した.

文を梵字で書いた唱紙を八方に埋める。

ちなみに、若干字句の配列を異にする四十九穴図が毛利元就・輝元・秀就の三代に仕えた玉木吉保の著した「身自鏡」の冒頭に掲示されている。よって、四十九穴図を用いて屋敷の吉凶を占う文化が他の地域にもあったことが知られる。玉木の文化的教養のなかには易道があるから、「破城之巻」の四十九穴図も易道を踏まえて考案されたものとみなされよう。

次に、戦死した死者の怨念を封じ込めるために、「怨敵退散、敵命損窟、喼々如亡死」という文を書いて、城の鬼門の方角にある死人の「白頭」(白髪の首)を取り寄せて、「貴僧・高僧ナトノ落随シテ悪ヲ作ス人ノ大指ノ血」を乞い取って、その血で「白頭」の額に「鬼」という字を書く。また、「牛宿」という字を「白字」に書き、死人を載せる笘の板を取り、「指ニ横板ニサス」ことをし、鵼の頭を切って「白頭」に添え、先に「敵命損窟」の文を書いた紙を「白頭」の下に置き、八寸四方の筥に入れ、蓋をよく締めて城の鬼門の方角へ頭を向けて「無尺直中」を掘って埋める。四方の角には「鬼形」を七尺二寸に作って深く埋める。もし、鬼門の方に「凸頭」がなければ、未申の方角のものを取り寄せ、「クロノ鳥ノ首」がなければ、羽でも可であり、死人を載せる腰板がなければ、何でもよいとしている。

また別の一流として、「諸法従縁生　如来説是因　是法従縁滅　是大沙門説」と唱えて刀を抜いて四方を切破り、どのようにでも心のままに破り始め、その後、「[illegible][illegible]急々如敵命損窟」と石に書いて城の真中に埋める。このように「破捨タル城」を取り起こす。この秘術を知らずして、城を取ることはしてはならない。運を開くことはできないからである、と城破りの極意を説いている。

秘伝書かつ意味不明の内容もあり、実用性についての判断は留保するとしても、第一には洛城に際して退散した敵の怨念を再び城内に入り込ませないため、第二には戦闘で多くの死体が散乱する城を乗っ取るにあたり、逃げ落ちた敵対者や死者の怨念を封じ込めるため「破る」手続きが必要であり、それがなされなければ城を取って再興しても運が開かれない、とする考え方に基づいて、このような呪術的な秘法が編み出されていた、というところまでは読み取ってよいだろう。

なお、「破城之巻」の最後には、次のようにある。

城を捨トハ屏・構ヲトリ除、タタミスツルヲ云也、依之タ、ムトハスツルト云字ヲ書テタ、ムト読タリ、破ルト捨トノ子細ヲシラス、捨タル城ヲモ破ト心得テハ沙汰ノ限也、タ、ミタル城ヲ亦取事別ノ秘術ナシ、如城取巻可取、破タル城ヲ取興事ハ有別巻、つまり、「城を捨」とは塀と構え〈建物などの構造物〉を取り除いてたたみ捨てることをいう。つまり、城域を示す塀などの構造物や家屋敷などの建造物を取り除いて更地にすることである。

また、この行為は、「捨」という字を書いて「たたむ」と読まなければならない。この子細を知らないで、捨んだ城を「破る」と心得るのは沙汰の限りであり、捨んだ城を取るための秘術は特別になく、ただ城を取り巻くようにして取ればよい、としている。

言い換えれば、降参した敵方が自ら塀や構えを取り除き、「たたみ捨てる」といった降参の作法をして開城した場合は、攻め取った勝者が城割の秘術を施す必要はない、ということになる。城割が必要な城とは、先住者たる敵の念がいまだ残る城であり、その怨念を断ち切り、領域全体の無事＝平和の秩序を回復する聖なる行為として城割の呪術的作法が必要とされていたのである。

つまり、「捨む」は自律的城割、「破る」は他律的城割ということになり、「破る」ことが必要な城とは「捨まれていない」城という関係性が導き出される。これまでの城割研究では、この「捨む」と「破る」の違いを十分に考慮してこなかったといえる。そこで「捨む」の用例について、いくつか事例を補ってみたい。

まず、『日葡辞書』には、「Iye, I, Xirouo tatamu.〈家、または、城を畳む〉他の方へ移りなどするために、家や城を崩す」とある。なるほど、確かにそのような意味で理解すると「たたむ」の本質がみえてくる。たとえば、「店をたたむことにした」と残念そうに話す際に、それは単に廃業を意味するだけでなく、その店や土地を手放してどこかに移り住むことも含まれていることに気づかされる。

城をたたむとは、城の建造物を崩し去ることだけでなく、その地に先住者の念を残さず、他に移し替えることが求められているのである。その移動に際しては、当然そこに祀られた神仏や先祖の霊もともに、どこかに移し替えることが求められた。

次は、「元和の一国一城令」の際に端城をたたむように命じた土佐山内氏の事例である（「長帳」）。

已上、

御書頂戴仕候、随而城たたミ候へと之儀ニ付、山田久兵衛・樫井太兵衛へ被仰付候、如御意之畏奉存候、委細之段両人可被申上候、此等趣御披露所仰候、恐惶謹言、

（元和元年）九月八日　山内但馬（書判）

団蔵人殿　御申

これは、土佐山内氏の端城本山に配置された家老山内但馬長一のもとに藩主山内忠義から書状が届いたことへの返答である。内容は「城たたミ候へ」との件につき山田久兵衛と樫井太兵衛に命じられた趣旨を承知したので、詳細は両人が言上するだろうから、よく忠義に団蔵人からも披露してほしい、と伝えたものである。

山田・樫井両名は、城割の詳細を言い含められた使者である。それは、すぐに忠義のもとに戻り、山内長一が承諾した様子を言上することが期待されているところから判断される。よって、城割を実施するのは端城主の長一自身である。

破却対象となった本山城は、山城であった。これをわざわざ「たたみ候へ」と命じた意図は、長一

自らが山城を壊して廃城とし、そこに念を残さずに麓の屋敷に移るよう強く念を押すためだったのではなかろうか。

なお、山内領国での端城破却は十二月末にはほぼ終えたようで、佐川・窪川・本山には検使が派遣された。すると、長一は書状で、「本山の石垣を残らず壊した」と報告した。中村・宿家は検使に及ばずとされたが、「大方石垣をも御こわしなされた」との報告があった（「長帳」、極月廿七日付野々村勘七宛山内和三書状）。このように、石垣をも壊した様子を伝えるが、以後は麓に屋敷が造られ、土居という家格を生むことになる（石畑二〇一六）。

他の例では、寛永十五年（一六三八）に江戸城の天守と本丸御殿が再建され、その際に「たたむ」の使用例がみられる。六月二十三日付永井長清宛幕府老中連署奉書には、「江戸御殿主幷御殿立なをり申候、就其従当年御殿共たゝミ申候之間」とある（「永井家文書」）。これは幕府の公式見解である。

一方、大名家でも同様の認識が確認できる。天守台普請を担当した福岡藩家老小河之直の書状には次のようにある（『福岡県史』近世史料編福岡藩初期下一一一一、以下、『福岡県史』福岡藩上・下と略）。

猶以、殿様《(黒田忠之)》・吉兵衛様《(黒田光之)》・万吉様《(黒田之勝)》弥御　機嫌よく御息災被成御座、御年頭御祝儀之様子ハ黒清大《(池内吉久)》夫・肥十左《(肥塚吉勝)》より可被申入候、爰元御普請之儀、御仕置出来候而有之候、御天守被成御畳候儀、今程足代の材木寄申候、足代の手間当月中ハかゝり可申之由候、御天守御たゝミ候事、五六十日も手間入可申との挍量ニ候、御天守御畳仕返候へハ、此方御年寄・浅野《(光晟)》安芸殿御年寄、台石垣ニ取付申筈ニて候、今の体ハのひ〱て候て如何ニ存候、江戸城天守の建造は、家康、秀忠、家光と各々の将軍が、好みの天守を拵えたことで知られている。つまり、寛永度の天守建造は三度目であった。それを壊すにあたり、あえて「たたむ（畳）」と表現したことの意図は、旧主である秀忠の念を取り払い、他に移したあとに、家光の天守が新たに建造される、ということが強く意識されていたからではないだろうか。

右を踏まえれば、城を「たたむ」とは、そこに先住者の念を残さないように、おそらく建造物を一切壊し、更地のレベルにまで戻すことが求められた。再利用のために、多少の建造物は残されたとしても、神仏を祀る建造物、城の象徴である天守や櫓、城域を示す塀、家の「繁栄」を示すシンボルとしての竹木（中澤二〇〇二）などを残すことは許されなかっただろう。降参の作法としてなされた場合には、徹底的に壊さねばならないという屈辱的な城割を強いられたことになる。しかし、その条件を受け入れることで、命だけは助けてもらえるというメリットがあったのではなかろうか。

これに対して、敵対者が城にまだ未練を残し、言い換えれば城を「たたむ」作法を済ませずに逃げた城に対しては、城を乗っ取った側が敵対者の怨念を封じ込めるために、城を「わる」必要があった。これこそが他律的城割が必要とされる理由の核心にあった。即ち、強制的に降伏状態に陥らせる行為が「わる（破る）」作法なのであり、「たたむ（捨む・畳む）」作法に対置されるのである。

ところで、実際に城割がどのようになされたのかを中世の文献史料から探り出すのは難しい。よく引用されるのは、『信長公記』元亀元年（一五七〇）四月二十五日条の「引壇の城」（福井県敦賀市疋田城）の例で、その開城に際して信長家臣の蜷川喜右衛門・山田左衛門尉の二人に、「塀・矢蔵引き下し破却させ」と破却箇所が具体的に命じられた。これは開城後に他律的に城をわる行為であり、その際に、城域を示し、かつ防御施設である塀と矢倉を破却することが命じられた。これが部分的な破却だったのか、全体に及ぶ徹底的なものだったのかは判断できない。

次に、文禄四年（一五九五）二月に蒲生氏郷が没したあと、蒲生領における城割を豊臣秀吉が命じ、これを受けた徳川家康（氏郷嫡子秀行の岳父）は、「破却の城々念を入れわり申さるべし、在々城ども要害よき所は、土居をくづさせらるべき事」と指示した（「簗田文書」、伊藤二〇〇一）。土居は堀を掘った土を盛り上げて造るので、土居を崩すことは、堀を埋めることとほぼ同義である。

この場合は、第二章で述べるように、豊臣秀吉の城割方針のなかで「いらざる城」を破却する際の城割方法と位置づけられる。その場合は、服従したことを示す降参の作法として城割を実施すればよいから、象徴的・儀礼的な城割で済ますことができた。つまり、土居などの軍事的防御施設のうち、要害のよい所を部分的に壊せばよかったのである。言い換えれば、全ての土居を埋める必要はなかった。ここが重要である。要するに、城郭の核心部分を壊すだけの部分的破却で十分であり、全ての堀を埋めて平屋敷とすることを求められてはいなかった。

こうした知識をもとに発掘遺構を見ると、城郭の破却が部分的であるという城郭遺構と符合することになり、この事実から中世的な城割は徹底的な破却をともなうものではなく、象徴的に壊すことで降参の意思を示すことだった、という結論が導き出される。本書ではこの「自分でわる（破る）」降参の作法を略して、自破の作法と呼ぶことにする。加えて、この作法が許されるのは、早い段階で降参して領域の秩序を回復する際であり、多くの場合はそのまま居住が認められた。よって、徹底抗戦をしたあげくに命だけを助けてもらう際の降参の作法としては、城をたたむ必要があり、そこに敗者の念を残すことは許されなかったのである。同じ降参の作法でも自破とたたむの差異が生じる要因を平和回復への段階差に求めたい。

つまり、自律的破却には、降参の作法としての「自破（自分で破る）」と「たたむ（捨む・畳む）」とがあり、前者の場合は自破後もその城に居続けることができ、後者の場合はたたんだ後はその城から去ることが必要であったという違いがあった。さらに、たたまれていない城に対しては、攻め取った側が城を他律的・強制的に「わる（破る）」作法が必要であった、とまとめられる。

これを前提に史料を見直してみると、京都吉田社の神主吉田兼見が記した『兼見卿記』に興味深い記事をみつけることができた。天正元年（一五七三）に織田信長と決裂した将軍足利義昭は、京都の二条城（御所）に籠城したが、信長が軍勢を率いて賀茂方面から西京嵯峨を焼きながら進軍し、さらに義昭の御所を包囲したうえで上京を焼き払った。これに屈した義昭は四月七日に和議を入れ、八日に信長は岐阜城へ戻った。二十七日には相互に起請文を交わし、和議の忠実な執行を確認し、義昭はそのまま二条城に居住し続けた。

ここで義昭がいかなる降参の作法をとったのかを『兼見卿記』は具体的に記していない。しかしながら、信長が京都を去ると、義昭はすぐさま二条城の普請人足を徴収した。四月二十日には兼見に七、八人を同道して来るように指示が出され、翌日出向くと「天主壁」の普請であり、当日中にこれを終了した。さらに同月二十八日にも再び招集があった。

廿八日、戊寅、自武家御所御普請之義又被仰出了、即罷出、奉行衆へ相尋之処、堀之儀也、大方請取了、向松監、屢相談了、

兼見が出向き奉行に尋ねたところ、堀普請ということで、大部分を受け取ったとある。これが一日で終わったのかどうかは不明だが、『兼見卿記』には引き続き人足を出した旨の記録はないので、おそらく一日で終わる程度の普請だったのではなかろうか。

なお、信長と義昭とは直接の戦闘行為には及ばなかったので、二条城の天守の壁が戦乱で傷ついた可能性は低い。そこで、義昭は降参の作法として、二条城の象徴的建造物である天守の壁を部分的に壊し、要害として重要な所の土手を崩して堀を埋めるという降参の作法を自らおこなった。即ち、自破の作法である。これにより信長との和議が成立し、信長も軍勢を引いたと考えたい。

また、このような象徴的な城割による降参の作法でよしとされたのは、起請文に記されたように、信長としては今後も義昭との主従関係を維持するつもりであり、最終的な敵対者とみなさなかったからである。そこで、天守といった城の象徴的な箇所が目にみえる形で壊されたことで、信長は勝者としての面目をほどこすができ、敗者の義昭側も部分的な城割であれば、そのまま城に居住し続けることができるという、双方に和議を結ぶうえでの利点があったといえよう。

しかし、すぐに和議は敗れた。七月三日に義昭は二条城を三淵藤英に預けて槇島城（京都府宇治市）に移り、信長と対峙する姿勢をみせた。信長はすぐに上洛し、九日に京都妙覚寺に陣取った。十日に

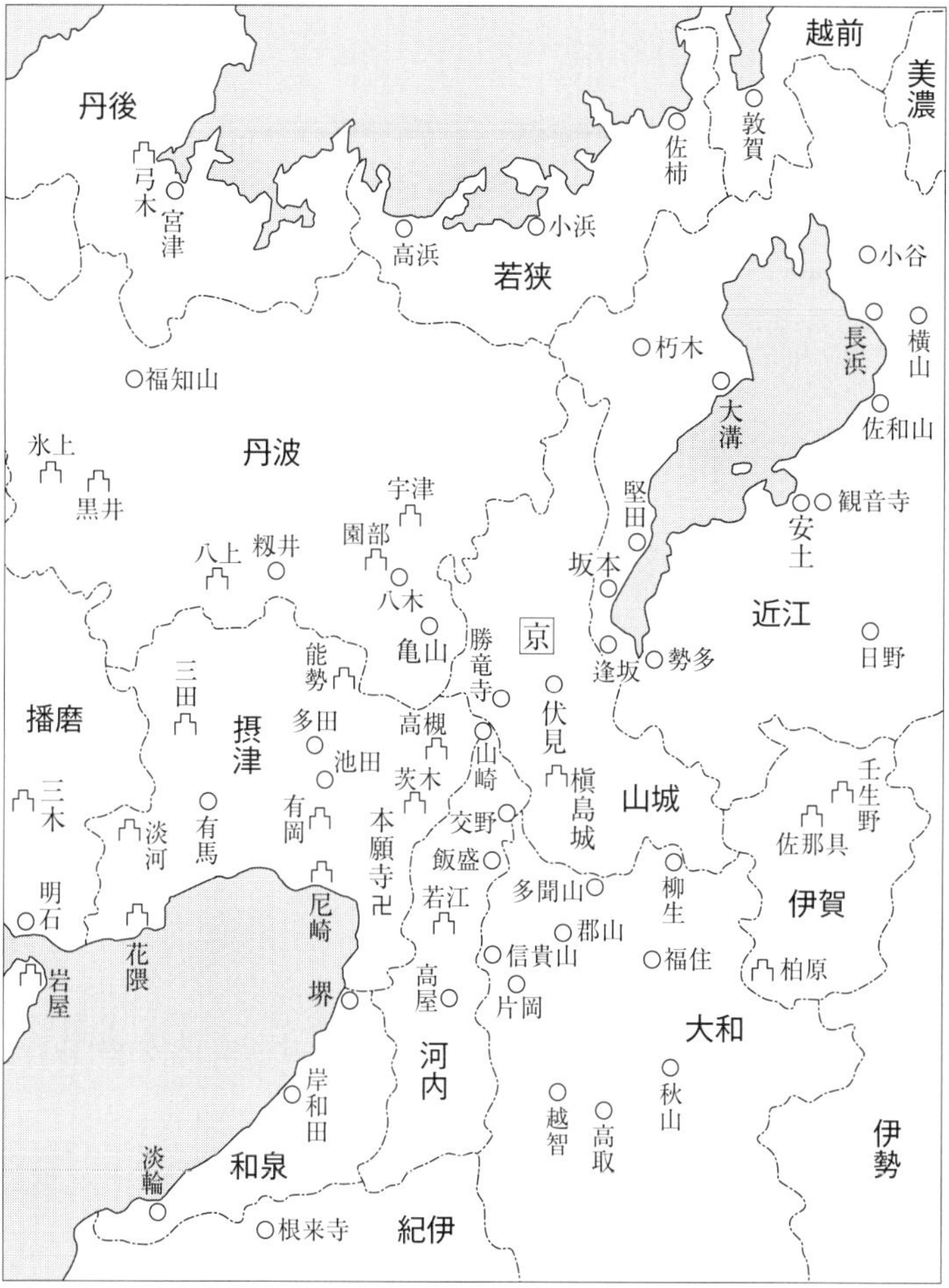

図２　織田信長関連の畿内の城郭

は二条城に残る者たちは信長のもとに礼に出向き、城に残る者は三淵藤英一人のみとなった。信長は柴田勝家を二条城に派遣して和議（「扱」）を交渉し、十二日に三淵は退城し、伏見城に移った。『兼見卿記』は次のように記す。

十二日、庚寅、以柴修《（柴田勝家）》扱三太《（三淵藤英）》退城、在城伏見了、御城之内乱妨、即時破却云々、

十三日、辛卯、御城御殿等、洛中洛外取次第也、当所者堅申付不出一人、

つまり、三淵が二条城を明け渡した直後に城内で織田勢が「乱妨」「破却」をおこない、その翌日から京都内外の人々によって「御城御殿等」の建造物が自由に取り壊されたのだという。

この後、槇島城に楯籠る義昭は十八日に信長より周囲を放火され、まさに責め入るところで詫び言をして退城する旨を伝え、嫡男義尋を人質として差し出した。この降参の作法を受け入れた信長は、秀吉に命じて義昭を三好義継のいる河内若江城まで送り届けさせた。後に槇島城は義昭の配下であった細川昭元が入ったためか、城割をしたという記事はみられない。なお、二十三日には一乗寺山城（京都府左京区）に楯籠る渡辺宮内少輔昌が稲葉一鉄の扱いを入れて退城し、この時は在郷人足をもって城割がなされている（「東之郷以人足悉破却了」）。

右の経過からは、十二日の段階で三淵は城を明け渡しただけであり、城主である義昭が降参の意思を示したわけではなかった。そのため、信長側はまだたたまれていない二条城に対して「破却」という強制降伏の作法を実施する必要があり、城の建造物を壊す「乱妨」をおこなった。これは一日で終わったが、引き続き翌日からは京都内外の民衆自らの手で構造物を取り去らせた。天守や門などの建

造物は建築中の安土城に移されたとされており、現在の二条城跡地はその遺構をわずかにしかとどめないほど消滅させられた。

以上、本節では「たたむ（捨む・畳む）」と「わる（破る）」の違いや「自破」と「たたむ」の段差を明らかにしてきた。実際の史料用語において厳密に使い分けられてはいないが、城割には多様な作法がある点に注意を払いながら史料を読み解くことが重要になる。次節では、この多様にある城割の作法のなかから、自律的城割のもう一つの側面をみていくことにしよう。

三　自焼・没落・自害

中世史の中澤克昭は、没落者が自ら城を焼き、竹木を切り払う城割の習俗があったことを明らかにし、その行為は中世人にとっての先祖伝来の城館や神木との繋がりの強さに左右されるという興味深い見解を示し、「みずから焼くことは、降参していないという強い意志表示」であったと指摘した（中澤一九九四）。

自ら城を焼く。加えて、落ち行くこととセットになることが多く、これを「自焼没落」という。また、没落人は降人ではなかったから、自ら城を焼いたとしても、決して負けたわけではない、降参はしていない、ということになる。

とはいえ、自律的に城を壊して、他に移る行動であるから、城をたたむ行為と同じようにもみえる。

しかし、たたむは降参の作法だった。そこで、自焼没落が「降参していないという強い意思表示」であるとすれば、まったく逆の意味になる。そうすると、自律的城割の作法には、降参する場合と降参しない場合の二つの相反する作法があったと想定してみた方がよいことになる。自ら城を壊す心性には、もっと奥底の深い意味を慎重に読み取る必要があることを示唆するものだろう。そこで、この一見相矛盾する城割行為の意味を次のように考えてみたい。

焼き捨てられた城。自ら焦土と化した城域には、他者から壊されるべき建造物は存在しなくなる。これにより、敵は城を壊すことが不可避的にできなくなる。その結果として、城は他者によって壊されていないというロジックが生まれる。つまり、城を失っても、まだ負けてはいないのである。自焼であろうと、他者による放火であろうと、城が焼け落ちた点では物理的には同じなのだが、城割の作法という観点から、そこにある心性の違いを読み解かねばならない。鎌倉時代、承久の乱に先立って討たれた伊賀判官光季が「敵に火かけさすな。此方より火かけよ」と命じたように（『承久記』）、同じ焼かれるにしても、自ら火を懸けることこそが重要だった。

つまり、城を自ら焼いて消滅させてしまえば、壊す建造物が存在しないから、敵はその地に残る先住者の強い念を断ち切る手段を強制的に喪失させられた状態に陥る。他律的に城割をしようにも、城割をすることができなくなる。しかも、前節でみたように、先住者の強い怨念の残る土地に新たに城を建てたとしても運を開くことができないから、敵地を放棄せざるをえない状況に追い込まれることになる。自焼は城域を亡所化する効果を狙う戦略的意図があったのではないか。言い換えれば、自焼とは、他律的に城が壊されていない状態を作り出すことで、先祖伝来の地の他者による再利用を阻止するための呪術的意味あいがあったと考えられよう。

これに対抗するため、自焼も含めてたたまれていない城を乗っ取った際に、その怨念を断ち切る手段が必要となる。「破城之巻」では、城を再興する手続きとして、次のような方法を伝える。

まず、城を「破り」取った際に城に埋めた「白頭」を掘り戻し、供養して、剋《うらまか》す方角に捨てるという手続きをとる。具体的には、「白頭」を水で洗い、眉間より「」の二十四の梵字（種子）を書き、光名真言二十一遍、随求陀羅尼二十一遍、家百遍の呪文を唱え、剋す方角に捨てる。

こうして、敵が降参の作法をしないまま逃げた城を再興することが可能となる。怨念に対しては呪術で対抗せよ、ということらしいが、このように捨まれていない城を単に攻め取るだけでは侵略者は運を開くことができないという観念が共有化されており、ゆえに城に対して怨念を封じ込める「破る」手続きをとり、さらに再利用をする場合には再生の手続きが必要だったのである。

なお、戦国期になると自焼の例は枚挙にいとまがない。本能寺の変後に、安土城は天守と本丸が焼け落ちた。これが明智秀満（光秀の娘婿）による放火なのか、織田信雄による放火なのか、あるいは城下町の放火に類焼したものなのかについて、史料的な限界からいまだに結論は出ていない。

『明智軍記』は江戸時代の編纂物ではあるが、自焼のあるべき姿について考えさせられる記述があるので、以下に検討してみたい。同書では明智方が安土城に「火を放」ったとし、その理由を「其儘捨置ン事無念ナル次第」と説明した。「無念」とは仏教用語で本来は念がないことをいうが、転じて「残念」の意味でも用いられる。ここでは後者の意味だろう。即ち、安土城をそのまま捨て置くと、他者から壊されてしまい、負けたことになれば残念なので放火しよう、という意味になる。

一方、坂本城に逃れた明智秀満は、坂本城を自焼した。六月二十六日付滝川一益宛羽柴秀吉書状には、次のようにある（『豊臣秀吉文書集』四四四、以下『秀吉』と略記）。

一、右之通候間、則坂本居城へ取懸候処、明智□（子）二人・明智弥平次（秀満）殿守（天守）にて腹を切、火を懸、焼死申候事、

ここでは自焼とは記されていないが、光秀の子二人と明智秀満が天守で切腹し、火を懸けて焼死したとあるので、文脈から自焼であったと判断される。大村由己の『惟任謀反記』でも、山崎合戦時に堀久太郎秀政に追い詰められ、坂本城に立て籠った明智秀満は、光秀の敗軍を聞き、「惟任の一類、其の身の眷属悉く差し殺し、殿守に火を懸け、自害をなす」とある。

これに関して、『明智軍記』では、光秀の妻（妻はすでに死亡していたとする説もある）の興味深い言説を伝える。

光秀が妻室、侍女四五人召具シ、奥ヨリ立出申ケルハ、此体ニ成果ヌル上ハ兎角ノ評定ニ及間敷候、何方へ成トモ郎等共ハ皆落シ遣シ、城ニ火ヲカケ、旁御両所我等親子速ニ自害セシメ候ハヾ、末代迄モ当家ノ恥辱ハ有間敷候、長詮議ニ時剋ヲ移シ、敵ニ寄ラレナバ、未練ノ覚悟ニモ相聞へ、其上家来ノ輩モ落散間敷旨申ナバ、無詮事ニ候間此趣候、何茂へ沙汰有べシ、

つまり、主君明智光秀を失った状態にありながら、長評定をしていれば、命を惜しんだようにも風聞されるし、家来も落ち行く覚悟を決められない。さっさと下々を落ち延びさせ、早く城に火を懸けて自害せよ、との意見である。その理由は、「末代迄も当家の恥辱」となってはならない、ということからだった。こうして光秀死亡の翌日午の刻、敵勢が坂本城を取り巻くなか、坂本城に火を懸け、光秀の妻子を含め主だった者たちが自害した。こうした、自ら城を焼き、主だった者たちが自害する行為を、自焼没落に対して、自焼自害と呼ぶことにしたい。

この自焼自害も、広く戦国時代にみられる習俗であった。一次史料としては、越前北の庄城天守における柴田勝家の自焼自害が著名である。天正十一年（一五八三）四月二十五日付羽柴秀吉書状（『秀吉』六五三）によれば、二十一日の柳瀬表での合戦で秀吉は敵五千余りを討ち取った。勝家は馬乗り四、五騎にて越前北の庄城へ逃げたので、秀吉は即刻追い詰め、天守土居際まで攻め込み、勝家は天守へ火を懸け自害した。その時刻は、四月二十六日付の秀吉書状（『秀吉』六五五）、および翌二十七日付秀吉書状（『秀吉』六五八）では「二十四日辰下刻」としていたが、五月十五日付の秀吉書状（『秀吉』七〇五）では「申下刻」と修正された。その様子は次のようであった。

一、城中ニ石蔵を高築、天主を九重ニ上候之処へ、柴田弐百斗にて相拘候、城中狭候之条、惣人数入こミ候へハ、互共道具ニ手負死人依在之、惣人数之中にて兵を撰出、天主内へ、うち物斗にて切入せ候へハ、修理も日比武篇を仕付たる武士にて候条、七度まて切而出候といへとも、相禦事不叶、天守之九重目の上へ罷上、惣人数ニ懸詞、修理か腹の切様見申て後学ニ仕候へと中付而、心もある侍ハ涙をこほし、鎧の袖をひたし候ニ依て、東西ひつそと静候へハ、修理妻子共、其外一類刺殺、八十余不身替者切腹、申下剋ニ相果候事、

天守での攻防戦のすえ、これまでとみた勝家は九重の天守の最上階に上り、惣人数に詞をかけ、「修理が腹の切様見申て後学に仕候へ」と語ったので、心ある侍は涙をこぼし、鎧の袖をひたし、東西「ひつそ」と静まると、勝家は妻子・一類を刺殺し、八十人余りの者が切腹したと詳細を伝える。

二次的な記録からは、多くの事例が確認できる。たとえば、和泉信貴城に立て籠った松永弾正久秀・右衛門佐久通父子は、信長の嫡男信忠（「秋田城介」）に攻められ、「妻女一門歴々、天守に火をかけ、平蜘蛛の釜をうちくだき、やけ死に候」とある（太田牛一「太閤さま軍記のうち」）。

慶長二十年（一六一五）の大坂夏の陣における豊臣秀頼の場合は、自害場所は天守下の山里郭にある第三矢倉の糒蔵、あるいは東下ノ段帯郭の東上矢倉ともいわれるが、自害を覚悟した際に天守に焼草を籠めさせて準備をし、一度は天守に上っている。その後、味方が盛り返したことから、自害はまだ早いということになり、天守を下って矢倉に入り情勢をうかがうことにしたが、もはやこれまでと矢倉で自害した。その際には、従者一人一人に詞をかけ、母（浅井茶々）を刺殺したあと、秀頼とともに従者二十八人が切腹し、火を懸けて矢倉は焼け落ちたという（『豊内記』）。つまり、戦況から天守での自害こそはたせなかったものの、籠城して落城に決した場合に、天守において詞がけをしたのち、家族・眷属を刺殺させ、自身や主だった従者は切腹にて自害し、天守を自焼するという落城の作法があり、これは豊臣秀頼の場合にも共有されていたことがわかる。

最後に、籠城戦の末、自害のみで自焼をしなかった事例として、播磨三木城の別所長治の場合を検討してみたい。天正八年（一五八〇）に織田信長の命令を受けた羽柴秀吉に攻められ、籠城半年のすえ戦闘となり、本丸まで詰め寄られた別所長治は、城中の士卒を助けるため秀吉に対して長治・友之兄弟、長治の叔父山城守吉親（賀相）の自害を申し出た。秀吉がこれを了承したため、吉親の妻は男子二人・女子一人を三刀にて差し殺し、自身も刀を口に突き差して自害した。これを見た長治は男子一人を一刀に差し殺し、自身の妻と友之の妻も差し殺し、大庭に下り、蔀・遣戸を打ち砕き、七人を一所にして心静かに葬礼した。その後、兄弟が打ち連れて出て、三間の客殿に畳一畳をしかせ、兄弟が左右に座したので、乳人の三宅治忠が介錯をしようとしたが、叔父の吉親がいないので使者を派遣し問いただした。

するとは吉親は、「われら三人が自害し、士卒を助けることは了解できない。国家のために重たるべきの将は、すでに士卒の命に替わるとあり、義によりて軽んずべき臣の命、いかが助けん。しからば、城に火を懸け、将も士もともに切て出て討死するか、腹を切るか、二つしかない」と櫓に上がり火を懸けようとしたところ、吉親の手の者は「吉親一人の覚悟にて多くの人を討ち果さんや、所詮、吉親打ち参らせん」と言いながら走り寄って吉親の首を取った。これを聞いて長治・友之は安心して自害したという（「別所長治記」）。

つまり、吉親は、籠城戦に敗れれば、主君とその家族・眷属のみならず、家中全員が自害し、城を焼くべきである、という自焼自害を主張した。これは戦国の作法からいえば、正論でもあった。しかし、それが否定され、主人とその家族の自害のみで自焼をせず開城し、多くの人命を飢餓や戦乱による死から救う手段がとられた。これは、坂本城の事例と対比させれば、秀吉から三木城を厳重に包囲されて半年が過ぎ、もはや没落の手段を失っていたことがあろう。それゆえ、自焼をせずに自害のみで三木城を引き渡す代わりに、多くの士卒を無事に城外に出すことを願い出たものと考えられる。

三木城を受け取った秀吉は、三人の首を京都の信長のもとに送るとともに、三木城に入ると、「地を清め、堀をさらへ」た。三木城はこのあとも城代を置いて再利用されており、別所一族の怨念の残る城域を清めて、再興する手続きが必要だったことがわかる。また、実際に戦闘のあった三木城は、兵糧攻めで体力の弱った者たちが秀吉の軍勢に攻撃され、「爰かしこの塀・櫓の下に切り伏せらる、」という状態だった。「堀をさらへ」たのは、堀に落ちた屍を放置できなかったためであろう。なお、敵の戦没者の死骸がどのように扱われたのかについては、事例を集めて別に分析する必要があるので、ここではこれ以上の言及を避けておきたい。

おわりに

藤木久志は、「当知行」の標識である城のシンボルを焼いたり破壊したりする城割(「城破り」)により、相手のナワバリを否定する城割の延長線上に「元和の一国一城令」があり、そのねらいは全国にわたる群小の城を壊して、小さなナワバリ争いをやめさせ、地域紛争の根を絶つことにあり、鎌倉期の城破りと本質的に変わらないと位置づけた（藤木一九九三）。本章の分析においても、藤木が指摘する城割は自破の作法であり、それが鎌倉以来連綿と続けられ、「元和の一国一城令」に引き継がれるという点について異論はない。

ただし、城割には多様な手続きがあり、その行為主体の違いによって城割の作法や目的が異なった点に留意したい。まずは、象徴的・儀礼的に城を部分的に壊す自律的城割が戦国期に降参の作法として習俗化していた。本書では、これを自破の作法と名付けた。この手続きをとることで、敗者はそのまま、その城に居住しつづけることができた。逆に、負けてしまい、その場を立ち去る場合には、城を自らたたむことが必要であり、神仏や先祖の霊を祀る家屋敷を引き払い、その地から別の場所に移し替えた。それにより、敗者になったとしても、命だけは助けてもらえた。これが城を「たたむ（捨む・畳む）」作法である。

その一方で、自焼没落という自律的城割は降参していないことの意思表明としての抵抗であった。さらに、城主とその妻子、主だった者たちが自害し、城を自ら焼く自焼自害をすることで、その地に移し替えられることのない強い怨念を永遠に残し、敵による城地の再利用を阻止しようとした。

それゆえに、城をたたむ作法をせずに敵が没落した城に対しては、攻めた側が城を「わる（破る）」必要があった。さらに、自焼をして没落、あるいは自害した城の場合は、実際に焼け落ちた廃墟には死骸や遺物が散乱する死穢に満ちた空間となっており、これに対しては粘土により埋めて更地化し、清めることで再興する必要があった。そうしなければ運を開くことができないのである。

つまり、単に城を奪い取るだけでは、城域の秩序を回復することはできないと観念されていたのである。それは、中世における土地所収が呪術的・宗教的な形態をとることと無関係ではないだろうし、城の中心にそなわる家の特性の一つであるアジール＝聖域との関わりもあるだろうが（網野一九七八）、今はそこには深く立ち入らない。ただ、たたまれていない城に対する再生の手続きとしてわるという城割の作法が存在し、広く習俗となっていたことを確認するにとどめたい。

即ち、城を勝者が再利用するためには、敗者たる先住者たちの念が強く残る城の生命を断ち切ったうえで、新たにわが支配の及ぶ聖域として再生する手続きが必要だったのであり、そこに他律的城割の最大の目的があった。

これを前提に、高石垣・桝形虎口といった防御施設をもつ織豊系城郭の出現は、城割の作法そのものにも変化をもたらしたのではないだろうか。そのことについて、以下の章にて具体的に検討していくが、本章で明らかにしたように、中世的城割には多様な作法があり、これがどのようにして近世的城割の作法へと変化していくのかが問題となる。言い換えれば、統一政権の誕生から「元和の一国一城令」に至る過程において、その連続と非連続の関係を読み解き、近世的城割とはなにか、を見極めていくことが次の大きな課題となろう。

＊江戸城の石垣からは人為的に挿入された頭蓋骨が発見されており、外法僧による呪法の跡ではないかと指摘されている（岩下一九九五）。中世的城割と呪法の問題を考えるうえで示唆に富む。

付論　天守の機能

はじめに

ここでは、江戸時代の天守にどのような機能があったのかを検討してみたい。

まず、加藤隆は、初期の天守は居館であり、慶長・元和期以降は、蔵、物見、城主の威厳を示すシンボルとなり、①から⑤へと機能が変化するとした（加藤一九六九）。

① 籠城戦における最後の拠点
② 城主の居所
③ 展望台・司令塔
④ 貯蔵庫・倉庫
⑤ 平時における城主の威厳を示す政治装置

さらに、伊藤ていじは、天守は櫓の一種であるが、居住室をもち、物見台を兼ねる所（望楼の有無）が櫓と異なるとし、近世期を通じて居住室がなくなり、象徴的側面に重点が移ると指摘した（伊藤一九七三）。また、藤岡通夫は、天守の変遷を住居併用時代（初期）→純軍事化時代（中期）→虚飾化時代（後期）とその変遷過程を整理した（藤岡一九八八）。

これに対し、天守のあり方について総括的なまとめをしたのが、高田徹「江戸期における天守―その機能・使用方法・管理体制を中心として―」である（高田一九九八）。高田は、厳密な史料に基づいて天守の使用方法・機能・役割等を検討する必要があるとし、関連史料を博捜したうえで、各城が内部施設のみならず外観においても一様ではないことを指摘しつつも、江戸期の天守が織豊期天守の延長線上にあったと位置づけた。

以下では右の諸研究に学びながらも、新たな史料を提示することで、天守の機能についてさらに掘り下げて検討することにし、あわせて江戸人の天守に対する意識についても探っていくことにしたい。

一　籠城戦における最後の拠点

天守が籠城戦における最後の拠点として機能した例としては、第一章第三節で示した近江坂本城における明智一族、越前北の庄城天守における柴田勝家、和泉信貴城に立て籠った松永弾正久秀など、数多くの例がある。

慶長二十年（一六一五）の大坂夏の陣における豊臣秀頼の場合は、自害場所は天守下の山里郭にある第三矢倉の糒蔵、あるいは東下ノ段帯郭の東上矢倉ともいわれるが、自害を覚悟した際に天守に焼草を籠めさせて準備をし、一度は天守に上っている。その後、味方が盛り返したことから、自害はまだ早いということになり、天守を下って矢倉に入って情勢をうかがうことにしたが、もはやこれまでとして矢倉で自焼自害した。よって、落城の際の戦国の作法の一つとして、籠城戦における落城時の死に場所としての機能が天守にあったといってよいだろう。

その一方で、秀頼の事例は、自害の場所は天守が望ましいが、必ず天守でなければ成就できないものではなかったともいえる。そのことは、天守をもたない城郭での籠城戦があり、そこでも同様の作法が確認できるからである。第一章第三節でも紹介した播磨三木城を開城した別所長治の場合はそのよい例であり、籠城戦に敗れれば、主君とその家族・眷属のみならず、家中全員が自害し、城を焼くべきである、という落城の作法の延長戦上に、天守の備わる城郭は、城主の威厳を示す天守にて自害し、自焼するという作法が整ったとまとめることができよう。

ところで、関ヶ原合戦で大垣城（異説、佐和山城）に籠城していた女性（山田去暦の娘）の覚書として知られる「おあん物語」には、関ヶ原合戦時における天守の様子が描かれている。それによれば、おあん・母、その他の家中の妻・娘など天守にいる女たちは、その場で鉄砲の玉を鋳ていたという。また、味方が取った敵方の首は天守に集められ、それぞれに札をつけて並べて置き、夜な夜な首にお歯黒をつける作業をし、その首の血なまぐさいなかで寝たという。おあんの幼少時のことなので、記憶に不確かなところがあるとしても、右は戦時における天守の生々しい稀少な記録であるといえよう。

即ち、籠城戦の最後の拠点である天守には、女性や幼少の子たちを収容する避難所としての役割があり、戦時中に彼らはそこで寝食をともにしたのであり、そのために天守の居室機能が利用された。彼女たちは天守で鉄砲玉の鋳造といった重要な軍事的役割を担うとともに、はては敵の首にお歯黒を塗るといった派生的な仕事も任されていたのである。

また、大坂城の落城の様子を描いた「大坂夏の陣図屛風」(大阪城天守閣所蔵)には、鼠色の漆喰に黒い腰板を廻らせ、屋根には金箔瓦をめぐらし、金の鯱を載せた五層の天守が描かれているが、各階層の窓には不安げに外を見つめ、涙をながす女性の顔が多く描かれている。これも、籠城時の天守が女性たちの避難所であることを象徴的にとらえた絵画表現と考えられる。

右以外では、人質もまた天守の住人であった。近世後期の記録ながら「淀古今真佐子」には、淀城天守の一番下の石垣に格子戸の土間があり、「乱国の節人じちの者入置所」との説明がある。淀城天守は二条城の天守を引き移したもので、四層五階・四隅に二重の小矢倉を配する連立式であり、天守全てに葵の御紋が付けられていたという。つまり、近世初頭の二条城天守には、人質部屋が備えられていたことになる。こうした人質部屋は機密事項であるから、その存在を伝える文献資料は少ないが、岡山城天守にも人質部屋が備えられていたことがわかっている。

二　城主の居所

平時における天守は、城主の居館であり、本丸に御殿が設けられない段階においては、賓客の応接、家臣との会談、歌舞酒宴一切が執りおこなわれる場であったという（古川一九三六）。とくに層塔型天守が出現する前の望楼型天守は、居館の上に望楼を載せた構造になっていたので、居館部分を日常生活に利用することは十分にありえた。たとえば、豊臣秀吉は京都に聚楽城を建造し、壮麗な本丸御殿が築かれたが、天守には別妻の一人である前田摩阿を居住させていた。そのため、摩阿は「聚楽天主《（守）》」と呼ばれていた（『兼見卿記』）。

大坂城の天守は、本丸奥御殿のさらに奥詰まった角に築かれた。その完成間もない天正十四年（一五八六）四月に大坂城を訪ねた豊後の大名大友宗麟は天守に案内され、その地階にある綿蔵・紙蔵・手火矢玉薬蔵や各階の金銀・宝物を見せられ、天守最上階より遠望したことは有名である（「大友家文書録」）。同じ頃、薩摩島津氏の使者として大坂城を訪ねた鎌田政広も、秀吉自らが天守へ案内し、政広は茶の湯の振る舞いを受けている（『上井覚兼日記』）。

同様に天守に上ったルイス・フロイスによれば、大坂城天守の各階は、金、銀、絹糸、ダマスコ織、茶器、大小の刀剣、武具で充満し、外国から輸入された珍しい外套や寝台、組み立て式の黄金の茶室などが保管されていた。案内する秀吉の前には、肩に刀を担いで立派な衣類をまとった十三、四歳の少女が進んでいたが、これは「大奥では、男子の出入りが禁止されており、全ての用務は高位貴紳の娘たちが果していた」と説明されている。出入り口の鍵も全て女性たちが所持していた。ここからは、天守が成人男子の立ち入りが制限された、いわゆる「大奥」の一部であったと理解される。

一行は、最上階の外廊から遠望し、茶の湯の振る舞いを受け、談話したのち、上った階段とは別の階段から下り始め、秀吉が「平素夫人と寝る場所」を見せられた。秀吉は納戸になっている戸を自ら開き、そのなかに座した。そこで一行もともに着座したところ、秀吉が隠れている女性たちに「見たければでてくるがよい」と許可したので、かなりの人数の女たちが姿を現したという。その内の二人は北政所（浅野寧）に仕えるマグダレナ（客人）とジョアナ（某公家の妻）であった。その後、秀吉は北政所に右の様子を話した際に、北政所にも伴天連たちを会わせたかった旨を話すと、北政所は「宮殿や城内ではいかなる男子にも接しないのが慣例である」と述べ、秀吉がそのような考えをもっていることに疑問を示したというので、北政所も天守内部のどこかにいたのだろう。

以上から、大坂城天守は関白秀吉と北政所の寝室を備えた居住空間―「大奥」―であり、天守に蓄えられた豊臣家の財宝は豊臣家に仕える女性たちによって管理されていたのである。即ち、天守に城主の居所としての機能があったと指摘するだけでは不十分であり、武家の住居における「奥」という機能を位置づけ、そこで生活する女性や幼少の子といった人々の存在を踏まえたうえで、その機能を位置づけなおす必要があるといえよう。

ところで、江戸時代になり、大名の妻の江戸在府が義務づけられると、国許においては妻の居住空間としての奥は縮小し、帰国した大名の世話をする女性たちの住居や庶子養育としての場として奥が限定的に設定されることになった。また、山城や平山城の場合、天守のある本丸は儀礼の空間として利用し、通常は山下の二の丸や三の丸に御殿を造成して生活するようになった。こうしたことから、本丸の奥に位置する天守もおのずと居住空間としての機能を後退させることになったのではないだろうか。

この問題をさらに検討するため、視点をかえて江戸時代における天守もしくは天守台の管理・守衛の形態をみてみると、おおよそ次の三つに大別できる。

A専属の番方

天守番頭（江戸城）、御天守番（小倉城）、同心番所（和歌山城）

B武具・道具の管理者

天守武具奉行（津山城）、御天守道具奉行（熊本城）、武具方役所（佐倉城）

C鍵の保管者

御鍵奉行（名古屋城）　天守鍵預り（松江城）　目付役（苗木城）　年寄（小浜城）

いずれも天守番は男性の役目となっており、女性のいる奥という性格が薄れていることがわかる。まず専属の番方を置くAであるが、江戸城天守は大奥の一番奥に位置し、明暦三年（一六五七）の大火で焼失した。しかし、その後も天守番が江戸時代を通じて置かれ、慶応二年（一八六六）十二月晦日になって「御天守番之頭」九人が解任され、小普請組に入れられた（『柳営補任』）。「江戸城之図」をみると、天守台には西桔橋から城内に入り、中御門を抜けた天守台横の空間には「御天守バン所」があり、すぐ近くには「御土蔵」一棟、「御金蔵」一棟が描かれている。明暦大火後の天守は台のみだったので、天守番の役割は天守台のある江戸城乾方面の守衛にあったと考えられよう。

小倉城天守は、天保八年（一八三七）正月に塩切場からの出火により、天守や本丸御殿等を焼失した。その後、天守は再建されなかったが、その後も天守番を置いて天守台周辺の守衛にあたっていた。また、天守に保管されていた御囲塩は、焼失後は御扶持蔵に移されたが、その管理は引き続き「御天守番」の職務であったらしく、弘化二年（一八四五）に御扶持蔵の屋根の修復の際に天守番に塩炭を引き払うよう依頼し、向いの矢倉に積み替えている（北九州市一九七七）。

小倉城の事例も、天守を失っても天守台のある方角を守衛するという城郭防衛上の理由から天守番が置かれたと考えられるが、注目すべき点は天守に保管されるべき物品の管理を天守番が継続していたことである。なお、小倉城天守が焼失する前は、一階が塩蔵、湯殿、御天守方役所、御腰物方役所、御小納戸役所、二階は御物具方役所となっていた。藩主の住居としての機能は失われていたが、役所として利用されていた点は小倉城天守の特質の一つといえ、天守における居住機能が近世になっても存続した事例として注目できる。

Bは、天守に武具や道具が保管されていたことから、武具奉行や道具奉行が天守の守衛・管理にあたっていたものだろう。天守④の機能にちなむものとみなされる。

Cは、天守⑤の機能にちなむものではないだろうか。即ち、小浜城のように表方の役職のトップである年寄が天守の鍵を管理したのは、城主の威厳を示す装置である天守の管理を軽輩の番方の武士に担わせることはできず、年寄が藩主に代行して天守を管理する必要があったためであろう。また、松江城の天守鍵預りの役宅は、同城二の丸下の段、大手門を入った正面にあり、表空間の最前線に位置している。天守鍵預りの役職的地位は寺社町奉行の次、平奥列の首席、二百石勤めであり、「者頭」

より繰り上げ、たまに「御目附」より転勤する役職とされており、表の番方から昇進する役職ではあるが、石高はそれほど高いわけではなく、中級家臣である。しかし、「常に城内に役宅ありて、それへ引移る」「常に城内番人および常住者に対し重きをおき、御城内御上りと申す時には、御先導に立つとか、御鍵をば平常此所に預かりおるといふ」とあるように、天守鍵預りは単に天守の鍵を預かるだけでなく、松江城番方の惣支配の役にあり、姫路城と同様に藩主に代行して天守以下の城域を守衛することがその役割であり、城代頭のような役職だったのではないかと考えられる。同役は、明治二年（一八六九）三月三日に廃止された（中原一九九七）。

名古屋城は、天守の鍵は御鍵奉行が預かるが、用がある者は本丸番所に届け出ることになっていた。とはいえ、小天守の倉庫の出入りは御鍵奉行の立ち合いが必要であり、小天守の二階は御用列以上のみに許されていた。こうした天守に上ることのできる身分階層の差は、名古屋城のみだけではなく、小倉城でも確認できる。

三　展望台・司令塔

天守に展望台としての機能があったことは、その構造上の特質から自明のことがらだろう。大坂城からは五畿内を見渡すことができたとフロイスが証言している。また、徳川秀忠・同家光は、寛永三年（一六二六）に上洛し、九月八日に後水尾帝の二条城行幸を実現させた。饗応の三日目に後水尾帝は天守に上ることを希望し、中宮・女院を引き連れて四方を遠望した。これは急なことであったので、道に毛氈を敷き、櫓狭間に御簾をたらして対処したという。しかし、この日は天候に恵まれなかったため、二日後に再び帝は天守に上り、畿内を見渡した（『徳川実紀』）。

将軍自身も上洛の途中に停泊した城において、天守に上り饗応を受けた。寛永十一年（一六三四）に家光が上洛した際は、往路で滞座した小田原城で城主の稲葉正則が膳を献じ、盃があり、家光からは時服十領・白銀二百枚を与えられ、正則からは光忠の刀を献上し、稲葉家家臣四人が家光の面前に召し出されて時服を与えられた。それから、家光は天守に上って、天守保管の武器を見た後、七本松の茶亭において茶会となった。また、復路では膳所城において天守に上り、城主の菅沼正芳の饗応を受け、船に乗って湖水を遊覧し、和歌を詠み、家光からは刀・時服・金銀が与えられ、嫡子および菅沼家家臣三人も目見えを許され、時服を与えられた（『徳川実紀』『寛政重修諸家譜』）。

次に、天守に司令塔としての機能があったことは、徳川家康から伏見城天守を預けられていた酒井重勝の逸話が象徴的である。家康の使番であった重勝は、天正十二年（一五八四）に槍奉行となり、文禄元年（一五九二）に上野国山辺郡・武蔵国比企郡内で二千石を与えられ、旗奉行となった。関ヶ原合戦後は伏見城番となり、旗および馬印とともに、天守を預けられた。家康が言うには、「もし火急の事あらば重勝、御旗・御馬じるしをあぐべし、しからば五畿内の諸さふらひ、はせきたらん、其上卒をあつめて相ともに伏見の城をまもるべし」との旨であった（『寛永諸家系図伝』）。つまり、緊急事態となった際に天守に旗と馬印を掲げれば、五畿内の諸侍に城内への集結を命じる号令となったのである。
このことは、大坂城天守に馬印が保管されていたことにも通じるだろう。寛文五年（一六六五）正月二日に大坂城天守が落雷により焼失した。この時には様々な手柄話が残っている。その一つに、天守第一重に「神祖《（徳川家康）》関ヶ原御勝利の時の金扇の御馬印」が保管されていたため、大番中川帯刀が天守に走り上り、馬印を抱いて天守より飛び降りて落命したが、馬印は無事であったという話がある（『甲子夜話』）。最上階の第一重に保管されていた馬印は、緊急事態に際して天守に掲げることで、畿内から諸侍を馳せ参じさせることが想定されていたのだろう。馬印がどこまで見えたのかは定かでないが、寛文五年に摂津尼崎に帰国していた青山大膳亮幸利は、大坂城天守が炎上するのを同地で目撃して大坂に馳せ参じている（「青大録」）。さきのフロイスの話でも五畿内を見渡せたとある。

右のような重要な軍事的機能がある天守ながら、この火災後に大坂城に天守が再建されることはなかった。その前提には、明暦の大火で焼失した江戸城天守が再建されなかったことも関係していよう。江戸城天守は、慶長十二年（一六〇七）に「権現様御好」として五層七階、三つの小天守を配する環立式として建造された。これは徳川氏の城郭初の天守であった。元和八年（一六二二）には本丸拡張工事とともに天守も建て直され、単立式、五層、内部は石垣上五階穴蔵一階の層塔型天守が新しく建造された。これは慶長度のものより少し大きく、平和時の幕府の権力を誇示する象徴的な建築に大転換したと評価されている。これは秀忠の好みを反映したものだろう。寛永十四年（一六三七）に三代将軍家光が建て直した天守は、五層、内部は五階穴蔵一階、四層屋根が四方唐破風出窓形式で、遠望しての「八方正面」の構造をもつが、元和度のものよりは少し小さいという。

このように、それぞれの将軍の嗜好によって建て替えられた江戸城天守であったが、明暦三年（一六五七）の大火で焼失してしまう。当初は再建の予定で、加賀前田家が天守台を築いたが、天守そのものは建造されなかった。これは保科正之の意向によるもので、「天守は近代織田右府以来之事にて、さのみ城の要害に利あると申にても無之、ただ遠く観望いたす迄の事候」というのが理由だった。つまり、明暦大火後に天守台を築き終わった段階で、再建は放棄された。六代将軍家宣の時に再建の動きがあるが、結局は沙汰やみとなった。内藤昌は、「世はすでに、天守を軍事的にはもとより、景観造形上も必要としない時代に移っていったのである」と指摘している（内藤一九八〇）。

明暦の大火により焼失した天守は、確かに再建されることはなかったが、天守台は築かれており、現在でもその巨大な遺構を見ることができる。

万治二年（一六五九）には江戸城本丸御殿が完成し、九月五日に将軍家綱が西の丸から移った。その時の様子は、武蔵川越の商人榎本弥左衛門忠重の「万之覚」に次のように記される。

万治弐年亥ノ九月五日ニ

一、家綱御上様御わたまし也。清天ニ江戸御ふれ廻り、町人自身番仕候。大火事之後、御普請出来ノ時、但、御天守は立不申候時也。

わざわざ天守が建たなかったことを記しているところに、天守を心待ちにしていた人々の心情が表れているのではなかろうか。別の記述でも諸人が大平太舟を出し、舟唄を催して天守台の完成を楽しんでいた。「景観造形上も必要としない時代」という考えは、保科正之のような一部の倹約思考の持ち主には共有されていたかもしれないが、それのみとは断じられない。というのも、全国の天守の歴史を顧みると、江戸期に再建された多くの天守の存在を知ることができるからである。

現在、現存天守としての遺構をもつ城は、弘前・犬山・松本・丸岡・彦根・姫路・松江・備中松山・宇和島・高知・丸亀・伊予松山の十二城とされている。このうち、高知城は、享保十二年（一七二七）に焼失したが、寛延元年（一七四八）に再建した。伊予松山城も天明四年（一七八四）の落雷で焼失したが、安政元年（一八五四）に再建した。弘前城にいたっては、寛永四年（一六二七）の落雷で焼失していたが、文化五年（一八〇八）に幕府に本丸櫓三か所の再建を願い出て許され、同七年十月に本丸辰巳櫓を改築したものが現在の天守である。棟札には「御櫓新規御造営」とあるので、天守として許可されたわけではないが、外観意匠からは天守として計画されたとされる（中村二〇〇〇）。高松城は寛文十年（一六七〇）に天守を完成させており、そこには高松松平家の「西国目付」の任を受けたという特質性から、軍事・防衛的な役割をみることができるのではないかと指摘されている（胡二〇〇七）。

江戸期に天守を焼失・破却した城としては、新庄城・上山城・仙台城・相馬中村城・前橋城・沼田城・佐倉城・館山城・大多喜城・江戸城・浜松城・駿府城・清須城・加納城・高山城・伊賀上野城・津城・松坂城・伊勢亀山城・桑名城・田丸城・松が島城・甲府城・小諸城・村上城・富山城・金沢城・福井城・大津城・淀城・二条城・伏見城・大坂城・岸和田城・鹿野城・鳥取城・津和野城・岩国

城・今治城・小倉城・福岡城・杵築城・佐伯城・日隈城・豊後府内城・佐賀城・宇土城・麦島城・八代城・佐土原城・延岡城などが知られる。諸国城割令（「元和の一国一城令」）・移築・自然災害・廃城などが破却理由である。

これに対し、明治期以降に天守を破却した城としては、盛岡城・米沢城・白石城・会津若松城・高崎城・笠間城・古河城・関宿城・岩槻城・川越城・忍城・小田原城・沼津城・横須賀城・岩村城・鳥羽城・高島城・高遠城・長岡城・新発田城・小松城・小浜城・岡崎城・膳所城・丹波亀山城・高槻城・高取城・米子城・津山城・萩城・高松城・大洲城・徳島城・熊本城・柳川城・臼杵城・岡城・日出城・島原城などがあり、昭和期に天守を失った城としては、水戸城・名古屋城・大垣城・和歌山城・丸岡城・岡山城・福山城・広島城などがある。

このように、江戸時代に天守をもつ城と天守をもたない城は半々である。とはいえ、江戸期に天守を再建している事例などがあることからは、軍事的・景観的に不要であったとは言い切れない。これは、平時における城主の政治的権威を示す装置の問題ともかかわるので、五節で改めて検討することにしたい。

四　貯蔵庫・倉庫から聖域・宝物館へ

天守は基本的には矢倉の延長線上にあるから、武器・食糧の貯蔵庫・倉庫の役割をしていたことは、多くの事例から知ることができる。たとえば、小倉城では宗門方帳櫃、油壺、薪炭、檜火縄、味噌、鐘、屛風などが保管され、最上階には不動尊像、摩利支天や諸社の札など、宗教施設が置かれていたことでも注目されている（北九州市一九七七）。名古屋城は、地階は御蔵の間として煙硝が置かれたが、のちにはそこは空室となり、他に金蔵として幕府からの預かり金銀が保管されていた。一階は刀掛け、水帳八棹長持、弓・鉄砲・玉など、二・三階は空室、最上階は御座間であり、徳川家康着用の甲冑、神道書籍が置かれ、伊勢神宮・尾張三社の札が貼られていた（「金城温古録」）。

寛永九年（一六三二）に肥後熊本加藤氏の改易をうけて、豊前小倉から熊本に移った細川氏は、同十一年に支城の八代城天守に保管されている道具の様子を書き上げさせた。その目的は、「天守の内ひろくなるべきと存じ候」と書き送っており、道具を入れ置く倉庫としての天守の役割が確認できる（「天守に残る道具之儀、一ッ書之趣得其意候、天主の内ひろくなるへきと存候事」『細川』五―一一七二）。

天守の軍事的役割や居住性が減じていくとともに、天守は武具や食糧の貯蔵庫・倉庫としての機能が増大することになるが、加えて文書保管庫としての機能があったことに注目したい。

慶長七年（一六〇二）十月晦日の夜に、金沢城天守が落雷により焼失した。これ以降は、同城では天守を置かず、三階矢倉を置いた。この火事では天守の鉄砲薬に火が付き、梁・桁・柱などが残らず飛び散った。加えて、所蔵の家譜・宝器なども悉く焼失した。天守創立の時に、加賀黒津船の神木を伐って虹梁に用いたため、黒津船の方より雷鳴して天守が炎上したと伝わる（『温古集録』）。

寛永四年（一六二七）に焼失した弘前城五重天守は、三階に鐘がつられ、二階に鉄砲・玉薬、代々の記録、宝物、家中の系図、寺社縁起などが保管されていたという（「御日記」）。

このように、高層建築の天守は落雷の危険が高かった。にもかかわらず、その家の重書に相当する文書・記録が保管された。加えて、名古屋城の場合は、水帳（検地帳）を保管していた。つまり、領内支配の最重要基本文書が保管されていたのである。

こうした意識は近世後期になっても確認できる。天明元年（一七八一）に武蔵忍城主阿部正敏は、江戸麻生屋敷で保管していた桜町天皇宸翰、徳川家康筆跡を封印のうえ、忍城の天守に相当する三重櫓上段に収めさせた。同五年には二の丸屋敷内にあった諸神を右の三重櫓に移し、同八年二月十日には将軍から与えられた領知判物・目録を三重櫓二階に移した（『公余録』上）。これら歴代将軍発給文書は、大名家にとっての最重要文書であり、阿部家文書として現存している。

このように宗教施設を置き、大名家にとっての重書を保管する場所として天守が機能していたのは、天守が単なる倉庫ではなく、聖域・御宝蔵としての機能があったことを意味するものだろう（中澤二〇一六）。

五　平時における城主の威厳を示す政治装置

最後に、江戸時代という平時において天守が城主の政治的権威を示す装置であったことを検討してみたい。

まず、現存天守として知られる松江城は、近世初期の建造物としての天守の様式を伝えるうえで貴重な遺構である。これを築城する際に、堀尾吉晴は初めに荒隈山《あらわい》に城郭を築くことを希望した。しかし、子の忠氏は亀田山を選んだ。その理由は、荒隈山は山の台が大きいため、天守を五重にしないと楼（櫓）のようにみえるからで、堀尾氏の石高二十四万石で五重の天守を維持することはできず、五十万石以上の石高でなければ難しいからであった。そこで、亀田山は少し山が小さいが、神々も多く祀られていた神多山ということで、亀田山に松江城を築城することにした。しかし、結局は五層六階、附櫓一階の複合式の望楼型天守を建造した（島田一九九五）。このように、天守が外からどのようにみえるのか、という点は、天守に求められる重要な構成要素の一つであった。また、天守のありようが家格と結びつけられて考えられていたことも見逃せない点である。国主クラスは五層、城持クラスは三層の天守であったとの指摘もある（丸山二〇〇七）。

また、元禄期に日本を訪れたケンペルは、二度の江戸への参府旅行の際に各地の天守の様子を詳細に伝えた（『江戸参府旅行日記』）。

まず、日本の城郭の特徴については、「本丸と呼ばれる内の城は城の中枢で、その国を領有する主君あるいは城主の住んでいる所である。本丸には白壁造りの三層または四層の高い四角形の塔（天守閣）がそびえ人目をひく。その各階は、軒蛇腹で囲んだように、小さい屋根で取り囲まれている。（中略）白い城壁・稜堡・城門があり、その上に二層または三層の櫓が建っているが、軒蛇腹のある美しい本丸の天守閣、これらがみな遠くからでもよく見える」と記している。

さらに、筑前福岡藩の支藩直方に関しては、次のように述べる（傍線筆者補）。

筑前の城主（黒田光政）の子息の伊勢守（長清）の居城のある所で、川の向う岸にある。その城には天守閣がなかったが、これは珍しいことである。

ケンペルは多くの城を遠望し、直方（陣屋）に天守がないことを珍しいと記した。既述のように、元禄期にはすでに多くの城が天守をもたなかったのだが、ケンペルにも城＝天守という強いイメージがあったことがわかるし、城は領主のいる象徴的な場所であると理解されていたのである。ここから天守が領主の権威の象徴であったことを読み取ってよいであろう。

おわりに

以上、天守の機能について従来から指摘されていた見解に対して新たな知見を加えてきた。織豊期に出現した天守は、江戸時代にも引き継がれ、その役割や機能は時代により変化したが、決して「無用の長物」とは言い切れない多様な価値があったことを確認した。なかでも、天守は単なる貯蔵庫・倉庫ではなく、大名家にとって領主たることの証明となる重書や領民支配の基本台帳など、領主と領民にとって大切なものが保管される宝物館的機能があったことを強調したい。

ケンペルが城といえば天守という城郭観を示したのは、その外観上の優位性や景観美等によると考えられるが、城を中心として広がる領域において日常生活を送る人々にとっても同様の意識が醸成されていたのではないだろうか。ここに天守の宝物館的機能という価値を位置づけると、天守には大切なものが保管されており、天守だけでなく、そこに保管されるものをも守らなければならないという意識が育っていたとの想定が可能となる。

明治期以降に城郭が「無用の長物」として廃棄される一方で、市民の手によって天守が復元され、かつての城域が市民の憩いの場として再生されていった（林二〇一六、胡二〇一六）。これら現代に至るまでの城と市民とのつながりの深さは、右のような江戸時代における人々の天守に対する心の問題を前提にして、はじめて理解できるようになるのではないだろうか。今後は、江戸時代の民衆が城に対してもっていた意識（心の問題）をもっと探りあててみることも必要な課題となるだろう（堀田一九九八）。

第二章　近世初期の城郭政策の展開

はじめに―統一政権と城割―

織田信長や豊臣秀吉といった天下人の出現により、戦国時代から天下統一へと歴史が大きく転換するなかで、城割政策も推し進められることになった。

奥羽戦国史研究を牽引してきた小林清治によれば、右の過程は中世在地領主制から近世大名領主制への転換ととらえることができ、城郭のあり方からみれば在地城館制（自力救済）から一国一城制（惣無事＝「天下静謐」）への転換であったという。そして、秀吉による奥羽仕置の頃までには、「諸国の城は秀吉の城」という実態と観念ができあがったが、信長の場合は敵対者に対する破城であり、秀吉の場合は敵対せぬ者にも破城（知行は安堵）を命じたという点において、秀吉の破城政策は「元和の一国一城令」を待つことなしに、一国一城制の本質にほぼ到達したと評価した（小林一九九四、以下頁数は同書による）。

その一方で、「（秀吉が）信長を後継した直後から一国破城を号しながら、領国支配に必要な城を存置普請してその他を破城するという原則」をとったこと（一九五頁）、また天正十五年（一五八七）の九州征討では、「秀吉の城郭政策は、まず不要の城を破却し、一郡一城程度で必要な城を取りたてて普請を加える」が、「ただし、居城の選定や存置すべき城々の選定はその大名・国人の判断に委ね、破却と普請は秀吉方の将が担当したうえで、それが新領主あるいは安堵された領主に渡された」（一六九頁）、同十八年の奥羽仕置では「大名・国人領にその居城一城をのこして他はすべて破却するというのが一つの理想型・努力目標にとどまったことは明らかであり、現実には〝入らざる城は破却〟という表現のもとに、相当数の城々が存置された」（一八九頁）と指摘し、その城割政策において居城以外の端城も存置された実態を明らかにした。

東国地方における「元和の一国一城令」の位置づけや、「諸国の城は秀吉の城」という認識があったとする点には疑義が出されたが（長谷川一九九三、福田一九九五）、豊臣秀吉の城郭政策の方針については、おおむね了解される見解だろう。

これを前提にすれば、徳川政権の城郭政策を論じる際には、豊臣政権の城郭政策の方針により、城割の判断は大名権力の主体性に委ねられていたという実態があり、それを徳川政権が引き継いだことを正しく位置づけ、慶長五年（一六〇〇）の関ヶ原合戦後に進められた城郭政策を跡づけることが必要になる。ここでいう豊臣政権の城郭政策の方針とは、天下統一の実現にむけて「入らざる城」は破却、しかし、その判断は大名権力に委任する、である。

地域の公儀として実質的に領国を支配する大名権力の主体的判断に城の存置と破却とを委ねるというのは、城が「当知行」の標識であり、それを「当知行」者が自律的に運営するのは当然とする城郭観を否定しえなかったことによるのだろう。裏を返せば、中世という時代に広く根づいていた城郭観を全面的に否定しえなかった所に、豊臣政権下での一国破城が全国展開しえず、実態として居城と端城を存置させる結果をまねく根本的な原因があった。

その城郭観は、徳川政権によって強く否定されることになる。慶長二十年（一六一五）の大坂夏の陣による豊臣家の滅亡後に、名実ともに天下を掌握した徳川政権は、敵対せぬ大名に対して「居城のみを残し、その他の城を破却せよ」と一律に端城の破却を命じたからである。これが、のちに「元和の一国一城令」と称される城割命令である。大名自らが城割をするという点においては、その実際の破却において城割がその場しのぎとなる余地が残ったとしても、城地の選択に自由は与えられなかった。有無も言わさず、居城以外の城は「入らざる城」＝不要な城と断定されたのである。ここにおいて徳川政権は、豊臣政権から継承した城郭政策を大きく転換させることに成功した。まさに、城割の歴史において画期的な政策だった。

しかしながら、その大転換に至るまでには、豊臣氏の滅亡を待たねばならなかったという点に、当該期の徳川政権と諸大名との関係が象徴的に示されていよう。つまり、関ヶ原合戦後に天下人の地位についたとみなされる徳川家康にあっても、有無を言わさぬ城割を諸大名に強制できなかったのである。関ヶ原合戦から大坂の陣に至る慶長期において、徳川政権はそのような状況に置かれていたことを前提に、以下では諸大名の城郭普請の動向をみていくことにしたい。

一　慶長期の城郭普請

1　築城ラッシュ

慶長五年（一六〇〇）の関ヶ原合戦の論功行賞により、新領地に移された大名は新たな築城を開始した。豊臣政権の段階で「入らざる城」の存置を大名の主体性に任せたことは、不要な城を破却する一方で必要な城を存続させ、さらには新たな城を築くことすら可能とした。人々を動かす行動原理を自力救済に置く戦国の世が続くなかで、大名権力が領内や境目における小さなナワバリ争いを停止させ、大名領国の領域的安定を維持するためには、軍事的に重要な地域の拠点に城を構えることが戦略的に必要だったからである。

この築城ラッシュは、慶長十年代にピークを迎えた。徳川家康の動向を中心に記録した「当代記」の慶長十二年八月の条では、その様子を次のように伝える。

この二三箇年中、九州・中国・四国衆、いずれも城普請専らなり、乱世遠からずとの分別かと云々、

この数年で、九州・中国・四国などの西日本で城普請がさかんであり、これはまだ「乱世が遠からず」、即ち再び戦乱が起こるとの判断からか、と取沙汰されたという。さらに「当代記」の慶長十四年正月の条には、中国・西国の諸大名が所々の城普請を丈夫に構えている様了を聞いた家康が、「然

るべからず」と語ったことを伝える。この時期には東日本の大名も同様に城普請を進めていたにもかかわらず、とくに西日本の大名が睨まれていたのである。

同様に、肥前佐賀の鍋島家の記録（「直茂公譜考捕」）には次のようにある。

慶長十四年己酉、天守御成就、今年日本国中ノ天守数二十五立

鍋島氏は竜造寺氏の居城であった肥前佐賀城の改修工事を関ヶ原合戦以後に着々と進め、全工事が完了したのは慶長十六年という（佐賀県教育委員会二〇一三）。その間の慶長十四年に本丸天守が完成したが、その年に全国で二十五の天守が建造されたと伝える。

天守は大名の居城のみでなく、家臣が預かる端城にも造られた。たとえば、後述する細川氏の領国では豊前小倉城を居城とし、端城の中津城・門司城・木付城にも天守があった。関ヶ原合戦後に新造された木付城天守は慶長十三年に焼失したが、細川忠興はすぐに天守の再建を命じ、着手させている（「松井家譜」）。

慶長十年（一六〇五）作成の肥後の国絵図には、加藤氏領内の端城のうち、八代・宇土・矢部・佐敷・水俣城には三層、阿蘇・関ノ城には二層、肥後相良氏領では大畑城には三層、ゆのまえ城には二層、寺沢氏領の富岡城には三層、栖本城には二層の天守が描かれている（芦北町教育委員会一九九五）。絵図史料は厳密な史実を伝えるものではないが、端城に天守があることに違和感をもたなかった当時の感覚を可視化したものととらえることはできる。要するに、慶長期には、居城のみならず端城も含めて、天守を備えた織豊系城郭が数多く造られたことは間違いない。

慶長二十年に武家諸法度が定められると、これ以降の新規の城郭普請は原則的に禁止された。将軍は諸国に巡見使を派遣して、新規の築城がないかどうかを監視した。例外的に武家諸法度以降にも許可を得て築造された城もあるが、基本的に天守のそびえる城郭は慶長二十年までの建造とみなされる。

その一方で、徳川政権は「公儀普請」の名のもとに諸大名に普請役をかけて築城の助役としていた。関ヶ原合戦で焼失した伏見城の再建を始め、膳所城や彦根城の築城にも近隣大名を動員した。京都二条城は関西の諸大名を動員した。これらの工事が完成するのは慶長十一年とされている。また、慶長八年以降に江戸城石垣普請を断続的に課し、同十二年から十三年にかけては駿府城、同十四年には丹波篠山城、同十五年には丹波亀山城、尾張名古屋城、同十九年には再び江戸城石垣普請を西国大名に課し、同年には松平忠輝（家康六男）の越後高田城新築普請にも東国大名が動員された（白峰一九九五）。

このように徳川氏自身も、自らの居城のみならず、重要な要地に大規模な城郭普請を相次いで進めていた。これは大坂城の豊臣秀頼をけん制するための包囲網を作る目的があったことが指摘されている（藤田二〇〇四）。それのみならず、「公儀普請」が拡大し、諸大名の領国から千石夫などの人員が否応なく動員されれば、自ずと諸大名の領国内での普請は資材や労働力の不足に陥り、低調とならざるをえなくなる。慶長期の「公儀普請」には、そのような徳川政権の政策意図を見据えておく必要もあろう。

2 戦闘本意の築城—筑前黒田氏—

慶長期の大名領国においては、本城たる居城だけではなく、国境沿いや街道の要所に端城を設けて臨戦態勢をとっていた。筑前黒田氏の事例から、そのことを具体的にみてみたい。

関ヶ原合戦の論功行賞により、慶長五年（一六〇〇）十二月に豊前中津から筑前に入国した黒田長政は、前領主小早川秀秋から博多の東にある名島城を受け取った。しかし、城下町を形成するには手狭という理由から、翌年より博多の西に位置する福崎の丘陵地に福岡城の築城を開始した。つまり、まったく新しい土地での築城に着手したのである。これは、天守、本丸、二の丸、三の丸、南の丸等をもつ広大な近世城郭であり、慶長十二年に完成したとされる（『黒田家譜』）。

端城に関しては、図3のように、筑前と豊前の国境沿いに五端城（中島・黒崎・鷹取・大隈・小石原）と筑後国境沿いに一端城（左右良）を置き、大身家臣を配置した。海中の小島に築かれた海城の中島城以外は、いずれも山城であった（以下、福岡県教育委員会二〇一四・二〇一五による）。

そのうち、新規の築城が二城ある。遠賀郡の黒崎城は、それまで城地ではなかったが、標高六十二米《メートル》の山頂に新たに築城し、本丸、二の丸、三の丸が造られ、年寄の井上之房（一万五千石）が置かれた。本丸の周囲には、現在も石垣の遺構が残る。

同じく遠賀郡の中島城は、若松と戸畑の間の洞海湾に浮かぶ中島に築城された。永正年間（一五〇四〜二一）に竹内治部が置かれていたという伝承があるが、その後の城主などは知られておらず、新たな築城とみられる。船手頭の三宅若狭家義（二千七百五十石）が置かれた。明治十四年（一八八一）

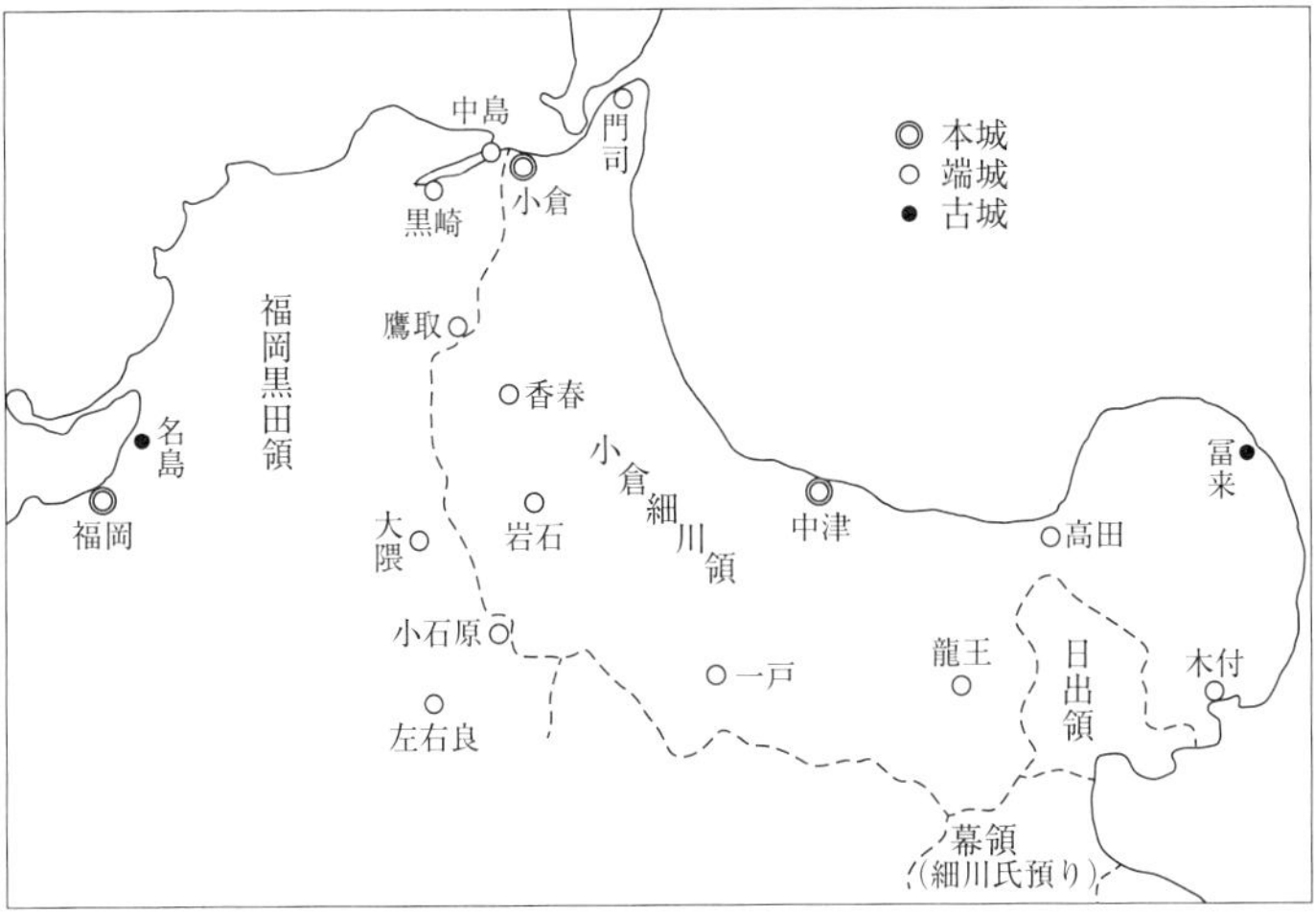

図3　黒田・細川領の本城・端城分布図

の洞海湾改修工事で開削され、現在はまったくその姿を確認できないが、『筑前名所図会』（一八二一年作）には海に浮かぶ中島の姿が描かれている。

既存の城を改修して利用されたのは、四城である。まず、嘉麻郡の大隈城は、国人領主秋月種実の父宗全の隠居城であったが、秀吉の九州出兵でこの城より三里東の岩石城が攻め落とされると、宗全は大隈城を捨てて、秋月氏の本城古処山に退去した。その後は、秀吉の家臣早川長政が置かれていたので、城としての機能は残されていた。黒田長政の入国後にこれを改修して後藤又兵衛（一万石）を置き、慶長十一年に又兵衛の筑前退去後は毛利友信を鷹取城から移した。本丸、二ノ丸、馬屋からなり、東側には出丸を設け、両脇を固めるように別曲輪が五か所設けられた広大な山城である。全体はおよそ五町歩（五万平方メートル）あり、本丸城門跡には桝形門の遺構がよく残り、本丸と西側には野面積の石垣が残っており、黒田氏による改修の際の遺構とみられている。

上座郡小石原城（松尾城）は、国人領主宝珠山（原）氏の居城であったが、長政入国後には中津時代に取り立てた大友旧臣の中間統種（黒田と改名、二千五百石）を置いて支配させた。飯塚から日田に抜ける街道と朝倉から行橋に抜ける街道が交差する要衝を見下ろす山頂に造られた（標高約五百メートル、比高約五十メートル）。本丸、天守台（櫓台）、土塁、石塁の一部、桝形門の城門跡などの遺構がよく残っている。

上座郡左右良城は、国人領主の秋月種実が築城し、吉瀬因幡、同主水を城番として置き、小早川隆景の時には仁保隆康を、同秀秋の時には伊藤雅楽助を城番として置いていたので、小早川家の端城として機能していた。黒田長政の入国後は年寄の栗山利安（一万五千石）を置いた。「栗山卜庵覚書」によれば、左右良は三か国（筑前・筑後・豊後）の境にある「一大事」の場所という理由で栗山が選出されたのだという。また、左右良城が破損した際に栗山が長政に普請を願ったところ、「其方心次第に指図仕候様に」との意向を得たので、栗山が自由に普請をして長政に見せたところ、ことのほか長政の気に入ったと伝える（福田二〇一四）。

一方、鞍手郡の鷹取城（標高六百三十三メートル、比高五百六十メートル）は、天正の頃に大友配下の毛利鎮実が在城していたが、長政の入国後に改修して、年寄の毛利友信（但馬、一万五千石）を置いた。その時の逸話が、「古郷物語」にある。長文に及ぶので、意訳文を示してみたい。

豊前小倉の境の鷹取という山を城に拵え、但馬を置くために急いで普請を命じた。この山の半分は豊前の内にあり、筑前両国の境で嶺切と言い慣れた山だった。必ずや越中守（細川忠興）が妨害し、合戦を仕掛けてくるかもしれないので、家中の侍分には残らず武具をもたせ、すぐに応戦できるようにして、山の中ほどに小屋を掛け、筑前守（黒田長政）自身が縄張りをした。すると、石垣の高さを二間といえば三間、三間といえば四間、切立五間といえば十間と但馬が倍も強く好むので、談合が整わなかった。そこで、筑前守が言うには、「この城は永く籠城する城ではない。一時的な要害のためである。そのため、いかにも安々と拵えればよい」。

これを聞いた但馬は腹を立て、「この地を某《それがし》にお預けなさるとの仰せで築城となった。これは武士たるものの大望である。忝い次第で、ひとえに墓所と定めている。しかし、籠城しない城とすれば、敵が攻めてきたら明けて退く城なのか。敵を見て逃げる城に、この但馬が居る必要はない。敵を見て逃げたく思う者がいるなら、それを置けばよい。某は嫌である」といって小屋に引きこんでしまった。

そこで、年寄の栗山利安と井上之房が説得にあたり、「大敵の細川が攻めるとすれば大隈城だが、その時は但馬の留守居をこの城に置き、但馬は手勢を連れて一里離れた植木から軍勢を立て直すべきで、但馬は何時でも黒田家の先手の右備に定められており、この城に置いたままにはできないという筑前守の内意である」と伝えた。これを聞いて機嫌を直した但馬は、「某が、石垣を高く立て、堀を長く望んだのは、三日を五日、五日を七日と攻め崩されず、百人殺すべきを二百も討ち取り、大敵をこの城にて受け止め、日数を送らせることが忠節だと考えたからで、何方でも死ねば御奉公であるとは考えていない。なので、普請を難しく望んだのだ。決して臆病から申し上げたのではない」と返答し、落着となった。

この逸話からわかることは、豊前国境沿いの端城は隣国細川との戦闘を想定したもので、籠城戦のための堅牢広大な城郭建造を望む但馬と主君長政との間での認識差が生じたが、最終的には籠城用の城であることを認めて納得させたという経緯がわかる。また、既存の城郭を再利用した場合でも、高石垣を伴うまったく新しい城郭として縄張りが進められた。現在の遺構は石垣が崩されているものの、本丸は高石垣や桝形虎口をもつ織豊系城郭として建造されたことが確認できる（一四一頁参照）。

こうして黒田家では、慶長年間の築城ラッシュのなかで一居城六端城体制を整えた。鷹取城の縄張りは、慶長七年八月のことだったようで、八月十九日に下関を出船した長政は上洛中の九月九日に手塚水雪（孫太夫）に次の書状を送った（「鳥野神社古文書」）。

高（鷹）取開城の儀少々むつかしく候所、其方働を以、母里同心大慶不過之候、山城成就之上は一段可賀之候、地鎮之儀は井上・母里抔談、福智へ可被申付候、其為如此候也、

母里とあるのが毛利友信のことで、その説得に手塚も関与していたとわかる。鷹取城を山城として成就できれば一段喜ばしいことであり、地鎮祭は井上と毛利と相談して、福智へ命じよ、と伝えた。福智とは、鷹取山の東に位置する福智山にある神社で、彦山と同神を祀る修験である。

細川忠興の書状によれば、慶長八年七月二十日より鷹取城と黒崎城において、なんらかの工事が着工されている（「松井文庫」二六八）。

一、高とり・黒崎ノ城、七月廿日より被申付之由、さ様ニ在之候事、

こうした黒田家の動向を細川家が逐一把握していたところに、豊前国境を睨んで設けられた黒田家の端城に対し、細川家が神経を尖らせていたことも判明する。また、石垣普請に時間を要したとすれば、慶長八年から作事に着工できたことを示すのかもしれない。このの5、慶長十一年に後藤又兵衛が筑前を退去すると毛利友信が大隈城に移され、鷹取城は手塚水雪に預けられた。

要するに、慶長期には居城とともに端城の築城も進められた。その配置や築造は、隣国との国境紛争を想定し、その侵攻を防衛するための臨戦的な城郭として設けられたものであった。しかも、段階的かつ長期的に築城が継続されていた。端城といえども、高石垣・桝形虎口をもつ大規模な織豊系城郭であった。関ヶ原合戦後も「乱世遠からず」との秩序認識は強固であり、これを過去のものとするには、徳川政権が求める新たな城郭観が規範化され、その違反者にサンクション（制裁）が発動される過程を経ねばならなかったことを十分に予測させる。

3 端城を自ら破る―安芸亀居城破却一件―

安芸広島に居城を置き、中国地方を支配していた毛利輝元が、関ヶ原合戦の敗戦により長門・周防二国に減封された。その後を受けて安芸・備後両国四十九万八千石で入封した福島正則は、広島城を居城とし、六つの端城を築いた（図4）。そのうち、神辺（山城・深安郡）・三原（平城・三原市）・五品嶽（平山城・比婆郡東城）の三城は毛利時代の城を継承し、その他の中世以来の城は廃し、三次で

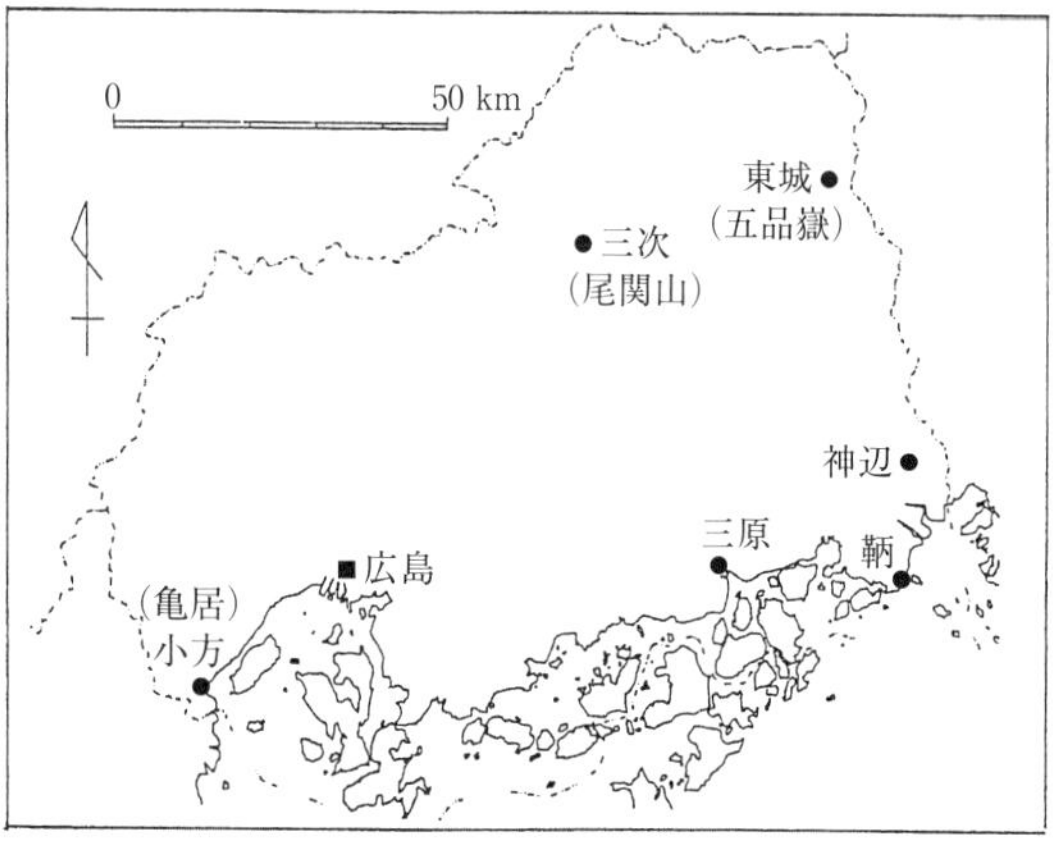

図4　広島城とその支城地の分布

は毛利時代の比熊山城を廃してその麓の小丘に尾関山城（山城）を築いた。また、周防国境の小方（大竹市）に亀居城、備後の鞆に鞆城をそれぞれ新たに築城し、十三年までに完成させた。福島氏の場合も、慶長期の築城ラッシュのなかで、一居城六端城体制を整えた。

ところが、その翌十四年、福島正則は城郭普請をめぐり、徳川家康との関係を悪化させた。

【史料1】慶長十四年七月二十九日付島津家久宛福島正則書状（島津家文書一四九八）

（前略）拙者儀、輝元代より之端城①共、此以前一、二ケ所普請申付候処、新城を拵申由、御所様御耳ニ悪敷罷立、当春より御前然々共無御座ニ付而、公儀を憚、何方へも書状之取替しをも不仕候故、乍存以使札も不申入、無音之様ニ罷過候、右之城破却仕御理申上候処②、御所様被成御聞届、如前々普請可仕旨被成御諚ニ付て、播外聞申候（後略）、

【史料1】については、『大日本史料』十二編六所収の「薩藩旧記」が「端城」（傍線①）とあるところを「在城」と誤読していた。そのため、これを利用した先行研究ではいずれも「居城」と理解し、

正則が居城広島城を修復し、徳川家康の不興を買ったと解釈してきた。近世の大名城郭普請許可制を論じた藤井譲治も、「家康は法度としてではなく、福島正則に対し個別的に意にそわないことを伝えることによって大名福島氏の居城普請を牽制したのである」と説明し、居城統制の文脈のなかでこの事件を位置づけた（藤井一九九〇）。

しかし、原文書には「在城」ではなく「端城」とあり、新たに翻刻された『鹿児島県史料』薩藩旧記雑録でも「端城」と修正された。よって、これは家康が居城普請に不快感を示したのではなく、端城を新たに築いたことを問題としたのであり、端城統制の文脈のなかに位置づけなおす必要がある。よって【史料1】の前半部分によれば、正則が毛利輝元時代の端城の一、二か所の普請を命じたところ、新城を造ったとして家康の不興を買い、今年春より家康との対面が許されなくなり、公儀を憚ってどことも書状のやりとりをしていなかったので、島津に対しても無音としていたのだという解釈になる。

なお、この書状の省略部分には島津家久が琉球王を同道して上洛する予定を記しており、慶長十四年の発給であることは動かない。また同じく省略部分には、この時、正則は広島にいて、外聞を翻したことの礼を家康にするため七月十一日に出船したところ、備前牛窓（岡山県瀬戸内市）で本多正純よりの書状が届き、上洛は秋まで延期するようにと命じられたため、牛窓から帰国したことも書かれている。つまり、この時、正則は広島にいる。

このような状況を前提に、「右之城破却仕御理申上候処」（傍線②）の解釈を検討してみたい。従来の説（高柳一九二二、城戸一九六〇）のように、居城の一、二か所を部分的に修復し、その修復箇所を壊して詫び言をしたところ、前々のように普請してよいとの許可が得られたというのであれば、それは十分に可能なことだろう。しかし、家康が問題視したのは新造の端城普請である。これを問題になった春から七月までの数か月で破却した後に、その旨を家康に断ったところ、以前のように普請してよいと命令があったというのは、その労力を考えると現実的な解決策だったとは思えない。

そこで、これまで「破却した」と過去形で解釈されてきた傍線②は、「破却する」と読む必要があるのではないだろうか。文法上も、「破却した」ならば厳密には「破却仕候御断」とあるべきところだろう。ここを「破却する」と解釈すれば、新しく築いた端城を「破却する」、つまり「城割をします」と家康に伝えたところ、前々のように普請せよ（壊せ）と命じられ、家康との関係が修復できたので、面目をほどこすことができた、と解釈してみたい。

まず、普請の語を城割の意味で使用する例について説明しておこう。普請と作事は明確に区別された概念であり、大地＝自然に対して人為的な変更を加える場合が普請であり、土地そのものには変更を加えない建造物の新営・修繕などの建築工事が作事であった。また、普請は「作る」という意味で用いられることが多いが、普請には「作る」ことも「壊す」ことも含まれており、自然に対して一定の変更を加えることであった。さらに、手を加えて元の状態に戻したり、自己の都合のよいように改編したりする場合は、「普請掃除」の語を用い、いずれも敵方の城を奪い、それを破却した場合に使われるという（三鬼一九八四、同一九八七）。ちなみに、「掃除」は「掃《はき》」あるいは「刷《はき》」の字が使われることもある。

次に、普請が城割を意味する例を示そう。慶長二十年正月二十三日付で、大坂滞在中の毛利家家中が国許滞在中の毛利秀就に「御手前二之丸御普請出来仕候」と報告した書状がある。これは大坂冬の陣後に進められた大坂城二の丸以下の石垣破却、堀埋めをさすことは明らかである。この他にも、「大坂惣構二の丸堀埋之普請」「城わり候御普請」といった用語が史料上に散見される。また、「元和の一国一城令」後に端城の城割を命じた細川忠利の書状には、「其元城破候普請ニ皆々可為苦労と推量申候」とある（『大日本史料』一二―一七）。このように、城を壊すことも普請といった。したがって、「如前々普請」を家康が正則に対して端城の破却を命じたとする解釈は十分に成り立つ。

以上をまとめれば、家康から不興を買った正則は、国許の広島から駿府にいる家康に「問題の端城を破却する」との旨を伝えたところ、家康から破却することで合意が得られ、御前の取り成しを得たので外聞を翻すことができた、という解釈になる。

これに近い考えを示したのが、近世城郭史を検討した加藤隆である（加藤一九八三）。加藤は【史料1】を『大日本史料』から引用したが、「在城」を居城と端城の両義に理解して、「広島城の修築と、新しく築いた支城が徳川家康の感情を害したため、その支城を破却したことを報じている」と解釈した。さらに加藤は破却された端城について、「書中には名前が書かれていないが、多分、広島県大竹市にある「亀居城」であろう」とした。

亀居城は慶長八年に福島正則の甥福島伯耆守正之（一万石）が工事に着手、同十三年に本丸に天守台を有する合計十郭からなる石積みの要害として完成したが、同十六年に幕府の圧力により廃城になったと伝えられる。この慶長十六年破却説の史料的根拠は、「小方村国郡誌」に「慶長八癸卯年より同十二年申年ニ到り城郭御築調、同十六年辛亥年退転之由申伝へ候」とあるのみである。そこで、加藤は亀居城の廃城時期を慶長十六年ではなく、【史料1】の発給年である慶長十四年と訂正した。

一九七八・七九年に亀居城の発掘調査が進められたが、破却の時期を特定するような成果は得られなかった。そのため、調査報告書では、通説に従って破却時期を慶長十六年とした。ただし、遺構に関しては、北辺・西辺の石垣は一部崩壊が進んでいたものの残存状況は良好であり、とくに天守台西側の石垣は極めてよく残っていたという(大竹市教育委員会一九八〇)。とはいえ、石垣は角が落とされ、上石が取り除かれた状況で掘り出された。端城とはいえ総面積十町歩に及ぶ亀居城の全面的破却には多くの時間と労力を要したとすれば、このような部分的破却であっても、慶長十六年まで及んだ可能性はある。

また、改易後に福山城に入封した水野勝成は、亀居城から移築した建造物を再利用したともいう。その点からみて、慶長十六年までに進められた亀居城の破却は、堀や石垣を徹底的に壊して平地化し、家屋敷などを崩して更地化するような破却ではなかった。亀居城の遺構がわれわれに語りかけるのは、象徴的に城を破却することで降参の意思を示す自破の作法に基づいて城割がなされたということではないだろうか。

さらに、六端城のなかで亀居城のみが破却されたのは、亀居城主の福島正之が慶長十二年に没し、城主不在の状況にあったことも大きいだろう。そのようななか城割を進める必要があったのだが、正則は慶長十四年十月に出国して江戸で越年し、翌十五年二月に駿府を経由して帰国しており、城割の陣頭指揮をとれる状況にはなかった。さらに、慶長十五年は尾張名古屋城普請に家中ともども動員され、正則は同年後半より体調を崩し、慶長十六年三月の徳川家康と豊臣秀頼の二条城会見の前後も病状が伝えられた（藤井編二〇一一）。そのような政治状況もあり、亀居城の破却が慶長十六年まで時間を要したとことは考慮されよう。

ここで筆者の主張を簡潔にまとめておく。戦国期に降参の作法として実施された城割は、自破とたたむの二つの作法があったが、豊臣政権のもとで「入らざる城」の破却が進められると、自らの選択により城を破却し、「入らざる城」であることを視覚的に示せばよかった。そのため、自破の作法として要害のよいところの土手を崩して堀を埋めるという方法がとられた。織豊系城郭の出現により、破却箇所は虎口などの出入口施設や高石垣の角を落とし、上石を取り除くといった、より象徴的な城割方法に変化したが、自ら象徴的・部分的に破壊することで、屈服と服従を示す降参の作法であることに変わりはなかった。

そこで、正則が戦国以来の城割の作法に基づき、自ら城を象徴的に壊すことで家康に服従するとの意向を示したことは、家康の勘気を解くのに十分な態度とみなされた。つまり、慶長期になって、具体的な破却箇所はより象徴性の高い構造物へと変化したとしても、いまだに自律的城割が降伏の作法として息づいており、武将間での秩序回復に有効に作用していたのである。

この一件は、徳川政権が大名の居城以外の城割を命じたもので、徳川政権による端城統制に位置づけられる事件であったが、この段階では家康は個別に大名の端城普請を牽制するに留まることになった。というのも、家康の側から亀居城の破却を指示した形跡はなく、城割地の選定は福島側の自主的判断であったとみなされるからである。また、家康としては「前々の如く」、つまり城のない状況まで更地化することを求めていた節があるが、これを部分的な城割で終えたことに対する譴責もしていないからである。これは、第五章で扱う元和五年（一六一九）に福島氏が改易された際の状況と比較すれば、よりそのことが理解できるようになるだろう。

また、このような城割の作法により一難を逃れたことは、その後の福島家中の城割に強い影響を与えたのではないだろうか。福島氏の改易後には、紀伊和歌山から浅野長晟が移封され、安芸一国と備後国八郡四十二万六千石余を領することになった。浅野氏は広島城を居城とし、備後の三原城を端城として筆頭家老浅野忠吉を城代に置いた。残る備後十万石は、大和郡山の水野勝成が入部したが、福島氏の端城神辺城を廃して、福山城を新造した。鞆城は「元和の一国一城令」後に天守閣を壊したが、大手門や倉屋敷などは残すなど、城の機能は保たれていた。五品嶽城も同様で、この二城は元和五年に廃城となった。「福島太夫殿御事」には、「一国一城之外ハ堅法度被仰付に付、太夫殿五ケ所新城天守、矢倉、塀こわし、石垣其侭おかれ、城主何も平屋敷に成候」とある。五か所とは、亀居城を除く端城を指すとみられるが、その際に破却したのは、天守・櫓・塀という建造物までで、石垣は残したままだったとし、やはり家屋敷などの建造物を崩して更地化したとは記していない。

城郭建築史の木島孝之によれば、「元和の一国一城令」後に破却されたとされる支城（端城）には、現在でもほぼ完全な形で石垣が残っている例が多く、土塁・堀・曲輪・虎口などの土木遺構は、全国的にどの支城にも残されているという。そのため木島は、「元和の一国一城令」による城割は徹底的な軍事力削減をめざしたものではなく、支城に何らかの破却が入ることで放棄の意志が視覚化されること自体にあったとしている（木島一九九五、一九九六）。

第四章で述べるように、「元和の一国一城令」は徹底的に城郭の軍事力を削減することを命じていない。また、それを受け止めた大名側にも、徹底的な城割を実施した大名もいれば、できるだけ手軽に済ませようとした大名もいて、温度差があった。よって、木島の指摘はその通りなのだが、「元和の一国一城令」を命じた幕府の意図がいかにあろうと、それを受け止めた大名やその家中たちにとって中世的な城割の作法が習俗として肯定される限り、自破の作法による象徴的・部分的城割しようとする考え方に基づいて、城割政策への対応がなされた側面があった。逆に言えば、そのような根強い城割の習俗があったことを見逃してしまうと、「元和の一国一城令」を必要とした城割の歴史やその後に展開する福島氏の改易事件などが意味づけられなくなるのではないか。城割の作法・習俗に着目するべき重要性をここでは改めて強調しておきたい。

4　慎重な城郭普請―豊前細川氏―

関ヶ原合戦後に丹後田辺十八万石から豊前中津三十九万石となった細川忠興は、慶長五年十二月二十六日に豊前中津に入城し、門司の城代として沼田延元を置き、木付には引き続き有吉立行を置いた。その間、求菩提山や紀伊谷を検分したのち、父幽斎の病状を聞き、三月三日に急きょ上京した。十三日に入京し、十九日には大坂で家康に対面し、木付城と城付知行一万石の拝領と前領主黒田氏がもち去った先納米の件につき家康の許諾を得た。そこで、四月十日付書状で松井康之に対し、木付城を松井に預けるので、早々に木付に行き、「普請等似合ニ可被申付候」と命じた（『松井文庫』四六三）。

六月一日に大坂を発ち、五日に中津城に戻った忠興は、領内の検地を急がせるとともに、領内の巡見に出かけた。また、豊後速水郡三万石に移された木下延俊から日出城の縄張を頼まれて数日を逗留したのち、木付城に行き、惣構えなどの縄張をした翌日、安岐を廻って、冨来に一宿し、翌日竹田津から海辺を通って高田に一宿、翌日中津に戻った。七月中旬には検地が終わり、八月には知行割となった（『綿考輯録』）。

しかし、木付城周辺の検地は遅れたようで、七月二十八日付で忠興は松井康之に書状を送り、検地がいつ頃終わるかを尋ねた。すると、検地は九月中旬までかかるとの返信があったため、八月二日付の忠興書状では、検地を急がせたわけではなく、今後の算段の都合を計るためであり、木付城の普請が当年中に固まらなければ、来年から小倉城の普請に取り掛るのに影響があるので、検地に出ないで残っている者には昼夜にわたり普請を担当させるよう命じた。というのも、検地が終わり、知行割が済めば、皆が在郷へ行ってしまい、普請ができなくなることを懸念したもので、小倉にいて検地に出ない者には門司の普請を命じるつもりであり、忠興が領内を巡見したあとでは遅いので、まずそのように命じるのがよい、と伝えた（『松井文庫』八〇）。

これと入れ違いに八月一日付の書状を松井から受け取った忠興は、取立庄屋に知行を引き渡すことや普請の様子の報告とともに、古城の破却を進めた旨の報告を受け、これには引き続き念を入れるようにと十五日付で返信した（「古城共不残割候由、是ハ猶以念入度候事」『松井文庫』三三三）。

このように新領地においては、必要な端城を取り立てて大規模普請を加える一方で、不要となった古城については破却が進められたことがわかる。これは古城に残る資材などを端城普請に転用する目的もあっただろうが、それのみであれば「不残」「念を入れ」とは命じないだろう。細川氏の計画的な城郭政策のもとで、古城統制が進められたと理解せざるをえない。その結果、細川氏は前領主毛利氏の居城小倉城、黒田氏の居城中津城を引き継ぐ一方で、端城に関しては前領主の城郭をそのまま踏襲することはなく、不要なものは破却した（乙咩一九八六）。こうして、細川領国においては一居城八端城の態勢が整うことになる（福永二〇〇六）。

八月二十三日付で京都にいる細川幽斎から松井康之のもとに書状が届き、長岡中務（細川孝之）による香春城の普請が終了したことを康之から報告を受けたこと（「中務手前普請早速相調候由」）、これは康之の助言があればこそとの謝意を伝えた（『松井文庫』三五七）。

一方、幽斎が豊前に下向すれば、冨来城を普請して隠居所とする予定だったが、当面は京都の吉田にいることになった。九月十一日付細川忠興書状では、まず冨来の城の家はそのまま置くようにとしていたが、幽斎が下る予定がないので、前のように家を崩すように（「如前家ともくつし倅へと申事候」）と伝えた（『松井文庫』三三四）。こうして冨来城は廃城となった。

次に、忠興が門司・苅田・小倉の普請を見に行ったところ、門司・苅田の普請は早くも終え、あとは矢倉の作事普請ばかりであり、とくに門司城に天守が建ち、見事な城になったと喜び、小倉城の堀普請も八割がたが完成し、堀口・深堀ともに二十三間に掘り立てたので、これも見事な出来栄えと満足を示した。さらに、天気次第に明日より香春城の検分に出かけ、城の縄張りを命じたあと、岩石《がんじゃく》から境目を見廻って羅漢（耶馬渓）辺りへ出るつもりとの予定を伝えた。松井康之は木付城普請、有吉立行は検地算用に忙しいので同行させなかったが、隙が明き次第に境目を見廻るのがよいとも伝えた。また、香春の堀は先日綱張の半分が完成し、岩石の塀柱はほとんど完成し、矢倉の切組に取り掛かっているとのことで、「諸城存之外普請共出来、満足此事候事」と伝えた。そのなかで木付城に関しては、堀が崩れたので、乱杭を山奉行に命じて切らせることに同意し、天守の石垣に取り掛るのが尤もであり、壁が凍てつく前に白壁が付けられるように急ぐことが肝要と伝えた（『松井文庫』三三四）。

九月十八日付の忠興書状では、香春に行き、「たちのなわはり」をし、一段と様子が見事になったと伝えたあと、岩石城は予想外に見事な城で、本丸に水（井戸）があり、山内にも水があることを「奇特なる事」と述べ、両城に二三日中に普請の者を遣わす予定とした。さらに、岩石から英彦山の麓を越え、山国を通り、羅漢まで出たが、今まで見たことのない「せつ（切）所」であり、日田・玖珠より山国への道は多くあるが、岩石城より山口へ入る道はとくに難所なので、城が一つなければならない所だが、幸い「天下一之城」がよい所にあり、百人の人数を入れておけば十万をも防ぐ城である、と絶賛した（『松井文庫』二七七）。

右の要点をまとめると、慶長六年九月十一日段階で、小倉城は堀普請の八割が完成し、二十三間の堀が完成した。門司城・苅田城はほぼ普請を終え、とくに門司城は天守も完成し、あとは矢倉を造るばかりであった。香春城の堀は半分が完成したが、さらに縄張りをして拡張する予定であった。岩石城の塀柱はほとんど完成し、矢倉の切組に取り掛る段階にあり、予想外に普請は進捗していた。

一方で、木付城の普請は遅れていたようである。十月二十六日付の忠興書状では、普請が長引かないようにと伝えたあと、天守を二重に組み上げ、屋根を葺き次第に壁を塗り廻すようにと伝えており、いまだ天守は未完成であった（『松井文庫』三四一）。三日後の二十九日には天守を三重に組み上げたとの報告を受けたが、小倉の辺りはすでに氷っているので、もし木付でも氷るようであれば、当年は手塗にして風を防ぐ程度とし、たとえ氷っていなくとも、凍《い》て心のある土は鉄砲溜まりが弱いのでさけるようにと指示した（『松井文庫』二七四）。

慶長七年正月十五日には予定されていた小倉城の鍬初めがあり、小倉城普請が本格的に始まった。二月になると、忠興は小倉より安芸広島に行き、福島正則と同道して大坂に出向き、家康に対面した。その京都滞在中に、次のような情報を得て、国許に指示を出した（『熊本縣史料』山田氏所蔵文書一四）。

一、羽左太（福島正則）之仕合ニ付、上方色々様々の儀を申候、いつそやも羽肥前（前田利長）むほんと申候時のごとく、
　さゝやきまハり申候、さゝへて共のしかたも、右之時のしかたと聞候事、

一、右之儀ニ付、しあんし申候ニ、今時分の普請何とか可申候哉、いたくもなきはらをさくられ

て、不入事候間、香春・門司・木付・中津之ふしん、まつやめ可申候事、
一、小倉のせゝりふしんも、石かきの分またせ可申候、竹植やくらの作事なとハ、こしらへ候て不苦候、たて候事ハ、此方より左右を申まて、またせ可申候、家作事ハ不及申くるしかるまじき事、
一、一戸・龍王のふしんハ、其まゝ申付候ても、くるしからす候事、
一、ふしんをにわかニやめ候ハゝ、又色々の事可申候付、人の目ニも見候ニも不立やうニ分別候て、やめさせ可申候事、

これは細川家重臣の松井康之と加賀山興良の両名宛に送った書状であり、九か条のうち五か条で城郭普請について指示を出した。右で省略した第七条から忠興は伏見にいることが明らかである。『熊本県史料』ではこれを慶長六年の発給と推定したが、同年六月一日に忠興は大坂を発って帰国したことや、次に述べる七月八日付書状の存在から、慶長七年に比定すべきと考える。

即ち、福島正則に対して上方で噂が絶えず、以前に前田利長に謀叛の嫌疑がかけられた時と同じように風聞が立っていると伝えた（第一条）。これを思案すれば、痛くもない腹を探られてもいけないので、領内の香春・門司・木付・中津城の普請を停止し（第二条）、小倉城の修築普請（「せせり普請」）も石垣は延期し、竹の植林および櫓や家の作事のみに取り掛ってよい（第三条）、一戸・龍王の二城の普請はそのまま命じてよい（第四条）、と指示しつつ、普請を急にやめても色々なことをいわれるので、人目に立たないような分別をもってやめさせること（第五条）と慎重な対応をもあわせて

指示した。

既述のように、黒田長政は筑前入国後に新たに二つの端城を造った。しかし、これが家康から問題視された形跡はない。なぜ福島正則だけが家康から睨まれたのか。正則自身の自己認識では　関ヶ原合戦で家康を勝利に導いた活躍もあり、家康との関係は良好としていたにもかかわらず、家康は当初から正則を危険視していた様子がうかがえる。

六月三日に伏見を発って駿府に立ち寄ったのち、江戸に下った忠興は、七月上旬には江戸を発った。復路の碓氷峠において七月八日付で松井康之と加賀山興良に宛て書状を発給し、次にように普請の再開を伝えた（『熊本縣史料』山田氏所蔵文書一五）。

> 急度申候、駿河・江戸仕合無残所候、就其国中普請之儀、得御意候、不苦候条可仕旨被　仰出候付、先日やめ候へと申遣候分、此状参著次第可申付候、我々事伏見まて、来十八九日之比可著候、少又得　御意事候て、大学（沢村吉重）を駿河へ進上申候、其上を相待可申候間、八月五日ゟ内ニ竹田津まて可著候、可得其意候、恐々謹言、

駿河で家康、江戸で秀忠に対面し、国中普請の件で「苦しからず」との同意が得られたので、先日に停止と伝えた分はこの書状の到着次第に命じてよい。ただし、沢村吉重を駿河に派遣し、家康の意向を再確認する予定であり、その結果を待って八月五日以内に領内の竹田津に到着する予定と伝えた。

このように細川忠興が城郭普請に関して徳川氏の意向を繰り返し慎重にうかがった態度は、慶長二十年（一六一五）の武家諸法度第六条で城郭普請に際して必ず言上することを規定した意図に通底す

る行動規範を細川氏が自発的に示したものであり、これこそが徳川政権の求めていた近世大名の望ましい姿であった。忠興が福島正則の行動を反面教師として右の一連の行動をとったことからすれば、上方で正則に対して立っていた悪しき風聞とは、家康の意向を確認することなしに城郭普請を進めたことに一因があったとみなしても大きな間違いではないだろう。

こうして無事に忠興は帰国し、十一月中旬に小倉城普請が成就し、下旬に入城した。右の間も、小倉城の作事に関しては大きな中断はなかったことによるのだろう。

慶長十年五月十九日付の細川幽斎書状（『松井文庫』三五三）によれば、木付城の普請が終わった旨の報告を松井康之より受けており、この頃までには木付城普請もひと段落ついたようであるが、完成とまではいかなかったようである。

慶長十三年五月には大雨が降り、小倉城の本丸天守を除いて、北側の矢倉や石垣が全て崩れてしまい、座敷（「御上」）や台所までも立て直しを余儀なくされた。そこで、小倉城付の者だけでは人数が足りないので、端城（「諸城」）の者も招集して命じたいところだが、中津城も今回の大水で川通りの石垣が全て抜けており、小倉から人数を加えなければ修復は難しく、竜王・一戸城はなおさら人数が不足している。そこで、香春城（細川孝之預かり）と木付城（松井興長預かり）の者に命じることが検討されたが、これも免除となった。その理由を忠興は次のように伝えた（『松井文庫』六九）。

当年にて其城普請かたまる事に候間、相ゆるし候、此旨を下々まて申聞、其方之普請無由断様に可被申付事肝要候、つまり、香春城と木付城の普請が今年終了する予定であり、その途中で人力を割くことは得策ではないと考えられた。その趣旨をよく理解して、普請を油断なく命じることが重要だと伝えた。

ところが、六月になると木付城で火事があり、天守以下を焼失する事態となった。忠興は、天守の立所が悪かったのでこれを仕直すのは吉事と伝え、天守の道具として、鉄砲百丁、中筒五丁、鉄砲薬大壺二十、同玉十万、家二間を送り届けた。六月二十八日付書状では、松井より天守の作事は来年になるとの報告を受け、「緩々と」命じるように伝えた。一方、小倉城の普請も続いていたようで、その様子を新介に尋ねるようにとも伝達した（『松井文庫』八六・八九・四六七）。ここでは、忠興が木付城の天守再建に向けて、徳川政権の意向を確認するのを待たねばならない、という意向をまったく示していない点は重要だろう。天守の再建は元に戻す作事であり、城を新たに拡張するわけではなかったから、徳川政権から事前許可を得ることは不要と考えたのかもしれない。時は慶長十三年であり、既述のように鍋島家の記録に天守二十五が立つと記されたのは慶長十四年のことであった。

以上のように、関ヶ原合戦後の築城ラッシュのなかで、細川忠興は福島正則の行動を反面教師とし、城郭普請について慎重な対応を示し、徳川政権に普請の許可をとりつける行動をとった。その一方で、いかなる修築普請であっても事前に許可を得るべきとの意識にはいまだ到達していなかったことも明らかとなった。武家諸法度発令以前の諸大名の認識は、徳川政権に恭順であった細川氏をもってしても、この程度であったというべきだろう。

5　加藤氏領国における端城統制

本節の最後に、慶長期に徳川政権から端城の破却を命じられた事例として、肥後熊本加藤氏の場合を検討してみたい。

慶長十六年（一六一一）三月二十八日に、京都二条城において徳川家康と豊臣秀頼の会見があった。これを無事終えて帰国の途についた加藤清正は、六月二十四日に急死した。同年八月、嫡子忠広は襲封を許されたが、幼少のため目付として藤堂高虎と幕府使番牟礼勝成・小沢忠重が熊本に派遣され、国許では五人の家老（加藤丹波守・加藤右馬允・加藤大和守・並川但馬守・下川又左衛門）による仕置体制となった。翌十七年六月二十七日付で本多正信・酒井忠世・土井利勝・青山忠俊の連署で家老五名宛ての条書九か条が発給された。その第一条には、次のようにあった（「家忠日記増補」）。

一、水俣・宇土・矢部三ケ所之城可為破却、然者水俣・宇土ニ有之諸侍・妻子共熊本引越尤候事、

水俣（中村将監）・宇土（中川豊後）・矢部（加藤越後）の三か所の端城の破却、および家中に妻子を伴っての熊本移住を命じた。加藤領国内には、右の他にも南関（加藤美作）・阿蘇内牧（加藤右馬允）・佐敷（加藤与左衛門）の境目番城があり、これはそのままとされたが、八代城には内牧城代の加藤右馬允を移し、内牧城に矢部城代の加藤万兵衛が入ることになった。

この事例は、「一国一城令」以前に徳川政権が大名権力に端城破却を命じた点で、大名統制の観点から論じられることが多かった。しかしながら、その前後の政治状況に鑑みれば、これは大名権力強化の側面でとらえられる事例である。慶長・元和期の徳川政権は、大名の領内仕置に不介入の立場を

とったが、幼少代替りには内政を干渉し、公儀権威の動揺を防ぐ方策をとった。つまり、大名統制の側面が強い安芸広島の福島氏の一件と幼少相続における大名権力強化の側面が強い加藤氏の一件とを同質に扱うことはできない。

なお、寛永十五年（一六三八）に島原・天草一揆が鎮圧されると、古城統制が強化される。寛永九年の加藤氏改易後に肥後熊本領主となった細川氏は、一揆鎮圧後に古城の石垣を崩すようにとの命令を受け、領内の古城調査に乗り出した。そこで、五、六十年以前に合志氏が支配していた城山（合志郡）を調べたところ、草が茂り、周辺の者も城山と知らないほどであったが、山に竪横の小さい堀などがあり、石垣はなかったが、これを埋め戻した（『細川家史料』二三―四四八六・四四八七）。

次に、佐敷・水俣の両所にあった加藤清正時代の城について調べると、すでに「割」られており、石垣はもちろん崩されていたが、端々に石が見えるところが少しあったので、これも要らないことではあるが、石をのけさせた（『細川家史料』二三―四五七八・四五七九）。この城割が慶長十七年時の城割によるものなのか、慶長二十年の「一国一城令」時の城割によるものなのか判断できないが、いずれにせよ寛永十五年までに水俣・佐敷の二城は徹底的な城割が進められていたことがわかる。

二　城郭の分布―居城・端城・古城―

江戸時代も中期にさしかかろうとする天和二年（一六八二）頃に作成された「城主録」（榊原文書）

という記録がある。全国の城主の配置を解説したもので、その巻末には「城百五拾八、内八城　公儀分、拾城者又城」というまとめがある。つまり、全国にある百五十八の城のうち、公儀の城は江戸・二条・大坂・駿府・甲府・水口・館林・高田の八城、又城（端城）は伊勢津藩上野、紀伊和歌山藩松坂・田丸・新宮、尾張名古屋藩犬山、越前福井藩府中、因幡鳥取藩米子、安芸広島藩三原、阿波徳島藩須本、肥後熊本藩八代の十城、残る百四十が大名の居城ということになる。ここでいう公儀の城とは、天下を支配する将軍・幕府が直接管轄下に置く城のことを指す。そのうち、近江の水口城は、関ヶ原合戦後に城番が置かれ、徳川将軍が上洛する際の宿所として利用されていたが、天和二年に加藤明友が二万石で置かれて大名領となった。また、越後の高田城は、天和元年に松平光長が改易されたため、貞享二年（一六八五）に稲葉正往が小田原から移封するまで幕府の管轄下にあった。そのため、公儀の城は時期により多少の数が変化し、また端城も奥羽地方の横手・大舘城（秋田藩）、白石城（仙台藩）などを欠くが、城郭の全国配地のおおよそがわかる。ここで把握されるべき城郭とは、将軍直轄の城、大名の居城、および大名家臣の預かる端城であり、城割政策のなかで破却された古城は含まれていない。

しかし、戦国期を通じて自力の拠点である群小の城が破却され、いわゆる「元和の一国一城令」により多くの端城も破却され、一領国に一城を基本とする近世公儀国家が成立したという城割の歴史を踏まえるならば、徳川政権下での城郭は、天下の公儀たる将軍の城、地域の公儀たる大名の居城、地域の公儀を分有する大名家臣の端城、さらに一連の城割政策により破却された古城があったと整理できる。これを前提に、徳川政権の城郭政策には、大名領国を対象として、居城統制、端城統制、古城統制という三つの柱があり、これらが相互に作用するなかで、一領国一城という体制が定着していった歴史過程があったと整理できるだろう。

徳川政権の城郭政策を総括した藤井譲治によれば、次の三つが主たる政策であったとしている（藤井一九九〇）。

① 一国一城令

② 武家諸法度による城郭規程（新城の禁止と城郭修築の許可制）

③ 正保の国絵図とともに作成された城絵図の提出

①は居城のみを残し、その他の城、つまり端城を壊すことを命じた端城統制、②は新たな城郭造営を禁じ、居城修復の許可を求めさせる居城統制、③は城絵図に「古城」を記載して把握したことが指摘されているように、古城統制の一環であったと位置づけられる。

寛永十四年（一六三七）から十五年にかけて島原・天草一揆が起こり、旧領主有馬氏が築造した古城の一つである原城に立て籠もった一例をみても、完全に軍事的機能を消滅させることなく地域に残された古城は、自力の拠点となる潜在力を十分に備えていた。これに向き合った政策が、③の城絵図への古城記載であった。

ただし、古城を把握しようとする政策は、実は豊臣政権の段階から存在していた。文禄四年（一五九五）から同五年にかけて後陽成帝への献納を名目に郡絵図が作成され、太閤豊臣秀吉に提出された。

その一つ、越後国の郡絵図を分析した伊藤正義によれば、城跡の描かれ方としては、山城部分の機能を停止した「古城」と記される城郭、地名のみで城跡無標記のもの、城館調査では城跡が確認されるにもかかわらず城跡と表記されないもの、の三つに分けられるという。そのうち、「古城」として描かれた城跡は、豊臣秀吉の命令で改易された本庄氏の居城であり、秀吉が閲覧する郡絵図には仕置の成果を明示する必要があり、上杉氏が自分仕置として命じて壊された城跡は記すに及ばなかったために、このような描かれ方となったと分析した（伊藤二〇〇一）。その点では、壊された城には、古城として把握する必要のない城があったことになる。以下では、これを古城と分ける場合には城跡と呼ぶが、城跡を含めて広く古城と呼ぶ例があることから、城跡は古城に含まれるものとしておく。

以上から、居城統制、端城統制、古城統制という城郭政策の三つの柱は豊臣政権の段階からあり、この質的転換をいかにはかるかといったところに、徳川政権の城郭政策の課題があった。そこで、豊臣氏が滅亡した慶長二十年（一六一五、元和元年）に城郭に関する法制が整備されることになるが、それだけでは徳川将軍権力が意図した城郭政策は十分に浸透せず、不徹底な状況は避けられなかった。なぜなら、本章で明らかにした城割の作法が習俗として肯定されている限り、自律的な武士のありようを否定する徳川政権の意図は充分に浸透しなかったからである。

おわりに

慶長期は、大名の居城のみならず、家臣の預かる端城を含めて築城ラッシュであった。とくに西国においては、山城であっても石垣や天守を備えた大規模城郭が建造された。しかも、そのなかには隣国との紛争に備えた軍事拠点としての役割を担う築城も含まれていた。諸大名たちの時代認識はいまだ「乱世」であり、戦乱の世が終結したとする認識からはほど遠いものだった。

そうした時代認識に加え、豊臣政権のもとで城の設置は大名の自律的判断に委ねられるとする城郭観を正当とみなす認識が強固に根づいていた。その考えに支えられて、日本歴史上に類をみない巨大城郭の築城ラッシュを招いた。地域の公儀として自己の領国を自律的に運営する大名たちにとって、自律的権限により新規の自由な築城を可とする考え方が正当性を得ていなければ、このような築城ラッシュは生まれなかっただろう。

このことは、徳川氏も豊臣政権以来の城郭政策の方針を継承していた側面を逆照射する。徳川家康が城郭を統制したいとする意図を強くもち、個別に不快感を示したとしても、一方で築城ラッシュがあり、諸大名の自主的権限により新規の築城を可とする観念が支配的である段階で、徳川政権が公儀の名のもとに一個の自律した大名領国の内政に介入し、端城破却を強要することは難しかった。「元和の一国一城令」前後の様子をみても、端城破却を強要するに際して慎重な態度で臨んでいる。統一政権として公儀の政治主体となった徳川政権であったが、公儀占拠の問題を顕在化させないためにも、あくまでも慶長期の城郭政策は、家康が個人的に不快感を示して牽制する段階であったと評価するのが妥当だろう。

徳川政権が大名の城郭経営に直截的に介入するためには、右のような大名の城郭に対する秩序観や城割の作法・習俗を転換する必要があった。福島正則による亀居城破却一件は、徳川政権の意図する城郭秩序観が表出しようとした際に生じたものだが、それを天下の秩序と定めるまでにはまだ機が熟しておらず、事件自体は正則が降参の作法として亀居城を自破の作法で破却することで穏便にすまされた。したがって、徳川政権による統制強化の側面ばかりに着目して、この一件を過大に評価すると、慶長二十年に徳川政権によって城郭政策が大きく転換する画期性が位置づけられなくなる。

大坂夏の陣後に命じられた、いわゆる「元和の一国一城令」は、端城を「入らざる城」として城割の対象を明確化し、公儀の命令―触―とした点で画期的な政策であった。さらに武家諸法度の制定により、将軍権力は大名の居城普請を統制下に置くことをも法制化するに至った。これを逆にみれば、豊臣政権下での城郭政策に基づく秩序を正当とみなす諸大名の価値観は慶長期に支配的であり続け、そうした城郭観念は「元和の一国一城令」の発令まで温存されていたのである。

コラム　福岡城に天守閣は存在したか？

福岡城の天守閣。その存否については、いまだに論争中である。その主たる論点については、すでに丸山雍成九州大学名誉教授によって整理され、かつ中津城天守閣のみならず、福岡城にも天守閣があったことが論証されている。（丸山二〇〇七、同二〇一四）。しかしながら、福岡城研究の決定版というべき『福岡城―築城から現代まで―』（福岡市史編集委員会二〇一三）では、「さまざまな議論は現在にいたってなお決着をみていない」とし、次の四説があるとした。

① 一旦は建設された天守閣が何らかの事情によって取り壊されたとする説
② 当初から福岡城には天守閣は存在しなかったとする説
③ 天守閣の建造計画はあったが、結局は実行されなかったとする説
④ 建築の途中で取り壊されたとする説

さらに、同書では、「文献史料による限り、「天守」には何らかの構造物が設けられたように見受けられるが、これが「天守閣」を指すのか、「天守櫓」を指しているのかは、いまだ詳らかでない」と説明した。

右の作業を市史編さんのなかで進めた中野等は、その後、一次史料に基づく丁寧な分析を進めて天守閣の存在を示し、「福岡城天守閣は「黒田騒動」の過程で破却されたのではないか」と推論された。

参考図　福岡城天守閣の模型写真

同時に、大正十一年（一九二二）に光雲神社で発見された福岡城天守閣の模型写真を新たに示し、天守閣論争に大きな一石を投じた（中野二〇一五）。その模型写真には五層天守閣が写されており、すでに建築学の佐藤正彦が石垣遺構と黒田家の家格（石高）からみて五層七階望楼型天守であったと推定していた（佐藤二〇一一）ことも一致する知見が得られたのである。

そのような研究状況の進展を受けて、ここではさらに福岡城に天守閣があったことを示す新たな史料を紹介したい。

　又其元天守のらんかんくさり候よし、真斎・いの介ゟ申越候間、見合候て可申付候、以上、追
而申遣候、
一、大工五右衛門罷上節、書状披見候、幷右馬助所への書状幷平兵衛所迄申越通、何も聞届候、
其元無事之由、珍重候、
一、蔵のかき（鍵）、休意より其方へ渡置之由候間、蔵を明、証文幷算用状なと入候たんすを取出、拙
子符之まゝ銀子と同前ニ、団将監・都築十兵衛ニ渡、大事之物にて候間、丈夫なる舟を申付、

船中無由断、少も急候て可持上之由、両人ニ可申付候、蔵□（ニ）ハ真斎・猪介召連明候て、其方と
真斎・猪介両三人書付を可付置候、
一、先書ニも如申、了眼ニ申聞、目の洗薬い（つ脱カ）ものよりちとしみ候、やかて五十つゝミほと合させ
候て上せ可申候也、
三月三日　　長政（書判）（朱印）
小河内蔵允殿

本書状は無年号の折紙形式の原文書で、差出には福岡藩主黒田長政の署名、および書判とローマ字朱印がある。福岡市総合図書館寄託「小河資料」の一点で、すでに『新修福岡市史』資料編中世①市内所在文書（福岡市、二〇一〇年）で紹介されている。しかし、この書状は中世文書として扱われてきたためか、これまで注目されてこなかった。黒田長政は慶長五年（一六〇〇）の関ヶ原合戦の戦功により、筑前一国を拝領し、豊前中津城より筑前名島城に移り、慶長六年より福岡城の築城を開始する。よって、追而書にある「天守」は中津城のものと判断されたのだろう。しかし、これこそが、福岡城天守閣の存在を示すものである。

黒田長政は、元和九年（一六二三）閏八月四日に没するので、これより書状の発給年は下らない。宛所の小河内蔵允は、天正三年（一五七五）に播磨国に生まれた。通称を喜助、諱を之直という。父は阿保与治郎常久。母は小河吉衛門の娘。二歳で父を亡くし、叔父小河伝右衛門信章の家督を継いだ。黒田孝高に仕えて五千石を領し、筑前入国後は八千石、のち一万二千石を与えられ、黒田長政の仕置

家老として金銀米銭を取扱い、寛永十六年（一六三九）四月十六日に没した。享年六十五。

そこで、小河之直が喜助から内蔵允へと名を変更した時期が重要な鍵を握る。そうしてみると、小河は慶長六年以降、つまり筑前入国後も喜助を名乗ったことが複数の文書から確認できる。その下限は、管見の限り慶長十一年六月十八日付平井善右衛門宛黒田長政条書である（『福岡県史』福岡藩上五七〇、「斎村家文書」）。文中ではあるが、「彼方へ喜助を以理申」「賄方之儀喜助可談合事」とあり、内容からみて小河之直であると推定される。

一方、内蔵允の名のり開始の上限は、これも管見の限りだが、慶長十一年十二月八日の日付で「小河内蔵丞」と「堀平右衛門」の連名で小林新兵衛に宛てた「橋本御賄之覚」である（『福岡藩仰古秘笈』八、福岡県史資料四〇七）。これは写しなので、誤写もあろう。原文書では、慶長十二年十月十一日付で臼井二郎右衛門に宛てた算用開催状がある。「小河内蔵丞」と署名し、書判・黒印を押した原文書であり（『福岡県史』福岡藩上一〇五、「臼井家文書」）、慶長十一年から同十二年の間に小河が喜助から内蔵允に改名したことはまず間違いない。

慶長十一年後半には、福岡藩の年寄三人も、栗山四郎右衛門→備後、井上九郎右衛門→周防、母里太兵衛→但馬のように改名している。これも、喜助から内蔵丞への改名時期を妥当とする傍証となる。以上から、本書状は黒田長政が筑前一国を拝領した後に発給されたことは確実であり、追而書にある「天守」とは福岡城のものと理解すべきものとなる。

その場合に、「天守」と史料上にあっても、それは「天守台」を指すのであり、「天守閣」のような建造物を指すものではない、というのが、天守否定派の論拠の一つであった。しかし、書状には明らかに「天守のらんかん」とあり、それが腐ったと真斎と猪介から報告があったので、見合わせて（修復を）命じるようにと伝えている。「らんかん」とは欄干のことであり、福岡城の築城からそう遠くない時期に腐ったということからは、木造製だった可能性が高い。これを天守台にはりめぐらされた手すりと解釈できないこともないが、「天守の欄干」といえば天守望楼部分に設けられた手すりと理解するのがもっとも自然な解釈である。

しかも、書状には「大工五右衛門罷上節、書状披見候」とある。よって、この時、黒田長政は上方におり、小河之直が在国していた。そのような状況で、仮に天守閣といった構造物がない天守台の欄干だったとすれば、本丸の一番奥にあって、長政の留守中には誰も近づかないような不急無用の場所である。その天守台の手すりが腐ったからといって、在京中の長政にわざわざ報告して、修復の有無を確認する緊要性があるだろうか。逆に言えば、長政の帰国を待てない重要な案件だからこそ、国許から長政に確認をとったのである。

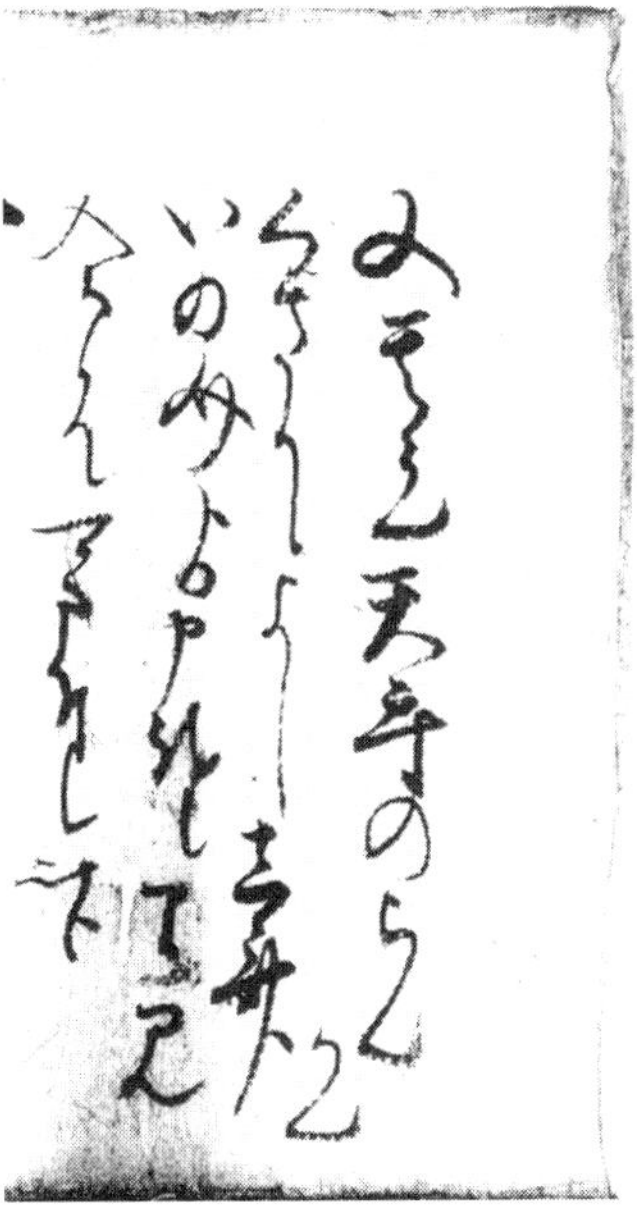

図5　黒田長政書状の追而書

即ち、城の象徴であり、遠方から誰もが見ることのできる天守閣の欄干が腐っ

表1　長政の3月の居所

年	場　　所
慶長12年	福岡
慶長13年	福岡
慶長14年	駿府
慶長15年	福岡
慶長16年	京都
慶長17年	福岡
慶長18年	江戸
慶長19年	京都→江戸
慶長20年	江戸
元和2年	江戸
元和3年	江戸
元和4年	福岡
元和5年	江戸
元和6年	江戸
元和7年	江戸
元和8年	江戸
元和9年	江戸

たことは放置できない大問題であった。まがりなりにも欄干が城から崩落するようなことがあれば、それこそ国主としての面目失墜である。崩落しない程度であったとしても、長政が帰国した際には天守に上るだろうから、その時の危険を避けるためにも欄干の修繕は必要と考えられたのだろう。これらを前提にすれば、欄干とは天守閣の望楼部分に設けられた手すりとする結論が妥当となる。

文書中人名の真斎は、井手勘右衛門友正のことで、寛永八年（一六三一）正月二十九日に没した。「組外」に属し、二百石という小禄であったが、井手氏は黒田家の親族でもあり、長政の代官的な役割をはたしている。「い介」「猪介」とあるのは、同じ組外に属した大久保伊之助のことではないかと考えられる。『致致雑抄』（福岡地方史研究会編『福岡藩分限帳集成』海鳥社、一九九九年）では「大窪猪之助」とある。『慶長年中士中寺社知行書附』によれば、「古御譜代」の家格で、後に「久左衛門」を称したというが、元和初年の分限帳には大久保（窪）猪之助あるいは久左衛門の名を確認できないため、本書状は慶長年間のものである可能性が高い。

表1は、慶長十二年（一六〇七）から元和九年（一六二三）までの三月の長政の居所を示したものだが、その観点からみても、元和年間に長政が在京する年は確認できない。そこで、慶長十六年もし

くは同十九年に限られるが、慶長十九年は江戸に向かう途中に京都に立ち寄っており、書状からは移動中の様子はうかがえない。そのため、本書状は慶長十六年である可能性が高い。この年は、後水尾帝の即位により徳川家康が上洛しており、それにともなって長政も参内のため上洛していた。

右の検討により、福岡城の天守台上には欄干をめぐらした望楼を備えた天守閣が存在していたことを確定してよいだろう。天守閣の模型写真では、三層に欄干がめぐらされているようにみえる。

今後、さらなる史料発見が望まれるにしても、天守閣は存在したが、なんらかの事情により取り壊されたとする学説①が妥当性を得たといえよう。本書状の存在により、学説②、学説③は、天守閣のような建造物が存在していなかったことを明記する同時代史料を得ない限り、立証することは難しくなった。さらに、学説④に関しては、福岡城が完成したとされる慶長十二年より後にこの書状が発給されたことが確実である以上、建設途中に天守閣の建造が中止されたとする考えが成立する余地はほとんどない。

最後に付言すれば、慶長期の築城ラッシュとともに、福岡でも天守閣をもつ城郭が造られたが、近世前期に福岡城の天守閣は崩され、その後、二百年近くを天守閣のない城として過ごしたことも事実である。つまり、福岡に天守閣が建造されていたとしても、それはわずか三十年程度のことになる。江戸時代の福博市民にとっては、天守閣のない城の姿こそが、福岡城をランドマークとした馴染み深い景観だった。福岡城天守閣の「再建」を望む声をよく聴くが、どちらが真の福岡城の姿なのか、その長い歴史を顧みたうえでの議論であってほしい。

第三章　徳川の平和と近世的城割

はじめに―戦国期の城割から武家諸法度まで―

戦国期から近世初頭にかけて、城割の観点から歴史を概観すると、乱世（戦争）から治世（無事）へと秩序を安定化させた要因として何が重要だったのかを知らしめてくれる。それは城割の観点から通説を見直すということであり、これにより戦国期から近世初頭にかけて生じた多数の事実を一度に説明しうる少数の因果関係を究明することができるようになる。即ち、どのようにして二百年以上も国内戦争をほとんど経験しない平和な時代を成立せしめたのか、という日本近世成立史の本質を問うことにつながる。

そこで本章では、徳川の平和が成立する条件として、徳川政権が豊臣政権以来の城郭政策を転換する必要があった側面に光をあて、中世的城割から近世的城割へと城割の作法が変質する過程を明らかにしていく。その前提として、まず前章までに述べてきたことを簡潔にまとめておきたい。

戦国大名は領国支配を強化する過程で、敵対する者の城を破却する政策をとった。いわば「当知行」の標識である城を象徴的に破却させることで、敵対者自身によって自己のナワバリであることを否定させる降参の作法に基づく城割(「城破り」)であった(藤木一九九三)。

織田・豊臣政権による天下一統の過程でも、城割政策が進められた。とくに豊臣秀吉の城割政策は、敵対しない者にも破城を命じた点で画期的だった。ただし、秀吉は領土を安堵した諸大名に、不要な城の破却を命じる一方で、その城が不要かどうかの判断は諸大名の権限に委ねさせていた。そのため、豊臣政権下での城割の実態は、かなり不徹底なものとなった(小林一九九四)。城割の判断を大名の自主的な判断に任せたことは、大名の領国支配に対して強い干渉を加えた豊臣政権においても、城を自律的な武士の身分標識とする価値観を根底から否定しえなかったといえよう。

慶長五年(一六〇〇)の関ヶ原合戦後の論功行賞によって、新領地を得た大名のなかには、新たに居城の造営に着手する者が多くいた。しかも、領内の不要な城を廃城とする一方で、必要な城は端城として残し、あるいは端城についても新たに造営した。とくに西日本ではその状況が著しく、「乱世遠からずとの分別か」と「当代記」に記された。また、すでに大御所となっていた徳川家康が、西日本の大名の城普請が盛んなことを聞いて不快感を示し、「然るべからず」と語ったと伝わる。関ヶ原合戦を経てもなお、諸大名の認識はまだ「乱世」であり、全体の「無事」が実現したとはみなされていなかった。

このような慶長期の築城ラッシュは、領国内の不要な城の判断は領主の自主的な権限に委ねられるとした豊臣政権下での城郭政策を諸大名が正当なものとみなしたゆえであった。そこで、豊臣政権を引き継いだ徳川氏は、城郭政策を推進するうえで、右のような諸大名の城郭観を転換させるところに

第一の課題があったが、慶長段階で家康は諸大名に対して個別に不快感を示して牽制することしかできなかった。そのことは、前章でみた福島正則の亀居城の破却一件における家康の対応に明らかである。

この状況を大きく転換させる契機となったのが、慶長十九年（一六一四）の大坂冬の陣後の講和による大坂城の破却、夏の陣後に発令された「元和の一国一城令」、および武家諸法度の制定である。

慶長二十年閏六月十三日、将軍徳川秀忠の意思を伝える幕府老中連署奉書が発給され、諸大名は居城のみを残し、その他の城（端城）を破却するよう命じられた。それから約一か月後の七月七日、伏見城に登城した諸大名に武家諸法度が申し渡され、その第六条で「諸国の居城は修補を為すと雖も、必らず言上すべし、況んや新儀の搆営は堅く停止せしむ事」と定められた。ここに、徳川政権による城郭政策は大きな画期を迎えるとともに、今後はここで新たに打ち出した政策を正当とみなす城郭観の浸透を推し進めることになる。

このような城割の歴史を前提に、以下では慶長期に徳川政権の側から進められた城割政策を具体的にみていくことにしよう。

一　山城停止令の伝承

慶長期に徳川家康によって進められた城割政策のなかで注目すべき事象の一つに、山城の破却命令がある。これを「山城停止令」とみなし、その掘り起こしに努めたのは、藤木久志である（藤木一九九七、一九九九、二〇〇一）。いまだに「山城停止令」そのものの存在は伝承の域を出ていないが、戦国期の城の多くが山城であったことに鑑みれば、山城破却が城割政策のなかに占める割合は低いとはいえず、山城破却に対するなんらかの方針があったのではないか、という問いを立てて検討する意義は認められるだろう。

山城は戦国期の景観のなかで、その時代性を象徴するものの一つである。戦国期の山城は人里近くに設けられるようになり、多くの郭を設けて土塁や空堀をめぐらして規模が大きくなり、その数も圧倒的に多くなった。山城に連動して城や館が造られ、いくつかの郭が堀や土塁に囲まれるようになり、戦国大名は家臣たちをできるだけその周囲に呼び寄せようとし、城や館で必要な物資を購入したり年貢を売却したりするため、商人や職人なども集まって城下町を形成した（笹本一九八八）。

戦国期を通じて造られた無数の山城は、ある意味では山地の多い日本だからこその特徴といえるかもしれない。初期の山城は、自然の地形を最大限に利用した天然の要害で、臨時的な「詰めの城」的なものが多く、日常は麓の館を生活の場としていた。ひとたび戦火が生じると、城は領主の軍事的拠点となるとともに、領域の町や村の住民の避難所となり、民衆は領主の城に立て籠もった。藤木久志は、城あがり・山あがりという、村人の避難に二つの型があることを指摘した（藤木一九九五）。言い換えれば、領主の城に逃げ込んで立て籠ることと、近隣の山に逃げ込んで立て籠もることである。城であれ、山であれ、あるいはその両者を兼ねた山城であれ、ここに共通する戦闘形態の特徴は、一般民衆をも巻き込んだ籠城戦にあった。

後北条氏の滅亡後に関東に入封した徳川家康は、多くの山城を廃城とし、残した山城には譜代の家臣を配した。その一つ、箕輪城（山城、群馬県高崎市）は、天正十八年（一五九〇）に井伊直政が入城したが、慶長三年（一五九八）に家康の命令により破却された。直政は新たに平城の高崎城を築城して移った。

この他にも、関東の山城では天険の名城と呼ばれた唐沢山城（栃木県佐野市）が破却となった。その理由は、城主の佐野信吉が江戸の大火を山上より見て、早馬に乗って馳せ参じたことを家康から曲事とされたからだという説が伝わる。また、慶長四年に「江戸二十里四方ニ山城御法度」が命じられたことによるという説もある（「佐野岩崎系譜」）。信吉は慶長七年から佐野春日岡の丘陵地帯に築城をはじめ、同十二年に佐野城に移った。

上杉謙信の居城として名高い春日山城（新潟県上越市）は、山頂に本丸と物見櫓、毘紗門堂を置き、段階的に二の丸、三の丸を構成し、さらに家臣の屋敷を配置する広大な山城として有名である。慶長三年に上杉氏の米沢移封後に入部した堀秀治は、春日山城を廃して平地に福島城を築いた。『越後野志』には、「慶長十二年駿府城造営有之、東照神君御移住、天下一統山城停止ニ依テ、同年堀秀治春日山城を退去シ、福島城ヲ築キ移居ス」とある。同書は、小田島允武が嘉永七年（一八五四）にまとめた地誌であり、近世後期の編纂物なので「天下一統山城停止」令の根拠は不明である。ただし、元禄十年（一六九七）の奥付をもつ「越後本誓寺由緒鑑」にも、秀治が「山城停止」を受けて新城を造営することになり、春日山城の麓に位置する本誓寺の境内地を望んだため、本誓寺もそれを了承して城下の府屋町に移ったと伝える。遅くとも、元禄期には「山城停止」令のために堀氏が春日山城を廃城とし、福島城を新営したという伝承ができていたことになる。なお、「山城停止」令は慶長三〜四年に出され、これに従っての福島築城は、少なくとも慶長五年に遡るという見解もある（中沢一九八二）。

藤木久志によれば、豊臣秀吉は九州攻めに際し、「往還のさはりなれば、山城の記《（ママ）》を皆々こぼち捨て、平地に御館をつくるべき法度」を出したと伝えられる（『古戦場備中府志』『吉備群書集成』五）。備後尾道の権現山城は、天正十九年（一五九一）に秀吉から「山城御停止」を命じられたため「平地に住宅仕候」と伝える（『木梨先祖由来書』）。秀吉の発令した「山城停止令」そのものが発見されていないため、藤木は慎重に「山城停止令」の「伝承」としたが、実際の問題として全国に二万とも四万ともいわれるほど存在した山城が、近世初頭にはそのほとんどが機能を停止させられていた。いわゆる「元和の一国一城令」によって、それらが一斉に破却されたわけではないから、秀吉の時代から山城停止の政策がとられていたと考えても不思議ではない。逆にいえば、「元和の一国一城令」は、秀吉以来の山城停止の方針を引き継ぐものであり、その本質は山城の機能をもつ城を停止させ、「平地に住宅」を構えさせるものであった。つまり、山城停止とは、山頂にある城の生命を立ち切り、家屋敷を麓の「平地に引く」ことを求める政策であったと理解できる。

戦国期以降には、山間部にある城郭を廃して平野、海浜部へ、地理の偏った城郭は領土の中心部へと移転現象が目立っているという（加藤一九六九）。その原因として、これまでは城の居住空間が重視されるようになり、狭隘な山城から立地に制限の少ない平城へ移行したという、築城上の地形的な理由に求められることが多かった。これに対し、藤木久志が考察したように、統一政権による明確な政策意図があり、それに基づいて山城が廃止された側面があったことを読み取るべきではないだろうか。現在のところ豊臣秀吉や徳川家康が「天下一統山城停止」を命じたとする確かな史料は見いだせないが、天下一統が進む過程で山城が意図的に停止される傾向にあったことは確かだといえる。とはいえ、史料的な限界から、ひとまず山城の問題は措くことにし、次節では徳川政権による城割政策のもう一つの特徴をみていくことにしよう。

二　小田原城の破却―二の丸以下の破却―

中世から近世にかけての城郭の変化をみると、群小の山城が成立する一方で、山城から巨大平城へと移る点に大きな特徴を求めることができる。とくに、戦国期の平城は、防備の目的から城郭のさらに外側に堀や城壁を設けた惣構え（総構え・外構え・惣堀）の手法を用いたところに構造上の特徴がある。ここでいう惣構えとは、城の郭が幾重もある場合の最も外側の郭を指す。惣構えを設けるための土木工事には多くの労力を必要としたので、惣構えの手法を用いた築城は、強力な権力のもとでしか成立しないともいえる。即ち、惣構えの出現は、強大な大名権力の出現と機を一にしていた。

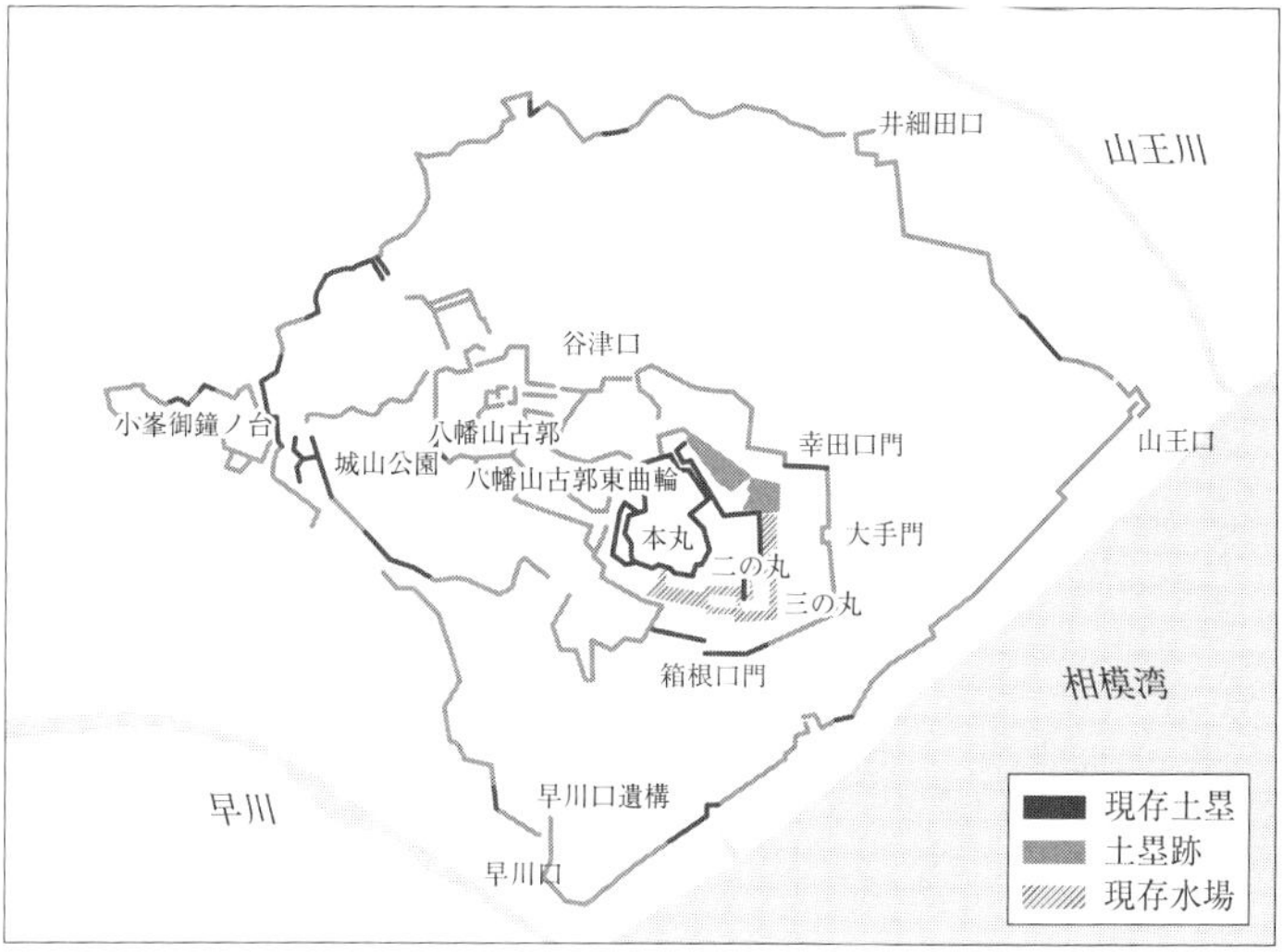

図6　小田原城惣構え

『日葡辞書』によれば、「総構え」は「市街地や村落などの周囲をすっかり取り囲んでいる柵、または防壁」との説明がある。戦国期の城下町を分析した小島道裕は、織豊政権による安土城建設のなかで、惣構えの中側を支配するイエの論理が町場・市場を含みこんだ都市空間を構成していくことを指摘した（小島一九八四）。富田林寺内町（大阪府富田林市）を分析した堀新は、成立期の寺内町が環濠・惣構えの防御施設をもつことで領主権力へ抵抗しうる都市空間を成立させ、「大坂並」の寺内町特権を与えられて領主権力からの一定の自立をはたしていたこと、これに対して統一権力が「大坂並」の寺内町特権を否定し、さらに環濠・惣堀などを改造することで寺内町を幕藩制国家の中に編成したと指摘した（堀一九九四）。織豊期に出現した惣構えを持つ城郭や寺内町は、町域・村域・寺域を城壁で取り囲む都市空間を形成し、自力救済の拠り所としていたのである。

戦国大名の城郭のなかで、最大の惣構えをもったのは小田原城（神奈川県小田原市）である。後北条氏は豊臣秀吉の侵攻に備えて、天正十八年（一五九〇）の頃より拡張工事を進めて惣構えを完成させた。その防衛力の効果は、秀吉の小田原攻めにおいて籠城戦三か月に及ぶ堅牢さを誇ったことによって明らかである。

落城後は、徳川家康が関東に入封したことにより、譜代家臣の大久保忠世が四万五千石にて小田原城に置かれた。文禄三年（一五九四）には忠世が死去し、嫡子忠隣が遺領を継いで小田原城主となった。ところが、慶長十九年（一六一四）正月十九日、キリシタン弾圧のため京都に赴いていた忠隣に、突如改易の命が下った。上使に江戸幕府老中安藤重信（下総国小見川一万石）、城の請取役に内藤清次（常陸国他二万六千石）、牧野忠成（駿河国長窪二万石）、浅野長重（常陸国真壁五万石）、松平定綱（下総国山川一万五千石）、本多忠朝（上総国大多喜五万石）、高力忠房（武蔵国岩槻二万石）が任命され、二十一日に小田原入りし、城の明渡しと家臣の追放を要求した（「慶長年録」）。

家康は正月二十一日に江戸を発ち、小田原へは二十四日に到着した。秀忠は二十五日に小田原を訪れ、家康と対面したのち、時を移さず本多正信・藤堂高虎と密談した。秀忠が二の丸に戻ると家康は、「早天より、この城破却有るべし」と命じ、「江戸・駿府諸卒」を召集して、石垣を崩し、大門を破壊した（「駿府記」）。つまり、譜代大名の居城小田原城の破却にあたり、大久保家臣団に命じるのではなく、徳川家臣団を総動員して城割を開始したのである。

家康と秀忠は正月二十七日に小田原を去り、それぞれ駿府、江戸に帰った。小田原滞在はわずか、二、三日のことだったが、「当代記」には「この間、小田原城二、三の丸を破却せられ、本丸ばかり残さるる」（読み下し文）とある。二月二日付の細川忠興書状（細川忠利宛）にも、「小田原之城本城計被成御残、悉被成御割候事」とある（『細川家史料』一—六一）。あの広大な惣構えをこの短い日数で徹底的に破壊できたのかどうか、実効性に疑問は残るにせよ、小田原城の破却では「本丸のみを残し、二の丸以下は全て破却する」という城割方針が採られていたことを一次史料から確定できる。この点は、近世的城割の作法の成立を考えるうえで、もっと注目されてよい事柄である。

家康は江戸から駿府へ向かう途中で小田原に立ち寄ったことになるが、将軍である秀忠自らが改易大名の城地に赴き、城割に立ち会った。秀忠が小田原到着後に築城巧者の藤堂高虎を交えて密議をもったことからみて、右の秀忠の行動は実際に小田原城を検分した上で城割方針を討議することが目的であったと推察する。

ついで二月二日、家康は忠隣の伯父大久保忠佐（駿河国内二万石）の改易を決め、その居城沼津城（静岡県沼津市）の破却を命じた。沼津城は天正五年（一五七七）頃から甲斐国の武田勝頼が築城した典型的な甲州流城郭で、本丸、二の丸、三の丸の三つの郭からなり、石垣は使用せず、土塁と空堀からなっていたと伝わる。同十年に武田氏が滅亡すると、沼津城は徳川家康の支配下に置かれ、初めは譜代の松平・小笠原氏などに預けられ、小田原落城後には中村一栄が入封した。慶長五年（一六〇〇）中村氏が伯耆米子に転封となったため、かわって大久保忠佐が二万石にて入封していた。

「駿国雑志」には、「沼津古城ハ上土町、御札場町ハ城内にして、本丸ハ道筋より廿間計り北の方にあり、但、西の方から堀四通りあり、東北の方に三通宛有り、南にハ一通あり、其外に狩野河有り、城内今ハ町屋敷、及ひ作場、或ハ竹藪等有るのミ、城惣構西の方二百九十六間、広さ十間、深さ七、八尺、北の方二百四十間、深さ七、八尺、東の方百九十七間、深さ七、八尺、南の方百四十五間、則狩野川也、此幹堀等、今皆田地と成る」とある。附属の古図をみると、天守台には高石垣があり、堀の内側は石垣が組まれている。しかも、二つの町域を城内に取り込んだ惣構えを持つ城だった。

「駿河記」には、本多正純と安藤直次に「沼津ノ塁割崩すへき旨」が命じられたとある。ここからは建造物の破却までを含んでいたかは判明しないが、破却の第一のねらいは「塁」、つまり惣構えや各郭に設けられた土居を壊して堀を埋めることにあったとみられる。安永六年（一七七七）に水野忠友が沼津藩に封ぜられると、沼津古城を再建したが、本丸と二の丸を利用し、三の丸は廃したので、その規模はかなり縮小したという。ここからも、惣構えの広さが確認できよう。

慶長十九年三月には、さらに大久保忠隣に連座した佐野信吉の居城佐野城の破却が命じられた（「当代記」）。同年九月九日には、同じく忠隣に連座した里見忠義（安房館山十二万石）も改易となり、館山城が破却となった。館山城は安房国（千葉県）のもっとも南の位置にある水陸の要衝で、天正十六年（一五八八）に里見義康が築城した。その構造は、安土城や大坂城の築城法を取り入れた近世的城郭であったといわれ、山麓に堀をめぐらし、その外側に武家屋敷や城下町を形成し、本丸、二の丸、三の丸をもつ平山城で、石垣はなかったが、土塁・堀をめぐらしたものだった。「大給府内家譜」には、館山城を受け取った大給成重が「堀一方埋る時分」に「大坂合戦」となり、九月下旬に小田原城番に移ったが、伏見城へ出立するべき旨の命令を受け、その準備をしているうちに和睦となったとある。つまり、二〜三週間をかけて館山城の土手を崩して堀を埋めるという普請部分の破却が進められたが、その間に埋めることができたのは堀の一面のみであったこと、がわかる。とすれば、城割は部分的ではなく、徹底的な堀埋めがなされていたことが推測できる。なお、館山城の破却以後は、安房国内に城郭が置かれることはなかった。

このように、徳川政権は改易に連動して、不要な城を次々と廃城にした。改易から城割という流れは、不要な城は破却するという豊臣政権以来の城割政策の延長線上にあり、江戸時代を通じておこなわれた。ただし、本丸のみを残し、二の丸以下を破却するという城割の方針が明確に示されたのは、小田原城が最初と考えられる。佐野城の破却状況は不明だが、館山城の場合は徹底的な堀埋めをしている。堀を埋める方法自体は戦国期の城割にもみられたが、要害のよい所の土手を部分的に埋めればよしとするのが作法であった。これに対し、要害のよしあしにかかわらず、徹底的に堀を埋める城割方法が明確に導入されたのである。

その点で、徳川政権が新たに求めた城割方法は、それまでの城割の作法とはまったく様相を異にするものであった。即ち、二の丸以下の堀を徹底的に埋めて平地化するという新たな城割方法の登場である。中世的城割の作法が自ら象徴的・部分的に城を破ることで降参の作法（自破の作法）となったのに対し、徳川政権においては本丸のみを残して徹底的に堀を埋めて平地化し、城郭の非武装化を図ることを強制するものへと城割方法を変更させた。これを近世的城割の作法と呼ぶことにしたい。

城割の作法を変更する最終的な目的は、戦乱の世を終わらせることにあった。そのためには、城郭の防御施設を本丸の堀のみとし、二の丸以下の堀を埋め立て平地化（非武装化）するという新たな論理を城割の作法に組み込むことが求められた。とくに広大な惣構えをもつ巨大城郭の城割においては、籠城戦を未然に防ぐためにも必要な方策だったといえよう。ただし、小田原城・佐野城・館山城は改易に連動する懲罰としての徹底的な城割という側面もあり、またこの新たな城割方針も城の受取役にかかわった一部の大名が知るに過ぎない段階にあった。これを次にみる大坂城において、徳川氏は降参の作法として豊臣秀頼に要求していくことになる。かつ、この降参の作法を単発で終わらせるのではなく、諸大名に周知させ、降参の際の近世的城割の作法として定着させるべきところに徳川政権の城郭政策における最大の目論見があった。

三　大坂城の破却―中世的城割から近世的城割へ―

豊臣秀吉は、織田信長の一周忌法会を済ませたのちの天正十一年（一五八三）六月頃から大坂城の普請を開始した。築城に五年、拡張工事に五年、あわせて約十年を費やした。城郭は、本丸、二の丸、三の丸からなり、三の丸のさらに外側には市街地を取り込み、川や堀、城壁などに囲まれた非常に広大な外曲輪を設け、惣構えとした。

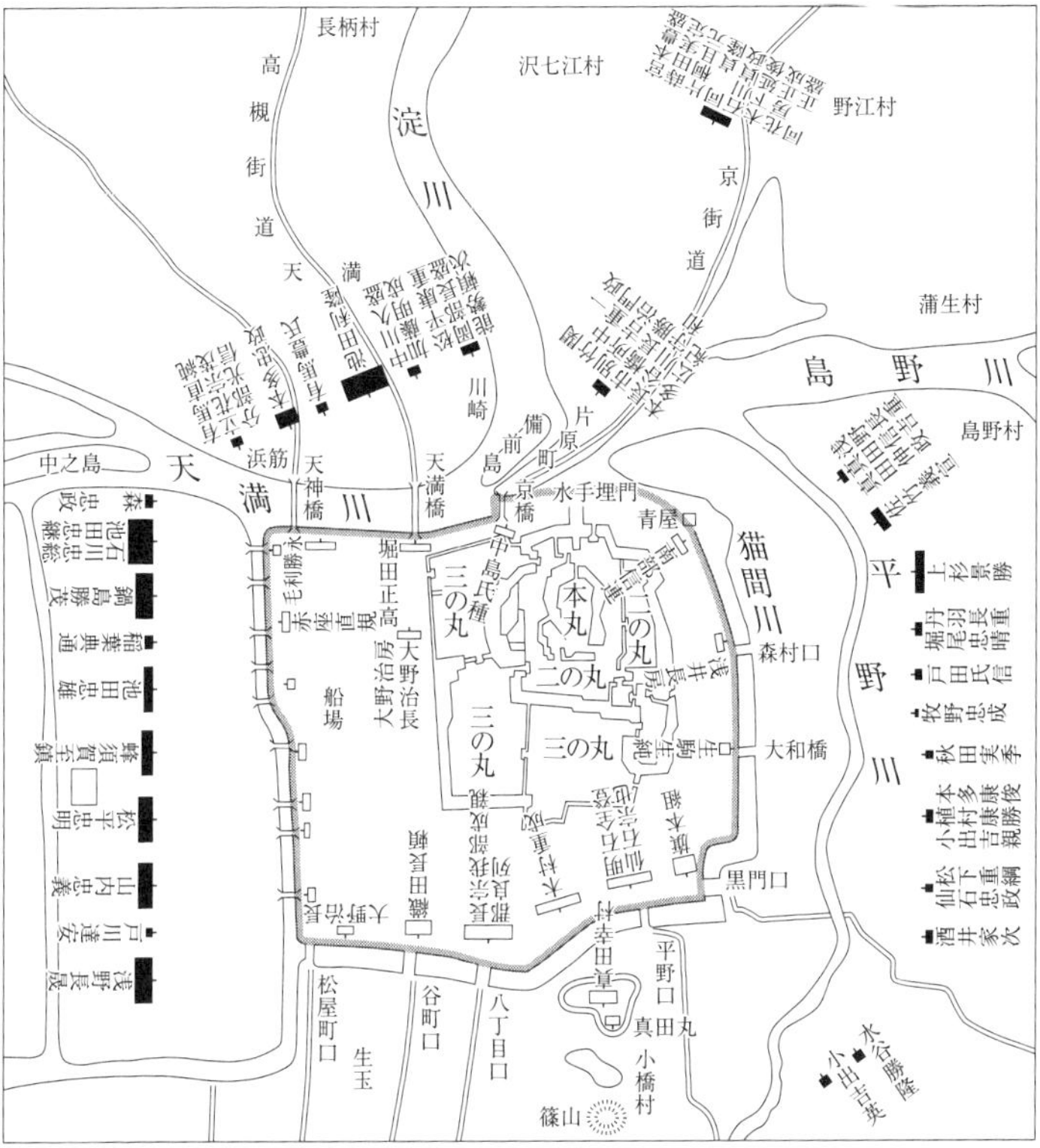

図7　冬の陣の大坂城の惣構え

慶長二年（一五九七）八月に秀吉が死ぬと、遺子秀頼は伏見城を出て大坂城を居城とした。同十九年十月一日、徳川家康は秀頼を攻めるため諸大名に出陣命令を出し、ここに大坂冬の陣が勃発する。大坂方の籠城戦の構えに対して、徳川方は十二か所の付城を造らせ、短期戦で終わらせる手はずだった。しかし、広大な惣構えをもつ大坂城を攻めきれず、戦闘の長期化が避けられなくなった。

そこで、講和が十二月十八日より始められ、翌十九日に和議が成立した。その時に秀頼と家康との間で交わされた条件は、次のような内容であった（「長帳」、福田二〇一四）。

まず、秀頼から家康に対しては、次の三か条である。

（1）両御所（家康・秀忠）に敵対しないこと。

（2）大坂の惣堀を埋めること。

（3）今回、大坂城に籠った牢人を召し抱えないこと。

次に、家康・秀忠から秀頼に対しては、次の三か条である。

（4）大坂城に籠った牢人がどこに居ようとも、構わないこと。

（5）国替・所替を仮に望む場合でも、一城・太閤（秀吉）より遣わされた領知高を相違なく渡すのは当然である。

（6）親子の内一人が、今後は江戸に来られた場合には、疎略な扱いはしない。

秀頼側は（2）により、大坂城の「惣堀」を埋めることを和睦の条件として認めた。ただし、「惣堀」とは語義的には惣構えのことであり、全ての堀を意味するものではない。あくまでも、秀頼側の認識では、惣構えの破却ととらえていたことが重要である。しかも、秀頼側がおこなうべき条件（2）に掲げられていることからすれば、これは秀頼側が惣構えを降参の作法として自ら壊すものと考えていたとみなされる。逆に、家康・秀忠側がおこなうべき条項（4）～（6）のなかに、城割は一切含まれていなかった点も確認しておきたい。

しかし、実際の徳川方の認識はそうではなかった。この認識差が、大坂城を裸城にしてしまうという致命的な失策を招くことになる。

【史料1】慶長十九年十二月二十一日付細川忠興宛金地院崇伝書状（『本光国師日記』）

一書令啓達候、当表之儀、従城中様々御詫言之筋目御座候而、惣構之堀二之丸之堀、何もうめ候而、本丸計ニ而、其上如何様共、大御所様上意次第との通ニ相済申候、今明日ニ弥可相究候、併従　公儀御触無之迄ハ、御沙汰被成間敷候、大塚次郎左衛門是ニ被居候而、使者を被進度由候間、先内証如此候、猶追々可申入候、恐惶謹言、

十二月廿一日　金地院

羽越中様

人々御中

有楽子息、大野修理子息、昨廿日之晩人質ニ上野殿へ渡り申候、返々従公儀御触無御座迄ハ御沙汰被成間敷候、以上、

追而申候、如此書状相認申候内、従公儀御触状参候、上野殿書中之趣可被得其意候、以上、

【史料1】は、金地院崇伝から細川忠興に和議の条件につき極秘に知らせたものである。箇条書にすれば、以下の内容となる。

① 大坂城内から様々な「詫言之筋目」があったこと。

② ①により惣構えの堀と二の丸の掘を全て埋めて本丸ばかりとし、何事も家康の上意次第とすること。

③ 織田有楽と大野治長が子息を本多正純に人質に出したこと。

④ 右の内容を伝達する「公儀御触状」が二十一日中に発給されたこと。

崇伝は「公儀」より正式な発表があるまでは情報を漏らさないように繰り返し念を入れていたが、その書状を届けようとする直前に「公儀御触状」が届き、右の情報は正式のものとなった。要するに、大坂城は、本丸ばかりを残し、二ノ丸以下、惣構えの堀までも埋めることが指示されたのである。

その城割方法が、小田原城において示された城割方針と見事に一致していることに驚かされる。徳川側が求めた城割方針には、本丸のみを残して、二の丸以下の堀を徹底的に埋めて城郭を非武装化するという、ゆるぎない姿勢をみることができるが、これを降参の作法としても適用しようとしたところに、小田原城とは別の問題が潜んでいた。

また、十二月二十三日付で崇伝が京都所司代の板倉勝重に宛てた書状では、大坂城中よりの詫び言の筋目により、「惣構・二之丸堀構、悉平地ニ仕候而御赦免ニ相済候」とある。惣構えと二の丸の堀構えを崩して、「平地」にすることで和議が成立したという。即ち、二の丸以下の堀を埋めることは、城域の平地化を意味していた。

一方、十二月二十六日付浅野忠吉書状（「米良文書」）には、「大坂之儀は無事ニ成、二ノ丸、三丸、惣がまへまて、こと〳〵く御わり被成候」とあり、翌年正月八日付の毛利宗瑞書状（「毛利氏四代実録考証」）にも「御和談相調、二三之丸迄破却之由」とあり、その他の徳川方の史料も同様である。徳川政権のみならず、それを「公儀」の触（命令）として受け取った大名側の認識も、当初から大坂城の二の丸・三の丸・惣構えの堀を全て破却し、その結果として平地化するものと理解していたのは確かといえよう。

その場合に、全ての堀を埋めるために堀や石垣を崩したり、櫓や近くの建造物を壊して堀に引き入れたりすることはあっても、石垣を崩すことが目的ではなかった点に留意しておく必要があろう。さらに、一切の建造物を壊して更地化することも、その目的のなかには含まれていなかった。

では、なぜ秀頼はこのような軍事的には致命的にみえる城割条件を受け入れたのだろうか。その謎を解くためには、すでに指摘したとおり、秀頼側の認識では、「惣堀」のみを破却するという城割条件で和議を受け入れた、という観点から問題を整理する必要がある。

まず、大坂城の城割は、秀頼側からの「詫び言の筋目」としておこなわれた。扱い（和議）となった場合、詫び言を入れた側がなんらかの降参の作法を取る必要があった。こうした詫び言の作法は、紛争解決の手段として中世後期の社会に習俗といえるほど広く行きわたっていたものであり、「弓矢の義理」ともいわれた。よって、扱いを入れた秀頼の側から、礼儀として降参の作法をとることを秀頼側も了承したのである。降参の作法には、寺入、人質、身代わり、城割などがあった。

和議の様子を記した一次史料を確認すると、『時慶記』には、十二月二十三日に「大坂無事ノ義」の成立を知り、二十四日には「大坂無事説偿聞、人質取カハシ在之、誓詞等ノ義在之ト、大坂無事珍重」とある。秀頼が無事を受け入れたこと、それにより人質の提出、誓詞の取り交わしが、降参の作法としてとられたとわかるが、城割にふれるところがない。

二次的な記録では、林羅山の『大坂冬陣記』によれば、講和条件は、大坂城は本丸だけを残し、二の丸・三の丸を破却する。そうすれば「淀殿」を人質に出さなくてよい。大野治長・織田有楽は人質を出す、であったという。崇伝書状の②、③とほぼ同じ内容である。秀頼が降参の作法として城割条件を選んだ理由は、生母淀を人質に出すことの代償だったことは十分に考えられよう。しかしながら、母を人質に出す代わりとはいえ、大坂城を裸城にしてしまうとすれば大きすぎる代償と言わざるをえない。そのため、それだけが城割を選択した理由だったとは考えにくい。

他方、徳川方も大坂方に積極的に城割を求めた節がある。たとえば、「山本日記」には、「天下ヲウゴカシ、カホドノソウドウ、其印シニ惣堀ヲサヘ御埋候」とある。家康が天下を動かした印として、「惣堀」だけでも埋めてほしいという城割方法が講和の条件として提示されたという。また、「大坂御陣御覚書」には、家康が軍隊を動かしたことは異国にまで聞こえているのに、和談のみで退却すれば家康の若年よりの弓箭の誉れがむなしくなるので、出馬の印に惣構えを取りたい（「惣構を御取被成度」）という要望があり、秀頼もそれを家康・秀忠への礼儀として「御人数」をもって二、三の丸を破却することを承諾し、誓詞を交わした（「御礼義ニ而候間、御人数を以二三ノ丸ノ塀柵御取、其上別条無之、御誓詞相調候」）とある。なお、この「御人数」が、秀頼側から出すのか、家康側からなのかをこの文脈のみから読み取ることは難しい。

次に、『譜牒余録』二七・松平下総守の譜には、「両陣和睦ノ扱ヒ有り、両御所仰出サル、ハ、大軍此ニ来リ、一戦ノ功モナク空ク軍ヲ返サンハ、武将ノ本意ナキニ似タリ、只城外ノ惣堀ヲ埋ムヲ此度ノ首尾トナシテ圍ヲ解キ、和儀有ルヘキトナリ、秀頼此儀ニ同シテ遂ニ和儀相調ヒ、両御所京伏見へ御馬ヲ返シ玉フ」とある。ここでも家康の武将としての名誉の問題として、城割を要請したとある。

つまり、家康が公儀の軍隊を動かし、天下の無事（平和）を復活させたのだから、私戦の停止を証明し、かつ天下人家康の面目を保つ降参の作法であるべきとの認識があった。そこで、惣構えを破却するという城割条件が提示され、秀頼の側にもそれを承伏させる強制力が働いたのである。

ただし、降参の作法としての城割は、秀頼側が自らの手でおこなうものと考えられていた。十二月二十六日付で細川忠利が家中に宛てた書状（『綿考輯録』）は、それがわかる重要な証拠である。

一、大坂御城も、二ノ之・三ノ丸・惣構をハ御わり被成、本丸迄ニ被成、秀頼様御座候様ニとの儀候、惣構ハ此方より御人数ニ而御こわし被成候、二ノ丸・三ノ丸ハ城中人数ニ而わり申候、堀なとやかてうめ可申候間、其上ニてハ将軍様も還御可被成と思事ニ候、其刻御暇を被下候ハんと思事ニ候事、

このように、大坂城の二の丸・三の丸・惣構えを破却するという条件はこれまでと同じだが、秀頼

がこのまま大坂城に居続ける予定であること、さらに二の丸と三の丸は大坂城中の人数によって破却される予定であり、徳川方に加勢した大名たちが壊すのは惣構えと明確に記している。また、堀などはすぐに埋まるだろうと短期に終わると楽観した点からは、惣構えであっても従来通りに象徴的に壊す程度ですぐに終わるものと考えていた可能性もある。

この書状から、秀頼側が二の丸以下を壊すことを了解していたかを断定するのは慎重でありたいが、秀頼側と徳川側で城を壊す場所が異なるという認識を大名が有していたことは重要だろう。しかも、徳川方が壊すのは惣構えであると明言されており、二の丸・三の丸の堀を徳川方が壊すことは当初の命令には含まれていなかったのである。

しかも、仮に二の丸以下の破却を秀頼側が条件として認めていたとしても、それが戦国の作法に立脚し、降参の作法として二の丸・三の丸の象徴的な建造物や防御施設を部分的に自らの手で破るつもりでいたと考えれば、戦略的に致命的と思われる二の丸以下の破却という和議の条件を受け入れた理由も納得できるものとなる。さらにいえば、秀頼側としては「惣堀」を家康側の人数によって他律的に壊されたとしても、戦国の作法にならえば要害のよいところを部分的に壊される程度のものと理解していたのではないだろうか。

堺に滞在していたエルベルト・ワウテルセンが平戸のジャックス・スベックスに宛てた書状（「和蘭海牙文書館文書」）によれば、家康は正月四日に京都を出発して駿府に戻ったが、将軍秀忠は川の埋め立て工事を進行させるため、天王寺にとどまっていると伝え、さらに「大坂に於ては、家を焼かれざりしものも家の前部を破壊したるもの多く、目下川の埋立に付、家屋の修繕をなすことを得ざれば、同所は市街の態を失い、全く荒野の如き」と伝えた。堀を埋めて平地化するという、徳川氏による徹底的な城割が進行する一方で、家の前部を破壊することで降参の意思を示す戦国の作法が併行しておこなわれていたこと、この城割が終われば家屋は修繕ができる程度の部分的破却だったことを伝えている。近世的城割が否応なしに断行される一方で、中世的に家を象徴的に壊して降参の意思を示し、難を逃れようとする人々の姿があった。あわせてこの記事からは、二の丸以下の破却は、惣構え内部の家屋敷を徹底的に解き崩して更地化することを目的としてはいなかったこともわかる。

なお、大坂城破却の惣奉行は本多正純、奉行は譜代大名の松平忠明・本多忠政・同康紀らに命じられ、前田・伊達・毛利・黒田・細川・鍋島・上杉・藤堂・佐竹等の諸大名の軍勢が動員された。「慶長中大坂城普請ニ関する記録」によれば、福岡藩では慶長十九年十二月二十七日から翌年正月二十五日までの二十七日間に、一日三千四百七十三人の軍役人数を定め、実際には未進人数四千百四十八人、過上人数六百九十人だったので、延べ日数の総人数は九万三百十三人となった。黒田家だけでこの数字なので、総勢は推して知るべきだろう。約一か月をかけており、細川忠利がすぐに終わるとしていた見通しはまったく的外れとなった。

天下のご意見番として知られる大久保彦左衛門忠教（一五六〇〜一六三九）が著した『三河物語』によれば、城割の様子は次のようであった。

然る所に、城も成間敷と心得て、あつかいに成けるハ、「此儘居成《いなり》にゆるし給へ」と申ければバ、相国《（徳川家康）》之被仰様にハ、「其儀ならバ、惣構を崩し給へ。其儀におひてハ、居成に指おかれ給ハん」と御意なれバ、「尤」と御請を申て、無事に成けれバ、遅し早しと乱入て、惣構之塀・矢倉を崩して、日本国之衆が寄合て、一日之内に堀を真平に埋めて、次之日ハ、二之丸へ入て、二之丸之塀・矢倉を崩し、石崖を掘り、底へ崩し入て、真平に埋めさせ給へバ、秀頼も諸牢人も諸共に、「惣構と申つるに、二之丸までか様に被成候儀共ハ、迷惑仕」と申せバ、「もとより惣構と申つる。たゞし、本城をバ破る間敷と申つるニよりて、本城ハ破らず」。其段になれバ、物をも云わせずして埋めさせ給ひて、相国様ハ御先へ京都へ御帰馬被成けるに、大将車《（徳川秀忠）》（軍）様御跡に残せ給ひて、御仕置共被成、五三日御跡に御帰京被成けり。

豊臣秀頼が城割の条件を受け入れた理由は、惣構えを崩せば、そのまま大坂城に居住してもよいとの了承が家康から得られたからだという。大坂冬の陣のきっかけとなる方広寺大仏殿鐘銘事件以来、徳川方は繰り返し秀頼に大坂城から出て他に移ることを要請していたから、そのまま大坂城にいてもよいとする条件提示は、秀頼側にも合意を得やすいものだったのだろう。実際に、秀頼はその後も大坂城に居続けている点からも、「惣構えを崩す」という城割条件を受け入れた理由の一つであったと考えられる。第一章で紹介した足利義昭の二条城破却の様子から類推すれば、秀頼としては大坂城をたたむ必要はないとの保証を得たうえで、降参の作法として象徴的な城割ですませ、大坂城にそのまま居住するつもりでいたのだろう。

ところが、家康側は日本国中の者を総動員して、一日で惣構えの堀・櫓を崩して堀を埋めて真平にし、翌日は二の丸に入って二の丸の塀・櫓を崩し、石垣を掘り起こし、底に崩し入れて真平に埋めてしまった。これに対し、秀頼側は「惣構」の破却だったはずなのに、二の丸まで破却されたことに異議を申し立てたが、家康側の返答は「惣構」であることを認めつつも、「本城」（本丸）を「破る」ことはしない、ということを了承したまでである、といわば難癖ともとれる返答をし、勢いにまかせて二の丸までを壊してしまったとしている。

十二月二十日に和議が成立し、家康は二十五日に茶臼山を発って京都二条城に入った。秀忠は、そのまま大坂に残って普請を監督し、正月十八日に伏見城に入った。したがって、『三河物語』で惣構えの破却が一日で終わり、続いて二の丸の破却も一日で終わったとするのは誇張だが、徳川方の城割方法は、二の丸以下の塀や矢倉といった建造物を壊し、石崖を掘り崩し、いずれも堀の底に崩し入れて真平に平地化する、という城割を実施し、徹底的に堀を埋め尽くすものであった。こうして、大坂城の軍事的機能を弱体化するという目的は達成された。

一方、秀頼側が二の丸以下の破却に対して、「惣堀」とは「惣構之堀」だと抗議したが、それを無視して徳川方が徹底的に破壊を尽くしたことは、「慶長見聞書」「元寛日記」などの徳川方の記録にも記されるところである。つまり、秀頼と家康・秀忠が交わした和議条件にある「惣堀」が、「惣構えの堀」だと双方が理解していたのは間違いない。

しかし、既述のように実際には和議の直後から、徳川方は諸大名に対して二の丸以下を破却するという城割方針を示していた。当初は細川氏の書状にあるように、惣構えのみを徳川方が壊すとされていたが、その方針は棚上げされて、一気に二の丸以下の堀を埋めてしまったということも、もはや動かし難い事実といえよう。

そこで、徳川方にとっては、「惣堀」が「惣構えの堀」なのか、あるいは「全て（惣）の堀」なのか、という認識のズレがあったというよりは、まず秀頼に城割による降参を和議の条件として受け入れさせたうえで、当初から実力行使で大坂城の二の丸以下を徹底的に破却する策略だった、と理解する方が正しいのかもしれない。それは、小田原城の破却方針が大坂城にも貫かれているという点をあわせ考えれば、より説得力をもって右の理解の正しさが裏づけられよう。

対する秀頼側は、降参の際にその地に居続ける場合には、象徴的・部分的に城を壊せばよいという従来の城割方法で対処できると思い込んでいた。ここには、明らかな認識のズレがあった。徳川方は従来とはまったく異なる城割を求めており、降参してその場に居続けることを許しながら、他者によって徹底的に堀を埋めて平地化し、城郭を非武装化することを断行したからである。

つまり、大坂城の破却は、中世的城割の作法―自ら象徴的に城を破る自破の作法―を和議の条件として受け入れた豊臣方に対し、有無も言わさず近世的城割の作法―二の丸以下の破却―を強制した徳川方という構図で理解すべきなのであり、大坂城の二の丸以下の破却の成功は、近世的城割の作法が平和回復のための新たな作法としての正当性を獲得した瞬間だったといえよう。

ところで、「日本西教史」には、秀頼軍が徳川方の「胸壁」を破壊し、「塹壕」を埋めるという戦略をとったため、「故ニ公方ノ兵ハ厳寒ヲ凌クコト能ハズ、又疲労ニ堪ヘズ、脱奔スル者多数ニシテ、攻城及突出ノ際戦死シタル兵員三万余ニ及ビタリト云フ、公方ハ形勢ノ非ナルヲ見テ、諸将モ亦変心シ、天下ヲ掠奪シタル老年ノ己レニ従ハンヨリ、弱齢ノ秀頼ニ奉仕スルノ意ヲ発センヲ恐レ、終ニ和議ヲ講ゼント決セリ」と、籠城戦が長期化するに及び、徳川方の軍勢が疲弊し、天下を掠奪した家康に対して離反の動きが出てきたことを伝える。「翁物語」の作者も、大坂は名城といい、とくに堀が深いので、矢・玉薬が不足しても、簡単に乗り取られる城ではないとして、大坂方が籠城を止めて城割の和議に応じたことを嘆いている。よくいわれるように、大坂城の惣構えを破却する最大のメリットは、籠城戦を未然に防ぐことにあった。

こうして大坂城は、冬の陣後に本丸とそれを囲む内堀のみを残して外郭を破却され、堀を全て埋められた。さらに翌年の夏の陣では、天守を含む本丸の建造物も焼け落ちた。その後、家康の孫松平忠明が伊勢亀山城から摂津・河内十万石を得て大坂城に封じられ、とくに旧三の丸を埋め立てて新たに土台を作り直し、大坂城を再建した。三の丸は百数十町歩に及ぶ広大な区域であったといわれ、伏見の町人が率先して来住したというが、再び大坂城に惣構えが復活することはなかった。ここに大坂は、外郭に城壁をもたない近世都市として発展することになった。

四　惣構えを掘る——籠城戦の準備——

本節では、視点を変えて山城と惣構えをもつ城の関係について考察してみたい。

寛永十二年（一六三五）には、武家諸法度が改訂された。その第三条で次のように定められた。

一、新儀之城郭搆営堅禁止之、居城之隍塁石壁以下敗壊之時者、達奉行所、可受其旨也、櫓塀門等之分者、如先規可修補事、

これにより、堀・土塁・石垣が壊れた際の普請は「奉行所」に報告し、許可を得ることを義務づけられたが、矢倉・塀・門の作事に関しては、元通りに修築する場合は不要になった。この変化は、寛永期に幕府による大名城郭の把握が進んだこと、その一方で多くの城郭がこの時期に作事部分の修築に迫られ、その一々の修築許可に幕府が対応しきれなくなったことから緩和されたとされる（藤井一九九〇）。

たとえば、寛永八年（一六三一）頃に福岡藩主黒田忠之が幕府老中土井利勝に城廻りの塀・矢倉の修復を願い出たところ、「長政御時とは違い申し候間、早々普請申し付け然るべし」と返答された（『福岡県史』福岡藩下一二二五）。長政とは忠之の父のことで、元和九年（一六二三）に死去した。作事に関して利勝がその時代（元和以前）とはもはや違うと語っており、これは諸大名が居城修復に関して幕府に許可を得る必要性を十分に認識するように意識の転換が進んだことを示すよい例だろう。

とはいえ、寛永期になってもまだ、居城普請の事前許可を幕府に受ける必要があることを十分に認識していない者がいた。将軍権力が武家諸法度によって居城普請許可制を規定しようとも、城を自律的な武将の身分標識とする観念からすれば、居城の自律的運営を否定し、武将の名誉を失わせる論理はなかなか受容されなかった。そのことは、次の事例がよく物語っている。

寛永九年正月二十一日に大御所徳川秀忠が死去し、五月には三代将軍家光の「御代始めの御法度」として、肥後熊本の大名加藤忠広が改易された。同じ頃、土佐高知の大名山内氏に対して、居城普請をめぐる不穏な噂があった。同年六月二十四日付の細川三斎書状（江戸滞在）には「町説ニも又歴々の衆も申され候」とあり、かなり広く噂されていた（『細川家史料』四─九七六）。

山内家の江戸留守居柴田覚右衛門は、国許の岩崎又右衛門に七月一日付で書状を出した（「長帳」）。それによれば、六月二十九日に柴田は山内家の親族大名の松平定行に呼ばれ、取り沙汰されている国許の普請について、万が一公儀より尋ねられた時はいかがかと思われるので、その前に「御城中御家并矢くら・堀破損之所、去年・当年何十間何程」を繕ったかを詳細に書付け、千石クラスの知行を取っている年輩の口上能き使者に右の様子を具体的に言い含めさせて江戸に向かわせ、さらにこれとは別の使者を急いで江戸に派遣するのがよいと指示された。また、普請は「破損普請」ではあるが、「事外御急之由」と幕府老中の耳に入ったと噂されており、とかく右の使者を早々に派遣するよう命じることが大切と、定行自身の意見も付け加えられた。

ついで六月二十九日付の松平定行の書状では、「今ほど御代替り」の時期なので、早々に使者を江戸に派遣し、「破損普請」ではあるが、幕府老中に内々に様子を報告し、また今の時分は少し普請を延期したほうがよいとの指示を与えた。その後、山内氏は幕府老中で家光側近の稲葉正勝を頼みとしたようで、八月二十日付の正勝書状では、居城普請のことを幕府老中酒井忠世・同忠勝まで使者を派遣して断りを入れたから安心するようにと告げられた（「長帳」）。

右の経緯では、「破損普請」と「代替り」とある点に注目したい。第一に、大名の側に「破損」した所を修復する「普請」は幕府への事前報告を必要としないという認識があったことが確認できる。しかし、今は「代替り」の時期なので、普請によってどんな疑念を抱かれるともしれないので、「破損普請」であっても幕府に報告し、「普請」はしばらく延期したほうがよいとの判断が下された。

寛永十二年の武家諸法度の改訂で、普請に関して幕府に事前に願い出て、許可を受けることが明記されたのは、この事例のように寛永期になっても普請に関して諸大名側が曖昧な認識しかもちあわせていなかったことも、その背景にはあったといえよう。

この事件に対して、細川忠利（熊本滞在）は寛永九年八月六日付の書状で興味深い意見を述べた（『細川家史料』十―五一八）。

一、松土州《（山内忠義）》事、当春ゟ只今まで、惣構之堀をほり被申候、必定にて御座候、かやうの普請不審なる儀無御座候、江戸へも慥成衆注進被申上候、何とも御返事無御座由候、不得御意左様之普請被仕候ハヽ、第一ハ気違、無左ハ籠城たるへく候間、はやく被仰付、苅田なと取籠不申様ニ可被成儀にてハ御座有間敷候哉、事之外なる国難所之由、隣国よりも自由ニハはいられさる所と承候、土州之儀にて御座候間、長曽我部なと居申候様ニハ御座有間敷と奉存候事、

忠利は、山内忠義が惣構えの堀を掘ったことは確かだとし、そうした普請を将軍の「御意」を得ずにおこなうのは、第一に「気違い」であり、そうでなければ「籠城」に違いなく、後者ならば、土佐国は難所なので、苅田などを城内に取り込まないうちに、つまり兵粮などの準備が整う前に手を打つ

必要があるが、山内のことなので長曽我部のようなことにはならないだろう、という。城に惣構えをめぐらせることは、即ち「籠城」の準備ととらえられたのである。小田原城・大坂城での籠城戦の実例を引くまでもなく、惣構えをもつ城とは、第一に籠城戦を得意とする城だった。

ここで、「山城停止令」の際に述べた疑問に立ち戻ってみたい。山城も惣構えをもつ城と同様に、最も得意とする戦闘の形態は籠城戦だった。敵の襲来に際し民衆は村の城や領主の城に上って避難した。ただし、山城の場合、そこに避難するかどうかは民衆の側に選択権が残されていたが、惣構えの城郭では民衆は当初から惣構えの中に取り込まれており、否応なしに籠城戦に巻き込まれたという違いがある。この差は大きいといえよう。

そのような違いがあるとはいえ、山城と惣構えをもつ城に共通して現われるのは、一般民衆を巻き込んだ籠城戦という徹底抗戦である。この両者の城郭破却の方針をとった徳川政権による城郭政策を確認する時、その核心には、単に城郭を壊すという目的だけではなく、一般民衆を巻き込んだ籠城戦を停止する戦略的意図があった、といえるのではないだろうか。

五　閉ざされた武士集団の空間—近世の居城—

徳川政権は慶長期の築城ラッシュに対して、山城を停止する方針をとった。また一方で、小田原城、大坂城と、惣構えをもつ城の堀を埋め、徹底的に城郭を平地化し、その非武装化を推し進めた。小田原城は徳川譜代家臣を総動員しての破却だったが、大坂城は諸大名を動員する「公儀普請」の一環として惣構えや二の丸を破却しており（大平二〇一五）、大坂城にとっては最も他律的な城割を強いられた。のちに福島正則が改易となった際の広島城の破却でも、外様大名の城郭でありながら公儀の軍隊によって破却が進められた。戦国期の城割の特徴が、敗者自らが象徴的に城を割る自律的な降参の作法であり、勝者が敗者のたたんでいない城を攻め取る際に徹底的に更地化して先住者・敵対者の念を封じ込める他律的城割がおこなわれることがあったが、徳川政権下では降参した場合でも自律的城割では不十分とし、徹底的に城の防衛機能を壊して平地化する他律的な破却を強制したのである。

このような近世的な城割が必要とされたのは、惣構えの手法による城が山城の機能を平地において極限的に発展させた城だったからだろう。小田原城、大坂城での籠城戦に明らかなように、惣構えをもつ城は籠城という戦闘をもっとも得意とした。また、広大な市街地を取り込んだ惣構えをもつ城郭で戦乱が生じると、一般民衆は否応なしに籠城戦に巻き込まれた。自身が巻き込まれ、負ければ掠奪が避けられない戦争に対して、民衆はただ何もせず、戦況の行く末を見ていたわけではなかった。自らの生命、家族、財産を守るために、自衛の手段を講じ、敵への抵抗をしたはずである。統一政権は、こうした民衆の潜在力に支えられた籠城戦という戦争の形態の停止を求めていた。これが、山城の停止、および惣構えをもつ城郭破却の共通の目的だった。

そのことを考えるうえで興味深いのは、慶長五年（一六〇〇）の関ヶ原合戦時において細川幽斎（忠興の父）が丹後田辺城に籠城した際の事例である（『綿考輯録』）。細川の主力部隊は、田辺城主の細川忠興とともに出陣中であった。七月十八日に石田三成派が丹波・但馬の兵を率いて田辺城に押し寄せるという情報を聞きつけた細川家中は、わずか五十騎ばかりの小勢で宮津・久美・嶺山の三城を持ち堪えるのは難しいと判断し、本城の田辺城に籠城することを決めた。隠居して宮津城にいた幽斎も、同城を自焼して田辺城に移った。久美・嶺山も同様に自焼し、田辺城に兵器などを移して籠城することになった。

その際に石田方の小野木重勝が丹後国中に廻文を出し、幽斎父子に加担する者がいれば、「天下治まりて後、在所を捜し、磔に掛へし」と命じたので、百姓たちはこの廻文を怖れて一人も嶺山城に集まらなかった。そのなかで、沢田次郎助は日頃から儒学の心得があり、百姓たちに憐憫を加えていたので、知行地網野の百姓たちは談合して「たとひ余手の憎ミを受、後日に殺害せらるゝとも、次郎助殿の御恩徳を、又いつの世に報ずべき、いざ嶺山の城に入て次郎助殿の奥方へ此度御奉公申さん」と決して、二十人ばかりが嶺山城に入り、次郎助の妻の一行を田辺城まで送り届けたという。

また、田辺城には、右のように留守の城に残る家中や妻子のみならず、細川氏の厚恩を日頃から受けていた桂林寺の大渓和尚も、城兵に加わるため僧十四、五人を引き連れて田辺城に入ったという。

こうして七月十八日から九月に至る籠城戦の末、十二日に和議の勅使が派遣され、協議の結果、田辺城を敵に引き渡すことをせず、勅使とともに調停役を務めた前田茂勝に引き渡すことにし、幽斎自身は茂勝の居城丹波亀山に移ることになった。出城にあたり、幽斎は城中の面々に言葉をかけ、銘々の屋敷に戻ってくつろぐことを許し、自焼などをした者には材木を与え、まず小屋掛けして過ごすようにと伝えた。

右のように、田辺城に籠城する際に、端城を預かる家中たちが自焼したうえで本城に入った。これに連動して領民が籠城戦に協力することが予測されたため、敵方は廻文を出して、領民が籠城戦に協力しないように対策をたてた。しかしながら、領主との関係を重んじる領民のなかには、敵の命令には従わず、領主側の籠城戦に協力する者も少なからずいたのである。

次の事例では、自ら籠城を願う民衆の姿を伝える。関ヶ原合戦で大坂方に付いて筑後柳川城に立て籠った立花宗茂は、加藤清正の説得を受けて柳川城を下城することを決した。その時の様子を『浅川聞書』は、次のように伝える（傍線は筆者補）。

瀬高門御出で遊され候処、田頭中に御領内の庄屋・百姓、百四五十人相控へ居り申し候、御通り遊され候道中に罷出で、いか様の儀御座候とも、御下城遊され候儀、御無用に存じ奉り候、筑後四郡の百姓共、今度の儀に御座候間、一命を差上げ申す事、侍中に少しも劣り申すまじく候、斯様に申上げ候事御承引なく、御出でなされ候とも、全く出し奉るまじく候と、声を揃へ申上げ候、殿様御馬を立てられ、申上ぐる処、思召し届けられ、御悦び思召し上げられ候、御領内の諸人の為めに、御開城なされ候、少しも替りたる事、あるまじく候、皆共心安く存じ候へと、御直に御意なされ候、百姓中声を上げ、泣き申し候、又御意なされ候は、左様に皆申す如くなされ候ては、御為めに宜しからず候間、皆共帰れ帰れと、仰下され候時、泣々御通路を立退き申し候、此時罷出で候大庄屋・小庄屋にかけ、六七人余、其外は常の百姓共、御城近き村々より、御下城の儀、聞付け、我先へ〳〵と参り集まりたる者共なり、後に奥州より御入部遊され候時、右罷出で候庄屋共、皆御尋ねなされ、生残り居り申し候には、銘々御詞下され候、

長い引用となったので要約すれば、立花宗茂が敗北を認めて柳川城を下城し、同城の外郭の出口である瀬高門を出ようとした。そこに、領内の大庄屋・庄屋・百姓たちが集まっており、宗茂の下城に反対し、百姓であろうと一命を差し上げて侍に負けない働きをすると訴え出た。言い換えれば、百姓たちは開城に反対し、自らも柳川城に籠城して最後まで戦うことを宗茂に請願した。しかし、宗茂は百姓たちに感謝をしつつも帰村をうながしたので、百姓たちは声をあげて泣きながら帰った。のちに陸奥棚倉から筑後柳川に国替えとなって宗茂が再入部した際には、その時の庄屋たちを尋ね出して銘々に詞をかけて感謝した、という内容である。

本史料は立花宗茂の家臣であった浅川伝右衛門安和が、宗茂の事績を中心に回顧したもので、主君宗茂の名将として姿を後世に伝えようとする意図がある。そのため、史実とは認めがたい側面もあるが、それゆえに逆に当時の城と領主と領民の関係の理想型が描かれているともいえる。

では、なぜ百姓たちは侍でもないのに籠城を主張したのか。もともと立花宗茂は豊後大友氏の配下で筑前立花山の城主であり、豊臣秀吉が九州を平定した天正十五年（一五八七）以降に柳川に新たに入部した。そのため、柳川在城はわずか十三年でしかない。同城は筑後の国人領主である蒲池氏が築いた城で、平城ではあったが、縦横無数の堀割に守られた天然の要害であり、「三年は落ちることはない」と評され、籠城戦を得意とする惣構えを備えた城であった。

その外郭の外側で待っていた百姓たちの真の要望は、戦勝者としての敵が領内に入り込み過酷な略奪が始まる前に、城内に立て籠ることにあったのではないだろうか。藤木久志は、百姓たちが、自身の生命、家族、財産を守るために、自ら山城や惣大な外郭をもつ領主の城に立て籠もり、あるいは村に自営の城を造って避難し、戦場の略奪から身を守り、したたかに生き抜いていたことを繰り返し指摘している（藤木二〇〇一、二〇〇六）。

『浅川聞書』は、百姓たちが領主立花宗茂のために柳川城に集まってきた面を強調するが、宗茂は領民たちに対して「領内の諸人のために開城するのであって、開城しても何の替わりもないので安心するように」（傍線部）と語った。つまり、開城が彼らの生命・財産を脅かす事態―領民に対する略奪―が引き起されないことを宗茂が保障しなければ、百姓たちは納得しなかったのである。その底流には、領域の城は領民の避難所としての役割があり、領主一人の判断で開城されるべきものではない、とする領民の強固な意識があったといえよう。

しかし、こうした城と領主と領民の関係は、近世になると大きく変化する。関ヶ原合戦後の論功行賞により国替えが進められたことにより、慶長期には築城ラッシュが始まった。そのなかで新しく土地を選定して建造された新城郭は、戦争を経験した城ではないから、先住者や戦死者の怨念を断ち切ることとは無関係に築城できた。選出された新城地には神社仏閣などの宗教施設が置かれていた場合も多い。こうした聖地と近世城郭との関係は改めて論じられるべきであるが（中澤一九九九）、ここでは問題を指摘するにとどめる。

また、領地変更は、新領主として入部した大名と民衆との関係も大きく変化させた。これも藤木久志が指摘したことだが、「領主は転勤族で頼りにならないが、自分たちは末代までこの地にいるものだ」という領民側の意識があり、領主の非法を武力行使ではなく上級権力である江戸幕府に上訴するようになったという（藤木二〇一〇）。

ただし、右の理解では、出訴できるのは江戸近郊の領民に限られることになり、それ以外の領民はどうしたのかということになる。遠隔地の江戸まで出訴するよりも、新領主に対して武力による実力行使—一揆—で訴える方が現実的であろう。

関ヶ原合戦後に常陸水戸より出羽秋田に入部した佐竹義宣は領内を巡検し、久保田神明山に新たな城を築く計画を立て、慶長九年（一六〇四）に久保田城に移った。久保田神明山は「山城にして平地より高き事八丈余」（約二百四十二メートル）の山であり、久保田城は「流を引て堀になし川を隔て市となす、其縄張規矩準縄にして暴を禦ぎ古今秀逸の名城とも言つべし」と説明されたように、天然の要害を利用した山城である（『国典類抄』）。

築城移徙の祝儀のため、端城の檜山城主である松野上総介が久保田城に赴いた。その際に、義宣は書院にて城郭構造上の問題点を尋ねた。すると、松野はどこにも難点はないとしながらも、次のような理由から御菜園畑の再検討を促した。

御籠城之時、忍を付申候ハ、、六ヶ敷可有之候、誰屋敷ニ被下可然、

つまり、籠城戦のときに御菜園畑に忍びが入り込むと難しくなるので、誰かの屋敷に下げ渡しては

どうか、という提案だった。その後、義宣が茂木喜白斎に右の件を尋ねると、これも同意見だった。さらに、六郷から父の義重が訪ねてきたので、右の次第を告げると、義重は家臣の屋敷とすることは「不要」と同意しながらも、その理由を次のように述べた。

　敵、院内を越え、仙乏(北)ニ而防兼而、御所野江敵之旗先見ハ、、義宣生害有て城に火をかくへし、所詮此城に人足多く費し普請ハ不入事也、無用に可被成由、

つまり、敵が院内を超えて仙北で防げず、御所野に敵の旗先が見える事態となれば、義宣が自害して城に火を懸ければよい、つまり自焼自害をすればよいだけなので、城普請のための労力をかける必要はない、とのことだった。ここには、戦国武将佐竹義重の城郭観がよく示されているといえよう。

これに対し義宣は父の意見を尤もとしながらも、次のような理由から城を堅固に普請すべきと答えた。

　常陸とハ相替候間、当国ニ而土民等一揆を起たる節之為ニ而候、自然他国江出馬之跡ニ而土民等一揆を発候ハ、、家中之妻子難儀可仕候、左候ハ、、供に召連候侍共迷惑ニ存候わん間、ケ様之時家中之侍之妻子等を籠置候わんために此城を堅固に普請申付たる、

要するに、旧領の常陸とは替わり、新領地での一揆対策のためだという。とくに、公儀の軍役賦課によって他出した留守中に、土民が一揆を起こす可能性があり、そうした際に家中の妻子等を籠城させる場所がなければ、同陣させた家中の者たちが困るので、その安心のために城を堅固に築くべきなのだ、という。

この両者のやりとりからわかることは、戦国時代を生き抜いた佐竹義重にとっては、「城を枕に討ち死にする」というように、城はもはやこれまでとみた時の死に場所であった。一方、これから近世大名として生きようとする佐竹義宣にとっては、城は留守中に残る家中や従軍した家中の妻子を籠城させる場所であった。もはや領民とともに籠城し、他者からの侵略を防ぐという、自力の拠点として城の役割は失われ、領民は城からまったく排除され、城は領主たる武士層だけのものに変化しているのである。

同様の考え方は、筑後久留米の大名有馬豊氏の六月十五日付書状でも確認できる（『福岡県史』久留米藩初期上六四、「有馬家文書」）。

> 追而其元城之儀、御そせう（訴訟）申上、普請申付候儀非別条候、万一重而一揆等発候儀在之時分、家来妻子取集可入置所無之候てハ、我人之ためいかゝ、下之気遣候てハ、自然不慮出来之時不任心底仕合可在候か、其時之ため如此候条、第一面々之ため、第二我等年寄今日をも不存命故、申付事ニ候間、面々之ためニさへ不苦候ハヽ、緩々と普請申付可然候、書中之趣人々ニ可被申談候、為其重而如此候、将亦銀子少宛にても集次第、蔵へ入置可然候、主水念を入被申付可然候、謹言、

有馬豊氏は寛永十九年（一六四二）九月三十日に没した。また、重ねて一揆が起こった場合というのが寛永十四年から翌年にかけての島原・天草一揆だと推定すれば、寛永十五年から同十九の間の発給ということになる。久留米城普請を必要とする理由は、一揆が起った際に家来や妻子を籠城させる場所がないと不安だからであり、そうであれば第一に普請を命じられた面々、即ち家中のためであり、

第二には豊氏が老齢であり、いつ死ぬかわからないため城普請を命じているので、もし家中が困らないようであれば、ゆっくりでよいので普請を命じるように、という趣旨であった。

つまり、戦国期に民衆の避難所であり、共闘の場として自力の拠点であった城は、徳川の平和のもとでは民衆と対決する場へと明らかに変化した。ここには戦国期の山城や惣構えに見られたような発想はなく、城は武士とその家族を保護するために堅固にすべき場所であった。東西の大名における共通した右のような認識を確認するならば、ここに閉ざされた武士集団の空間としての大名居城の成立をみてよいだろう。

おわりに

本章では、徳川の平和に到達するためには、戦国期以来の城郭観を大きく変更する必要があったという観点から、城割の変化をとらえてきた。ここで簡単にまとめておくと、次のようになる。

関ヶ原合戦後に実質的に天下を掌握した徳川政権のもとでの城割方針には、主に二つの動向があった。一つは山城をたたんで麓の平地に城を移し替える方針であり、また一つは惣構えをもつ城の非武装化を進めるために、二の丸以下の堀を埋めて平地化するという方針であった。とくに後者を本章では近世的城割の作法と名づけた。これは降参した場合であっても、城を徹底的かつ他律的に破壊するという城割の方法であり、これまでの中世的城割の作法からは隔絶するものであった。

また、徳川政権がとったこの二つの城割方針に共通するのは、籠城戦を停止させるという目的である。同じ籠城戦であっても、山城の場合はそこに籠城するかどうかは、民衆の側にある程度の選択権が残されていた。しかし、平地における山城の機能を備えた惣構えをもつ城では、あらかじめ民衆は惣構えのなかに取り込まれているから、侵攻してくる敵に対して武士たちとともに戦うことを余儀なくされた。こうした民衆の潜在的な軍事協力に支えられた籠城戦を可能とする城郭が存続する限り、徳川の平和が到来することは難しかった。徳川政権は、これら城郭の非武装化を進め、城と民衆の関係を断ち切ることが必要であり、二の丸以下の破却という城割方法を小田原城、大坂城と適用していった。ここで若干の展望を示すならば、この城割の方針はその後も幕府の城郭政策の基本方針として採用されるが、これが広く諸大名に受容されるためには、第四章で扱う、いわゆる「元和の一国一城令」の発令、第五章で扱う広島城の破却という歴史過程を経ねばならなかった。

なお、これら破城の結果、国持大名の領国において、籠城戦を可能とする城は大名の居城一つとなった。こうして平和で戦争のない時代における近世城郭は、大名とその上級家臣の居住する場所であり、その周辺に中・下級家臣の住む武家地、町人地、寺社地を設けて都市化が進み、在郷村落との分離がなされて城下町が形成され、民衆が城郭内に入ることは稀となった。そうなると、そこに入ってみたい、見てみたいとあこがれるのは、自然の感情だろう。

一領国一城のもとで城は領国のランドマーク化したという景観上の問題に加え、城に対するあこがれは、たとえば江戸町人が御謡初め（正月三日夜）、嘉祥御祝儀（六月十六日）、玄猪御祝儀（十月初の亥の日の夜）の三祝、および将軍宣下などの御大礼ののち臨時に挙行される江戸城での能を拝見するために登城を許されたり（小野・高柳一九六八）、博多町人が年に一度、新年祝賀のために福岡城内に入って松囃子を披露することを許されたり（佐々木一九九三）、近世中後期には在郷の富裕層に城内で藩主への目見えを許されたりするなどして、民衆が城郭内に入ることが特権化していく（松田二〇〇一）。つまり、城郭から排除された近世民衆にとっては、城に入り内部を見ることへの「あこがれ」があり（豊田一九五二、福田二〇一三）、逆に近世中後期になると権力側は城郭に入ることを特権として与えることで領民把握に利用したという精神構造の文脈のなかで、城をめぐる近世民衆の心を理解する必要があるかもしれない。ただし、それは城割が歴史上の役割を終え、新たな城郭の歴史が始まる段階に移ってからのことになる。

第四章　諸国城割令と一国一城

はじめに

中世史の藤木久志と伊藤正義が編者となった『城破《しろわ》りの考古学』が出版されたのは、二〇〇一年のことである。その背景には、一九九〇年代になり日本各地で城割の発掘事例が数多く報告され始めたことがあった。その蓄積に基づき、考古学・城郭史・文献史学の十七名の研究者が集まり、城割研究の展望を示すことになった。これは研究史上において画期的な企画だったとはいえ、同書の「まえがき」で城割研究を「ようやく立ち上がったばかりの赤子のような研究分野」と位置づけたように、当時は城割（「城破り」）という用語ですら十分に共有化された概念ではなかった。しかし、ここで「破城・破却の作法は、城郭の生命を断ち切り、領域全体の無事＝平和の回復を確定する神聖な手続き」であるという基本的な考え方が示されたことで、城割研究は新たな段階へと導かれることになった。

筆者も文献史学の立場から右の企画に参加し、「徳川の平和と城破り」という文章を寄せた。これは、戦国期の城割から「元和の一国一城令」の発布、さらに元和五年（一六一九）の安芸広島の大名福島正則の改易までを通観し、統一政権は民衆の潜在力に支えられた籠城戦という戦争の形態の停止を求めており、その具体的政策が山城の停止、および惣構えをもつ城郭の破却であり、その結果、自力の拠点だった城郭は、近世の居城—閉ざされた武士集団の空間—へと変化すると指摘した。

その後、城割の歴史にとって画期的政策となる「元和の一国一城令」については、その理解そのものを見直す必要があるのではないか、と痛感するようになった。そこで、本章ではまず「元和の一国一城令」の通説的理解を再検討したうえで、同令に基づいて実施された城割の状況を具体的に明らかにし、近世の城と城下町がどのように形づくられたのか、という点について改めて考えてみたい。

一 「元和の一国一城令」の再検討

1 三系統の奉書

慶長二十年（一六一五）五月に引き起こされた大坂夏の陣は、徳川方の勝利に終わった。徳川政権は大坂落人の探索を開始するとともに、天下太平を体現するべき政策として、諸国における大名の居城以外の城、つまり端城を破却するよう命じる奉書を発給した。これを「一国一城令」、あるいは「元和の一国一城令」と呼ぶことが定着している。

ただし、この法令を命じた奉書の発給日は閏六月十三日であり、慶長から元和への改元は七月十三日となるので、厳密には元和期の政策ではない。にもかかわらず、大坂夏の陣後に慶長から元和へと改元され、その前後から徳川政権が展開した一連の政策に位置づけられることから、江戸時代から

「元和元年」に「一国一城」が命じられたとする認識が広く定着していた。

ところが、よく調べてみると、元和元年当時にこの命令を「元和の一国一城令」と呼んだ例を確認できない。後年の編纂記録であれば、表2に示したような事例が確認できる。それも西日本に偏っているが、「天下」「天下一統」とあるように、天下（全国）に示された法令であるとの認識も示されている。

そのため、これが全国法令なのか、西日本を対象とした法令なのかは議論のあるところだが、国持大名に「一国一城」を命じたとする法令の趣旨に関しては、まったく疑念の余地がないものとされてきた。その点をまずは検討してみたい。

この法令は、幕府老中（年寄）連署奉書によって伝達された。いずれも閏六月十三日の日付で、差出は二代将軍徳川秀忠付の老中である酒井雅楽頭忠世・土井大炊助利勝・安藤対馬守重信の三名である。よって、実質的な命令は大御所徳川家康によるものだったにしても、表向きには将軍徳川秀忠による命令として伝達されたことになる。

文面からは、次の三系統の奉書が発給されたとするのが通説であった。以下に全文（読み下し文、

表2　記録のなかの「一国一城令」

出典	記事
毛利氏四代実録考証	元和元年国中御居城之外古城破却御奉書
別本吉川家譜	一国一城之外者城破却可仕旨天下依御掟

出典	記事
増補三原史稿	元和元年ニ至り一国一城の幕命に依り
福島太夫殿御事	とかく一国一城之外は堅法度被仰付に付
福山志料	一国一城の命ありて天守をおろし櫓をさけて平山城となりぬ
水野記	一国一城ノ御定ニナル時破レ申候
因幡民談	日本国中ノ大城一ツハ除キ、端々ノ小城ヲハ破却シ
因幡志	一国一城タルヘキトノ関東御下知ニ就テ
南路志	一国一城之御掟被仰出
綿考輯録	閏六月一国一城之御触
松井家譜	閏六月天下一統一国一城之御制法被仰出
南関紀聞	自将軍家一国一城被仰出し故、此城を毀捨しといふ
浄信興起録（肥後）	元和改元乙卯天下有一国一城之制法
小早川式部翁物語	一国一城に被仰付故、今は此城破壊して
黒田家譜	国持大名一城成へしと定給ふ
筑前国続風土記	元和元年一国一城の外ハ破却すへきよし
筑藩御年譜集要抄	閏六月十三日一国一城ニ被定、依之六ケ所端城皆被割崩
村用集（筑前国遠賀郡下上津役村）	夫より一国一城に成り城引ケたり
井上家譜（黒田）	今年関東より一国一城に限るべきとの台命あり
勝茂公譜考補	今年一国一城ノ外破却被仰付御奉書
日向記	今年国主領主ノ外城廃地被仰付
小笠原忠真一代覚書	天下一国一城と家康公より被仰出

御当家正伝記（小笠原）	天下一国一城と被仰出
島津国史	令天下一国止存一城、其余皆令毀之
旧伝集	一国に一城之外は、皆可割捨由被仰出

傍線筆者補）を掲示する。

【奉書1】「勝茂公譜考補」

一国一城の外、破却候様にと仰せ出され候、其の意を得らるるべく候也、

閏六月十三日　安藤対馬守

重信

土井大炊（助カ）頭

利勝

酒井雅楽頭

忠世

鍋島信濃守殿

【奉書2】「勝茂公譜考補」

急度申し入れ候、仍て貴殿御領分中、居城をば残し置かれ、其の外の城は悉く破却有るべきの旨
上意に候、右の通り諸国へ申し触れ候間、其の御心得を成さるべく候、恐々謹言、

閏六月十三日　安藤対馬守

土井大炊（助カ）頭
酒井雅楽頭
鍋島信濃守殿

【奉書3】『黒田家文書』二、四一号

以上、
急度申し入れ候、仍て貴殿御分国中、居城をば残し置かれ、其の外の城は悉く破却有るべきの旨
上意に候、右の通り諸国へ申し触れ候間、其の御心得を成さるべく候、恐々謹言、

壬六月十三日
安藤対馬守 重信（書判）
土井大炊助 利勝（書判）
酒井雅楽頭 忠世（書判）

黒田筑前守殿

【奉書1】と【奉書2】は肥前佐賀の国持大名である鍋島勝茂の事績を編纂した「勝茂公譜考補」に掲載の史料である。原文書は伝来せず、写しのみでしか確認できない。同書は、天保十年（一八三九）に十代藩主鍋島直正の命により編纂され、同十四年十月に完成した記録である。

一方、【奉書3】の奉書は、黒田・島津・毛利・山内といった西日本の国持大名家に原文書が伝来する。【奉書2】と【奉書3】はほぼ同文だが、【奉書2】で「貴殿御領分中」とあるところが【奉書3】では「貴殿御分国中」とあり（傍線部分）、追而書の「以上」を【奉書2】では欠くこと、および【奉書2】では土井利勝の官途を「大炊頭」と誤記している（正しくは、「大炊助」）が相違点である。なお、【奉書3】は原文書の写真が刊本で確認できる『黒田家文書』から示した。

【奉書2】と【奉書3】の違いについて、かつて筆者は「同じ家格の国持大名であっても、実際には一国規模を領有しない鍋島に対しては「領分」という用語が用いられ、それが一国を意味するものであることを示すために、鍋島氏に対しては【奉書1】が補足的に発給されたのではないか」という見解を示したことがある（福田一九九四）。

しかし、これらを再検討した花岡興史は、「一国一城令」以外に幕府老中が発給した奉書にみえる「領国」「分国」の使用例と照らし合わせると、「一国」をその所領支配の実態にあわせて「分国」と「領国」に書き分けたとするような明確な使い分けは読み取れず、奉書文言の違いは「単に右筆の違いによる可能性」があるとし、これまで三系統あるとしてきた説に大きな疑義を示された（花岡二〇一三）。この指摘を受け、筆者も【奉書2】と【奉書3】に本質的な差はなく、同系統の文書であると修正したい。

2　【奉書1】は偽文書か？

右の修正を受け、改めて史料を吟味すると、ある致命的な問題に気づいた。結論を先にいえば、【奉書1】は偽文書ではないか、と思えてきたのである。なぜ今までそれを見逃したのかと反省するが、「一国一城」と明記した【奉書1】こそが、この城郭政策の意図を簡潔かつ集約的に示した奉書に間違いないという強い先入観にとらわれていたように思う。

それでは、どこに疑念があるのかといえば、まず【奉書1】から【奉書3】は同日付で発給された同一発給人（幕府老中）による連署奉書である。にもかかわらず、【奉書1】の書止め文言は「候也」という、もっとも薄礼の「也」止めを用いる。これに対し、【奉書2】と【奉書3】は「恐々謹言」の書状形式であり、「也」止めよりも厚礼の書札礼を用いる、という明らかな違いがある。

将軍が直接発給する文書を直状といい、据えた判の種別によって書判状・朱印状・黒印状とも称され、書判→朱印→黒印の順に厚礼から薄礼となり、発給者である将軍と受給者との関係によって書札礼が変更される。また、三位以上の高い官位の者に対しては、書止め文言に「謹言」を用いることもあったが、国持大名の鍋島の家格では「也」止めが用いられた。

一方、奉書とは、上位者（主人）の意思を奉《うけたまわ》って下位者（従者）が発給した文書のことをいう。よって、将軍の意思を奉って老中が発給する文書が老中奉書であり、単名であれば江戸幕府老中奉書、連名であれば江戸幕府老中連署奉書となる。将軍の意思に基づく命令なので、これは法令とみなされ、「御触状」とも称された。この時期に国持大名宛の老中奉書に用いられた書止め文言は「恐々謹言」

である。「也」止めは将軍が直接発給する直状形式に用いられる薄礼の書札礼なので、【奉書1】に書札礼上の不備があることが明らかとなる。

また、「勝茂公譜考補」の編者は、「今年、一国一城ノ外破却被仰付、御奉書ニ云」と説明したあと、【奉書1】と【奉書2】を掲げているが、実際の原文書（「御奉書」）をみて転写した記事であれば、このような誤記が生じるはずはない。また、差出の土井利勝が「大炊助」から「大炊頭」へ官途を昇進させるのは元和九年七月であるから、慶長二十年（元和元年）では「大炊助」でなければならない。このことも、原文書を直接みて厳密に書写したものではないことの傍証の一つとなる。要するに、【奉書1】が将軍の判が捺された直状であれば書札礼上での問題はないが、老中連署奉書として「也」止めの直状形式の文書が発給されることには、書札礼上の疑念が生じざるをえないのである。

つまり、【奉書1】は、後年になり【奉書2】の政策意図が「一国一城令」であったことを明文化するために創作された偽文書である可能性が高い。【奉書1】の存在は近世後期の編纂記録である「勝茂公譜考補」のみでしか確認できない点からしても、それを疑わざるをえない。今後、【奉書1】系の原文書、もしくは鍋島家以外での文書の写し、あるいは「一国一城」を命じた将軍直状等の発給を裏づける一次記録などが発見されない限り、【奉書1】が慶長二十年当時に江戸幕府老中によって発給された正式の文書、すなわち正文であると位置づけることは難しい。

以上から、後年に「元和の一国一城令」と呼ばれる城割政策は、一系統の老中連署奉書で伝達された。かつ、その奉書文言には「一国一城」という明確な指示はなく、「大名の居城のみを残し、その他の城を破却すべきであるとの上意（将軍の意向）が諸国に触れられたので心得るように」という簡単な内容を記すのみだった点を再確認したい。それゆえ、閏六月十三日付老中連署奉書を「一国一城令」と称するのは適切ではないし、そのように称することで当時の政策意図が初めから「一国一城」を命じるものであったかのような論調に陥らせることには慎重であるべきだろう。

そこで、奉書を受け取った大名の認識を探ってみると、閏六月二十九日に豊前中津で奉書を受領した細川忠興が次のように書状に記していた（『細川家史料』一―一〇三）。

一、諸国城割之御触状、今日廿九到来候、即門司之城、今日ゟわらせ申候、残城々使之参著次第わり候へとかたく申付遣候、此由御奉行衆・金地院（崇伝）・上州（本多正純）へ可被申事、

このように、奉書は「諸国城割之御触状」と呼ばれた。この認識が、当時の徳川政権による政策意図をもっとも的確に表現しているのではなかろうか。そこで、以下では閏六月十三日付老中連署奉書を「一国一城令」ではなく「諸国城割令」と呼び、改めてその伝達方法や政策意図などを検討することにしたい。

二　諸国城割令の伝達方法

1　奉書による伝達と口頭伝達

大坂夏の陣の終結後、京都に移った大御所家康・将軍秀忠のもとで戦後処理が進むなか、筑前福岡

の国持大名黒田長政はいち早く帰国した。慶長二十年（一六一五）閏六月九日に領内の津屋崎（神《こうの》湊《みなと》）に到着し、翌十日に居城の福岡城に入った（『福岡県史』福岡藩上七四一）。休む間もなく、同日付で領内の六端城（若松・黒崎・鷹取・大隈・小石原・左右良《までら》）の一つ、嘉摩郡大隈（「小隈」）城主の毛利左近友生に書状を送り、大隈城の破却を命じた（『福岡県史』福岡藩下一三五二）。

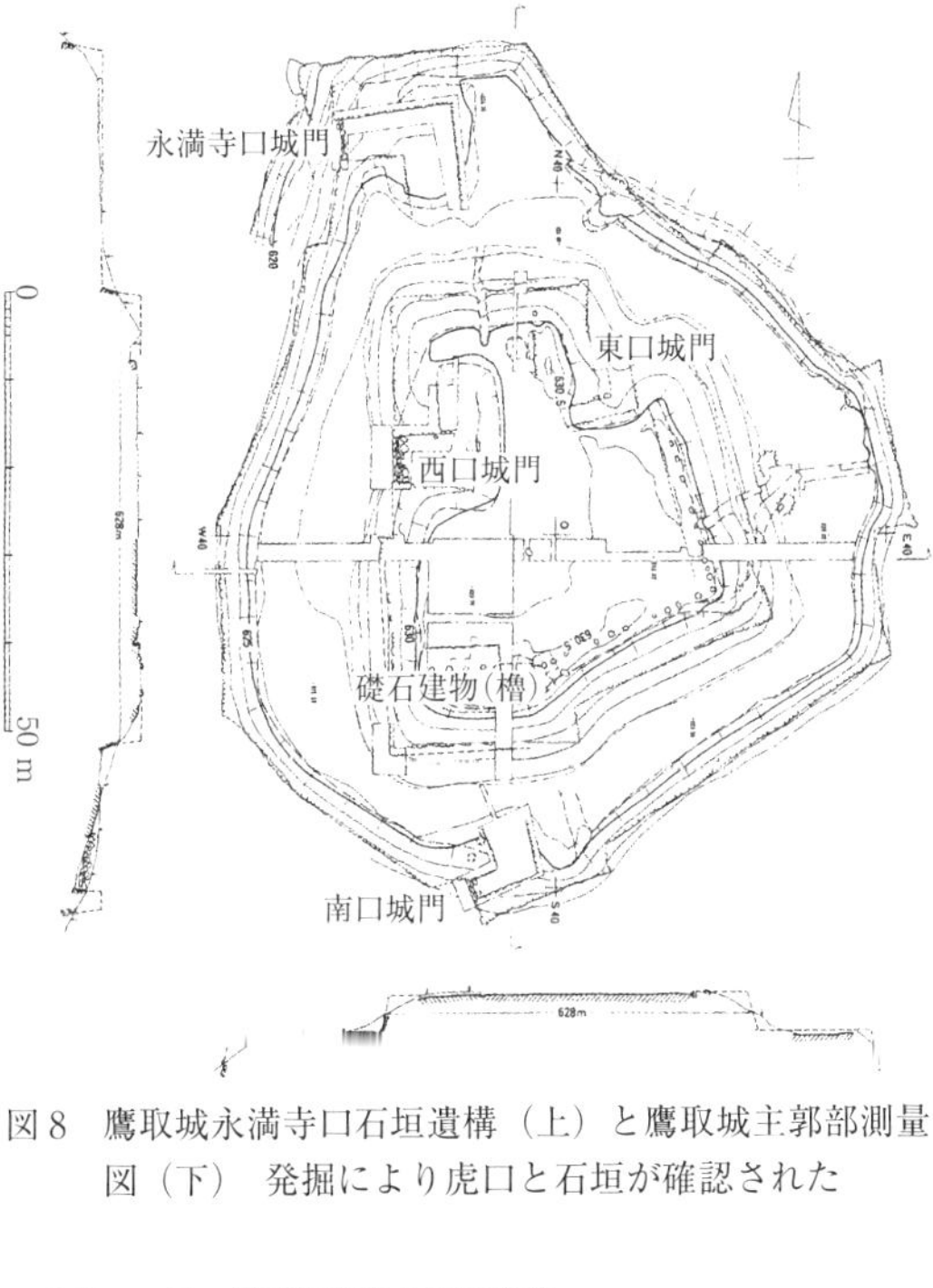

図8　鷹取城永満寺口石垣遺構（上）と鷹取城主郭部測量図（下）　発掘により虎口と石垣が確認された

我等事今日令帰城候、然は小隈之城割申儀ニ候、於様子は大学頭・伊兵衛両人に申聞せ候、城に有之矢蔵并倉之差図仕、可越候也、

右によれば、城割の具体的な様子は使者の二人（野村大学頭祐直・鷹野伊兵衛）に言い含めており、城にある矢倉や倉の「差図」を作って福岡城に届けるように、という内容である。その他の端城についての指示は文書では確認できないものの、長政は諸国城割を命じる奉書の発給日（閏六月十三日）より前に、端城破却の命令を領内の一端城に向けて命じていたことが明らかとなる。

こののち福岡には閏六月十三日付の【奉書3】が、閏六月二十七日に到来した。二日後の閏六月二十九日付で長政が酒井忠世・土井利勝・安藤重信に宛てた請状には、次のように記された（読み下し文、『黒田家文書』二）。

去る十三日の御奉書、同廿七日に拝見致し候、然は領内居城迄を残し置かれ、相残る城々は悉く破却仕るべきの由、その旨を存じ候、御触状以前頓に申し付け、御注進申し上げ候、少しも由断に存ぜず候、恐惶謹言、

つまり、閏六月十三日付の「御奉書」を二十七日に拝見し、領内は居城のみを残して置き、他の城々は全て破却する由との旨を承知しているので、「御触状」が到来する以前に命じたことを報告（「御注進」）する、少しも油断には存じてはいないと、将軍からの命令に迅速・厳重な対応をすでにとっていることを伝えた。

＊花岡興史は、黒田長政の請状にある「御奉書」と「御触状」を別のものとみなし、前者の発給主体を将軍秀忠、後者の発給主体を大御所家康とする解釈を新たに示した（花岡二〇一三）。しかし、大坂夏の陣後に武家に対する将軍秀忠の軍事的指揮権を確立しようと目論む幕府の立場として、それを曖昧にさせるような奉書の発給形式を踏む必然性を見出しにくい。何より、そのことを命じる家康の直状や奉書の存在は未見である。ゆえに、筆者は「御奉書」と「御触状」は同じものであり、【奉書3】を指すとする見解をとる。

この請状は、閏六月十三日付の【奉書3】の原文書の余白に記されているから、「去る十三日の御奉書」とは【奉書3】を指すことは明らかである。しかし、既述のように【奉書3】には城割方法に関する具体的な指示はない。かつ、奉書の到来前に長政が端城の破却を命じた事実などから、諸国城割令を上意として伝達する方法には、口頭（無文書）による内意伝達と奉書（文書）による正式伝達の二つの方法があったことがわかる。

なお、花岡興史はこの二つに加え、第三の方法として「外聞」があったのではないか、と指摘した（花岡二〇一三）。確かに、出羽秋田の大名佐竹氏は諸国城割令が命じられる一か月前に、「諸国残り無く城わらせらるべきよし」との風聞を伝える書状を六月十三日付で国許に送っている（長谷川一九九八）。これは佐竹のような東国大名のみではなく、西国大名も同様であった。

在京中であった豊前中津の細川忠興は、六月十一日付の書状で国許の家中に次のような情報を伝えた（『綿考輯録』）。

一、諸国之絵図被召上候、上様御城々、又御譜代衆之城計被成御残、其外日本国之城一ツも不残

可被成御割とも申候、又依所ニぬしニより一ツ、ハ被成御残共申候、又かいむく（皆目）雑説も不知候事、

細川忠興は、佐竹が得た情報よりさらに厳しい内容を伝えている。即ち、諸国絵図が徴収されるとともに、将軍とその直臣である譜代衆の城ばかりを残し、その他で日本国中の全ての城を割ることになりそうであり、場所あるいは人物により一つずつは残されるかもしれないが、全て「雑説」なのでわからないと伝えた。このように、京都での不確かな「雑説」に右往左往する大名たちの姿がかいまみえる。

そのため、花岡が指摘するように、右のような状況が諸大名の動向に影響を与えた可能性は十分にある。ただし、将軍・幕府を主語とした場合の伝達方法は、口頭と奉書の二方法であったと限定的に考えたい。というのも、徳川政権が「外聞」を用いて情報操作をせねばならない必然性が見いだせないからである。徳川政権にとっては、不確かな情報を流すよりは、むしろ確かな情報を伝えることで、諸国城割令の徹底化につなげることこそが喫緊の政治課題だった。

2　いつ伝達されたのか

さまざまな雑説が飛び交う状況のなかで、黒田長政は京都を離れた。にもかかわらず、閏六月九日に帰国すると、すぐさまこの問題に対応し、端城破却を開始した。その後、諸国城割を命じる奉書を受け取ると、それ以前にすでに城割を開始したことを幕府老中に返答し、徳川政権が新たに示した城

郭観に恭順する姿勢を示した。長政のこの迅速な対応が、京都での雑説に過敏に反応したことによる可能性がないわけではないが、後年の編纂記録ながら福岡藩中老家の年譜には、「但、去閏六月長政公京都御滞留之内、御国中御本城之外、端城者破壊候様、将軍家より被蒙仰、此節破壊被仰付候」とあり（「久野家年譜」）、長政は在京中に将軍秀忠より端城破却の命を受けていたとしている。長政は日頃から幕府老中や旗本を通じて幕府の機密情報を得ることを得意としていたので、個別に内意を得て帰国していたものとしておく。

　同じく在京中であった細川忠興は、嫡子忠利の上京を受け、これと入れ替わりに閏六月四日に帰国の暇を将軍秀忠から与えられ、二十五日までには中津に帰国した。そして、諸国城割を命じる触状（閏六月十三日付奉書）を二十九日に受け取り、即日、門司の城割に取り掛かった。残る城は詳細を伝える使者が到着次第に割るつもりであるとしながら、忠興は中津城存続のための幕閣工作を開始する。結果は、中津城はそのまま存置してよいとの許可を得ることに成功した。細川の場合は、京都で城割の情報を得ていながら、奉書到来まで城割の実行は留保されていたことになる。

　それでは、在京中の諸大名には、いつどのようにして諸国城割令が伝達されたのだろうか。まず、大坂夏の陣後に上方滞在を続けた肥前佐賀の大名鍋島勝茂が、国許にいる家臣の鍋島生三に対して一連の書状を送っているので、以下に検討してみたい。

【史料1】　鍋島勝茂書状（「坊所鍋島家文書」三七八）

□□（一書カ）中遣候、仍其元へ□医師無之ニ付而、竹庵早々被罷下候様ニと申候へ共、此中煩散々ニ候て、其上眼気被相煩候故、何共当時難成之由候、就其、中庵と申医師、道三以指図、一両年雇申候て差下候、宿等之儀、念を入可被申付候、此中庵儀おもてかたの医師ニ候て先召置候、竹庵事ハ子共煩なとの時のためニ拘置申候、其心得尤候、扶持方之儀、様子石清五左衛門尉・中忠兵衛より可申遣候間、不能書載候、何も重而可申候、恐々謹言、

信濃守

（慶長二十年）閏六月五日　勝茂（花押）

生三　まいる

【史料2】　鍋島勝茂覚書（「坊所鍋島家文書」三七九）

覚

一、唐津よりの牢人之儀、寺志（寺沢広高）より此比我等所へ被申届候、早々唐津へ被相渡、墨付を取候て可被置事、

一、当年家中よりの返銀之儀、長門（安順）・主殿（茂綱）可被申候事、

一、今度一通り之兵粮船賃等之儀、可相究由、石大炊・同次右衛門尉へ能々可被申付事、

一、三四年之算用、我等下着候は、追付可承之間、早々相究可召置之由、土肥勘解由・鍋平右衛門尉・東彦兵衛へ可被申付候、定而於江戸・駿府・天満、可聞合儀共も可有之候条、我等下着前ニさ様之所を早々申上せ、すき〳〵と問究可召置候、爰元にてハ中野忠兵衛ニ聞合せ候様ニと申付事ニ候、

一、昨朝本佐州《本多正信》へ遂御閑談候、去年今年西国衆辛労被申候間、御普請なども一両年は有之間敷由候事、

壬六月十二日　信濃守（花押）

右近殿《諫早直孝》
下総殿《須古信昭》
生三　まいる

【史料3】　鍋島勝茂書状（「坊所鍋島家文書」三八〇）

一書申遣候、新左衛門尉煩之儀、此中無心元存候処、無本復、終死去申之由、此比承付、不及是非儀、可申様無之候、其方愁歎令推察候、謹言、

壬六月十二日　勝茂（花押）

信濃守

生三　進之候

発給者の鍋島勝茂は、文禄四年（一五九五）に信濃守に叙任し、明暦三年（一六五七）三月二十四日に没した。その間に閏六月がある年は、慶長二十年（一六一五）と承応二年（一六五三）だけであり、【史料2】にある本多正信の没年（一六一六年六月七日）や【史料3】の鍋島新左衛門尉種巻（生三の実兄）の死亡記事があることから、【史料2】【史料3】は慶長二十年の発給と確定できる。【史料1】は年次を特定できる内容はないが、【史料2】【史料3】と一連のものとみなされるので、慶長

二十年の発給となる。宛所の生三は、勝茂の祖々父鍋島清久の長男清泰の子清虎の三男で、肥前東部に位置する神埼郡の旧族・姉川氏の養子となり、慶長・元和期に鍋島直茂・勝茂父子のもとで側近政治を展開した人物である。諫早直孝・須古信昭は、龍造寺一門になる（高野一九九七）。

【史料2】と【史料3】は閏六月十二日付である。それより七日早い閏六月五日付の書状が【史料1】になる。【史料1】では京都で雇った医師を国許に下す件が伝えられており、諸国城破令に関する情報は記されていないことをまずは確認したい。

【史料2】の第一条では唐津牢人を寺沢氏（肥前唐津十二万三千石）に引き渡すこと、第二条では当年家中よりの返銀の件、第三条では兵粮船賃の取り決め、第四条では三〜四年の算用の究明を伝えたあと、第五条では昨朝（十一日）に本多正信と閑談し、去年・今年と西国衆が「辛労」（おそらく大坂冬・夏の両陣への参加のため）なので、普請などは一〜二年は課せられない、との情報を伝えた。以上、いずれの箇条にも、諸国城割令に関する情報は記されていない。とくに秀忠付年寄の本多正信に接触して得た情報が、「公儀普請の当面延期」のみであった点は注目される。

【史料3】は鍋島種巻が病死したことについて、生三への悔やみ状である。諸国城割令はこの書状の翌日付で発給されるが、それにふれるところがない。悔やみ状という性格により、それとは関係ない記述を控えた可能性がないとは言い切れないが、次の【史料4】をみると、勝茂はやはりこの段階では諸国城割令の情報を得ていなかった可能性が格段と高くなる。

【史料4】　鍋島勝茂書状（「坊所鍋島家文書」三八一）

急度申遣候、居城之外之城々、平地ニ引可申之由、御触ニ候間、様子承合、重而可申遣候、さ候ハヽ、蓮池之天守・矢蔵・屛其外倉家、皆々佐賀本丸二の丸ニ作可申候間、我等下迄ハ先其分ニ候て、立ながら可召置候、あひ〳〵の土手計、堀ニ引埋可申候、於様子は重而可申遣候へ共、為心持、先申遣候、謹言、

後六月廿日　　勝茂（花押）

生三　　まいる

【史料4】の現代語訳を示すと、次のようになる。

厳重に申し遣わします。居城の外の城々は、平地に引くべきとの御触ですので、様子をよく承り合わせて、重ねて申し遣わします。そうであれば、蓮池の天守・矢倉・屛、その他の倉や家は全て、佐賀本丸・二の丸に作りますので、私が帰国するまでは、まずそのままにしておき、立てたままにして置きなさい。相合の土手ばかりを（崩して）堀を引き埋めること。（具体的な）様子は重ねて申し遣わしますが、心持ちのためにまずは申し遣わします。謹言。

諸国城割令の奉書発給日である閏六月十三日から七日を経て、勝茂はようやく「居城の外の城々」の破却を命じる書状を国許に向けて発給した。この書状からは幕府が意図する城割とは、「居城の外の城々」、すなわち端城を「平地に引く」という内容だったという重要な事実が判明する。諸国城割令の必要十分条件は、端城の破却＝「平地に引く」ことであった。加えて、天守・矢倉・塀・倉・家などの建造物は、将来的には崩して佐賀城本丸・二の丸に移築して更地化することが予定されていた。

つまり、たたむ予定であったが、当面の破却対象は、土手・堀といった城郭の防御施設であったこと、その一方で石垣を崩すことは明確に指示されていない点も重要だろう。ただし、「平地に引く」というだけでは具体的な破却の様子が不明なので、情報をさらに収集して後日伝達するとした。

【史料5】　鍋島勝茂書状（「坊所鍋島家文書」三八三）

猶以、新庄居屋敷立之儀相やめ候段、吉五郎左衛門尉へ可被申聞候、已上、

一書啓候、

一、城わり之儀、弥以御議定候付而、手前城共、悉早々わり候様ニと加州へ申上候、右近・下総談合候て、急度可申付候、城々崩候手間之儀、長門ゟ可被申越候、然は蓮池も城わり候て可然候、さ候ハヽ、天守・矢蔵・家・へい、何も佐賀本丸・二之丸へ作可申候間、材木幷かハらの一ツも不取失様ニ、一所ニ小屋を作、入置可申候、何も道具そこねさる様ニ念を入可申候、

一、先書度々新庄甘所之儀、先以居屋敷立、早々可申付由申遣候へ共、心持共候間、たとひ仕懸候共、聢相止可申候、

一、今月一日、二条於　御城、将軍様(秀忠)被成　御成、御能御座候、我等儀も各同前ニ登城候て見物申候、七夕ニも伏見於　御城、御能在之儀ニ候、さ候て、何も御暇出候ハんかと取沙汰共候、

一、御両殿様(家康・秀忠)還御之儀、盆前ハ相延たる由候、御下向時分いまたいつ共不相知由候、猶重而可申遣候間、不具候、謹言、

七月三日　　勝茂（花押）

生三　進之候

【史料5】の第一条では、城割が決定したので領内の城を全て早々に破却するようにと父直茂（「加州」＝加賀守）に告げたこと、諫早直孝（「右近」）・須古信昭（「下総」）と談合して厳重に命じること、城々を崩す手間（時間）については多久安順（「長門」）を通じて報告させることとしているので、諫早城・須古城・多久城の城割が進められたのだろう。いずれも山城ないし平山城である。

蓮池城は【史料4】での指示が再確認され、「天守・矢倉・家・へい」はいずれも佐賀城の本丸・二の丸に運んで建てることを命じ、材木や瓦の一つであっても散逸することのないように、一か所に小屋を作って入れておき、道具も損ねないようにとしている。

なお、第三条では、七月一日に家康がいる二条城を秀忠が訪ね、能が催され、勝茂も登城して見物し、来る七月七日（七夕）には伏見城において能興行があり、そのあと帰国が許されるのではないか、としている。第四条では、家康・秀忠が帰国する時期は決定していない旨を伝えている。この様子からすれば、居城以外の城、つまり端城を破却する命令は、将軍秀忠、あるいは大御所家康が、諸大名を一同に集めて厳命するという伝達法式がとられた気配はない。やはり奉書とそれを補う口頭伝達により上意（将軍の意向）が示されたものとみられる。

以上から、遅くとも閏六月二十日までに鍋島氏のもとに端城破却を命じる触状（幕府老中連署奉書）が届けられ、その情報を国許に知らせたが、さらに具体的な情報を得た七月三日になって再度の指示を国許に与えたという経緯が明らかとなった。

こうした経緯があったことは、同じく在府中であった備前岡山の国持大名池田利隆の書状でも確認できる。

【史料6】　池田利隆自筆書状（備前池田家文庫）

尚々、今日二条へ御礼ニ罷出、其より伏見へ参可然由、御所様（家康）被申候間、其分ニ可致と存候、我等ハ淡路一ヶ国かぞう取ニと存事候、

書状令披見候、小物成之銀子、大かたあつまり候由、一段之事ニ候、縫所（香西縫殿）へ遣可申由、可被申渡候、

一、若狭（菅）代官所しほはまのうん上、則小物成へ奉行ニあいあらため候様ニ仰候、

一、三郡之儀、昨日二条ニて被仰出候、松千代（輝澄）・岩松（政綱）・古七（輝興）ニ遣、右両人之者も播州ニおき候へと御諚ニて候、外聞一段ニて満足候、

一、其元ニかふき者有之由、今程之ものニて候間、同様ニ候ハんと存事候、急度可申遣候、右三人之者へ、宮内（忠雄）淡路ニての侍共、知行高ほと人をつけ候て遣候へと被仰出候、三万弐千石ニて候、宮内ニハ備中にて三万五千石被下候、国々の城共、多分わり候様ニ申候、居城も大りやく（略）わり候様ニ申候、いまた御ふれハ無之候、猶追而可申候、謹言、

後六月九日　武蔵（池田利隆）

養元（横井）　まいる

第一条では塩運上の改め、第二条では昨日二条城において利隆の弟三人（池田輝澄・同政綱・同輝

興）に家康から三郡を与えられた件、第三条では国許のかぶき者の取扱いを指示するとともに、弟三人の家臣団形成、および城割の情報を伝えている。

池田家では慶長十八年（一六一三）に池田輝政が没すると、遺領は長男利隆が播磨十三郡四十二万石、次男忠継が備前一国および播磨三郡の都合三十八万石、三男忠雄（宮内）が淡路六万三千石を領していたが、慶長二十年二月二十三日に忠継が没した結果、三男忠雄が兄忠継の家督を継ぐことになり、淡路から岡山に入封した。弟の松千代（輝政四男輝澄）は播磨国宍粟郡内三万八千石を与えられ、従五位下石見守に叙任され、以後は山崎を居城とし、岩松（同五男政綱）は同国赤穂郡三万五千石を領し、古七郎（同六男輝興）は同国佐用郡二万五千石を与えられた。よって、播磨（「播州」）に置くように命じられた「両人之者」とは、岩松・古七郎だろう。

また、この三人の者へ、忠雄が淡路で抱えていた侍のなかから知行高三万二千石ほどの人を付けて遣わすよう指示され、忠雄には備中で三万五千石が与えられるということであった。これらの指示は、尚々書に「今日二条へ御礼に罷出」とあるように、実際には二条城にいる家康の指示でなされたことがわかる。しかし、家康は秀忠がいる伏見城にも出向くように指示していることから、家康としては秀忠に領知宛行権を委譲しようとしていた意図がよく読み取れる。

以上のような領地替えを前提に、領国支配を進める必要のあった池田利隆が入手した情報は、「国々の城共は、多分わることになり、居城も大略はわることになりそうだが、いまだ御触はない」というものであった。日付は閏六月九日だから、奉書発給日の四日前となる。この段階で、池田家は城割の風聞を得ていたが、その上意を伝える奉書（御触）やその内意（口頭伝達）を得ていなかったことが明らかとなる。

既述のように、城割については、前月の六月段階ですでに風聞がたち、将軍と譜代衆の城のみが残され、日本国中の城は一つも残らず破却されるが、人によって一つは城が残されるかもしれない、という情報が出回っていた。右の池田利[redacted]書状からは、いまだにそのような風聞状態にあったことが確認できる。これを鍋島氏の動向と重ねあ[redacted]せれば、閏六月九日から閏六月二十日までの間に閏六月十三日付の奉書が発給されて届けられ、「居[redacted]外の城々、平地に引き申すべきの由」と伝達されたところまでは確定してよいだろう。

一方、既述のように、筑前福岡に在国中の黒田[redacted]政が閏六月二十七日に閏六月十三日付の奉書を福岡で受け取り、閏六月二十九日付で幕府老中三名に[redacted]てて返信した。同様に豊前中津に在国中の細川忠興は、「諸国城割之御触状」を閏六月二十九日に受け[redacted]り、翌日から門司の城をわらせ、残る城々は使者が参着次第にわるようにと厳命した。これらのこ[redacted]からすれば、奉書はまず飛脚便で届けられ、それを追うように詳細を含められた使者が国許に向かった[redacted]えるのが妥当だろう。

3　伝達の対象と政策意図

「一国一城令」を分析した高柳光寿は、その伝達範囲は畿内・山[redacted]・山陰・南海・西海の西半の外様大名に限られたもので、出羽・陸奥を対象外としたのは秀吉の奥羽[redacted]にあたって城郭破却がなされていたからと説明した（高柳一九二二）。しかし、秀吉は九州征討でも城割を推進しているので、別の理由を考える必要があろう。おそらく、西国の城郭が豊臣系城郭プランに従った桝形虎口、堅牢な高石垣、惣構えをもつのに対し、東国の城郭は土塁中心であったことや、島津氏領国内の外城制が黙

図9　久保田城（佐竹氏）の大手門付近
土手のみで高石垣は築かれていない

図10　福岡城（黒田氏）の大手門にあたる上ノ橋付近の高石垣

認された理由などが考慮される（原口一九八六、高橋一九九四）。なお、実際にどの範囲で城割がなされたのかという点については、白峰旬による詳細な検討がある（白峰一九九五）。

諸国城割令の適用範囲を裏づける史料としては、細川氏の編纂記録『綿考輯録』がよく引用される。これには、「両将軍御下知に諸大名居城の外、ことごとく破却すべし、但し、出羽奥州両城の脇城計そのまゝ差し置くべきとて、当年より三年に一度づつ御目付下さるべきとの事、是は政道の理非を計らさるべき為と也」（読み下し文）とある。出羽・陸奥の二国は諸国城割令の適用を除外され、三年に一度ずつ目付の派遣が予定されていたと記される。

実際に出羽山形の国持大名最上氏の領内には、多くの「城地」があった。元和八年（一六二二）に家中騒動の結果、最上氏は改易となるが、その時点で二十一の脇城が接収された。そのうち、鶴岡城は酒井忠勝十四万石、新庄城は戸沢政盛六万八千石余、本庄城は六郷政景二万石、上山城は松平重忠四万石の居城として与えられ、残る城は破却された（福田一九九二）。陸奥仙台の国持大名伊達氏の場合は、端城として白石城のみを残し、後は「要害」「所」「在所」などと呼んで区別していたが、実質的には城郭の機能をもち、「伊達四十八館」と呼ばれていた。出羽米沢の国持大名上杉氏は、元禄五年（一六九二）二月から支城を「役屋」、城代を「役屋将」と呼ぶようになったという（藩政史研究会編一九六三）。

ただし、長谷川成一は、慶長二十年（一六一五）六月十三日に出羽秋田の国持大名佐竹義宣が国許の家老梅津政景に宛てた書状から、大坂夏の陣後の幕府の政策意図は、①全国的な「城破り」の実施、

②全国的な鉄炮の徴収と鉄炮鍛冶の徹底的な把握と統制、③全国的な国絵図の徴収、の三つにあったという重要な指摘をしている。さらに、佐竹氏や伊達氏の例から、東北地方も「一国一城令」の影響にあったとしている（長谷川一九九三）。

ここで改めて確認しておこう。諸国城割令は、一国に一城を命じることが目的の法令ではなかった。かつ、西国でも、東国でもなく、諸国の城を破却することを命じるものであった。さらに、一斉に命じられたのではなく、個別の大名に対して老中連署奉書で伝達された。これを現実的に考えれば、まずは高石垣や惣構えをもつ織豊系城郭が点在する西国の国持大名を対象に奉書が発給され、状況によっては東国にも拡大して順次命じられる予定だったとするのが妥当だろう。東国の大名家に対する奉書発給が確認されないこと、さまざまな記録などにおいて東国の大名に諸国城割令が触れられたと記すものがない状況も、この考えの妥当性を裏づけている。

当初は「上様・譜代衆の城の外―大名の居城以下」を破却する強硬策も想定されていたようだが、一か月以上の時間をかけて出された結論は「大名の居城の外」の破却であった。「居城の外」とは端城・古城を含むと考えられるが、実際の城割の現場においては、緊急性のある端城統制として受け止められて端城の破却が進められた。端城の破却により、今後統制の対象とすべき城郭は居城と古城に整理されたことになる。

なお、居城が破却の対象外となったことは、徳川政権に諸国城割令とは別の居城統制の方策を必要とした。これが武家諸法度第六条における居城の普請許可制へとつながってゆく。

三　諸国城割の実施状況

「一国一城令」の意義について、藤井譲治は次の三点を指摘した（藤井一九九二）。

①　秀忠の軍事権拡大、

②　諸大名の軍事力削減、

③　②の結果として、大名家臣が城郭をもつことを排除された。

軍事力の面からみれば、大名に自律的な城郭の運営を許さず、有無も言わさぬ端城破却の命令を諸大名とその家中に受容させたことで、将軍秀忠の権限は圧倒的な軍事的優位の立場へと拡大した。それと裏腹な関係で諸大名の軍事力の削減を図る必要があり、大名家臣の端城破却へと向かったという因果関係の整理は、これを「一国一城令」と呼べるのかという問題は措くとして、諸国城割令に込められた徳川政権の意図を簡潔に説明している。

他方、この問題は家格制の整備とも強く結びついていた。諸国城割令により大名の居城のみが残されたことは、寛永十二年（一六三五）の武家諸法度における国主・領主・城主といった大名家格制を準備することになった（加藤一九六九）。諸国城割令後に創出された支藩や旗本の居所は「陣屋」とされ、居城とは明確に区別された。こうした家格制の整備は、大名間の序列化だけにとどまらなかった。豊前小倉細川氏の端城の一つ、木付（杵築）城主で筆頭家老の長岡（松井）興長は、諸国城割令後は細川氏の居城小倉の屋敷に移り居住したが、「在城之格」として出府料を与えられ、家来の過半は木付より通勤したという（「松井家譜」七）。城割は、大名家から相対的に独立した端城主から城主という名誉を奪い取るという、いわば武士の最高の名誉を剝奪することをも意味したため、細川氏は大名家の家格制の中に旧端城主を「城主格」として位置づけ、「城主」という武将の名誉を存続させることで対処したのである。

要するに、諸国城割令後、城郭は原則的に公儀の城と公儀の構成員である大名の居城に限定された。このことは、公儀内部における諸大名の序列化を進め、将軍権力の優位性を確立するとともに、大名領国内においても家中の序列化を進め、大名権力の家中に対する優位性を確立する効果があった。初期御家騒動の多くが旧端城主クラスの大身家臣によって引き起こされたことを勘案すれば、右の効果は大名権力側の要求をも満たすものでもあった側面にも留意すべきであろう。

そう考えれば、大名が諸国城割令を領内に断行する際には、これを端城主たちが受け入れるかどうかの瀬戸際に立たされていたことも想定される。端城とはいえ、自立した城主という誇りと体面をはぎ取り、城割という降参の作法を強要するにあたっては、家臣が城の明け渡しを拒否して抵抗する可能性がまったくなかったとは言い切れないだろう。細川忠利が先の長岡興長に宛てた七月十二日付書状の猶々書で、木付城の破却は「天下」のことなのでどうにもならない（「猶々、木付なともワリ被申候哉、天下事ニ候間、無是非事ニ候」）と述べたのは、まさにそうした諸国城割令を実施する際の難しさの真意を吐露したものだろう（「松井家譜」七）。要するに、忠利は「天下」の論理を持ち出し、城割は是非を論じることの許されない絶対服従の命令であると暗に示したのである。ここに、諸国城割令が天下人の専制権を発動しなければ、大名領国内に強制しえない政策であったという、この問題の難しさがよく現れている。

諸国城割令を導入するに際に大きな抵抗があったことは記録にみえないが、周防岩国城主の吉川広家の場合は、少なくとも城割に抵抗したとされている。本家の毛利氏は長門・周防二国を領しており、「一国一城」であれば周防国には岩国城しかない（萩城は長門国）。そこで岩国城の存続につき徳川家康に伺いを立ててほしい旨を吉川広家は願ったが、毛利輝元がこれを却下したので、やむなく岩国城を破却したという（「吉川家譜」）。「一国一城」だから、という理屈は後付けの説明だろうが、細川氏の中津城と同様に、吉川氏が岩国城存続のための運動をした可能性はなくはないだろう。しかし、結果は諸国城割令を受け入れて城割に着手し、標高二百メートルの山城である岩国城は山下に引き降ろされた。その際に、吉川広家が家臣に宛てた書状では、次のように指示された。

諸国之城破却之儀、伝ニ承及候所、多分石垣マテコホシ申候由、然者其元之石垣、今少ヲロシ候テヨク候ハント存候、萩其地普請旁以大儀之事候ヘトモ、是ハ公儀之御事候間、馳走可為祝着候、右之趣、萩ナトヨリ被仰越儀ニ候ヘ共、遠慮ニ申入候、委細九右衛門所ヨリ可申候、又城ノヲモテノ方ヲ取分ヲロシ可然候哉、人数共無之候ハヽ、十日十五日之事ニテコソ候間、各ヘヤトヒ可申候、是ハ公儀之事候間、右之分候、何モ山下ヨリモ城ヨリモ、ヨク御見合候ヘク候、

この書状は日付がないので、いつ頃の状況を伝えるのかを特定できないのが残念だが、内容から判

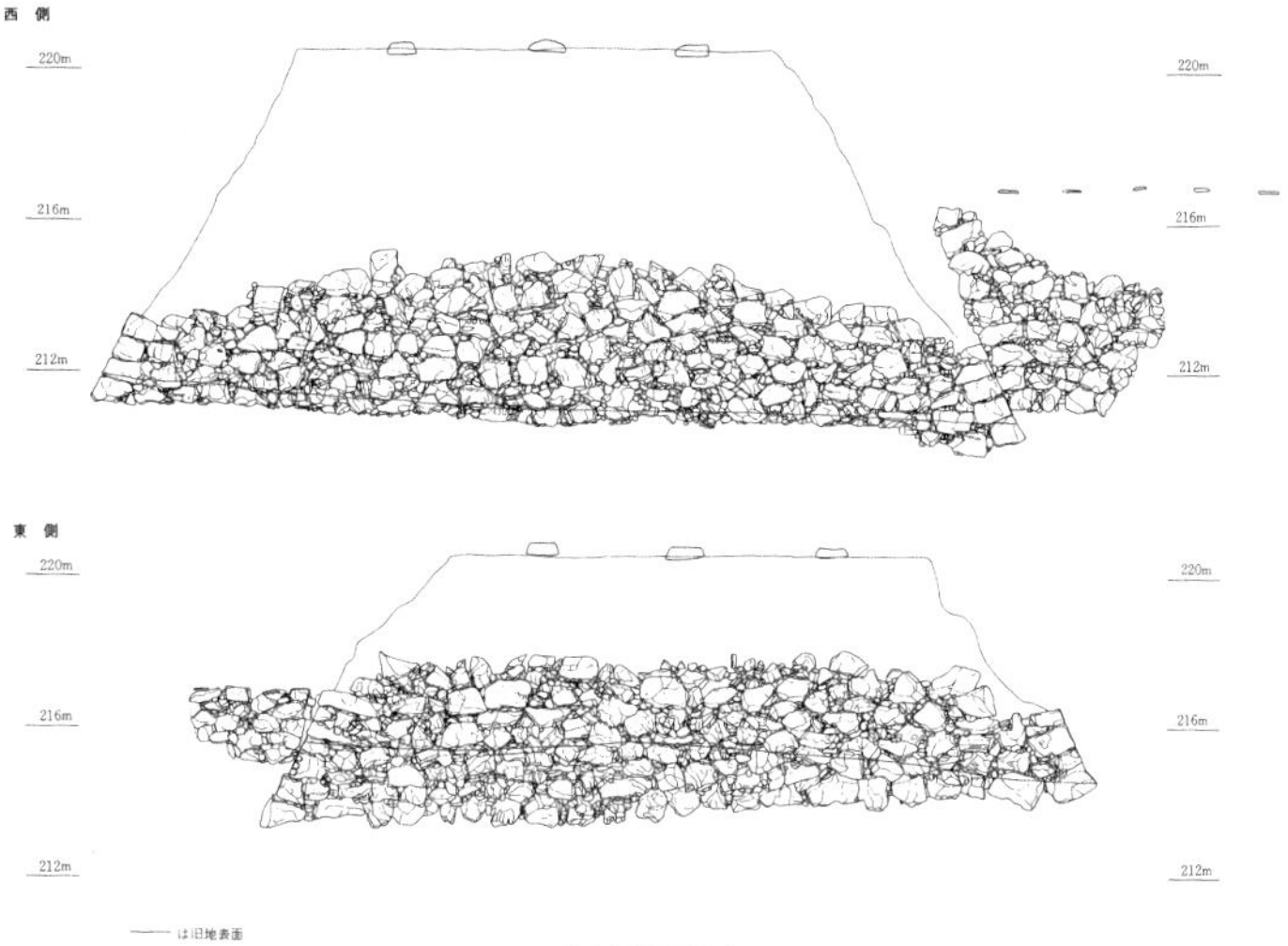

石垣実測図(1)

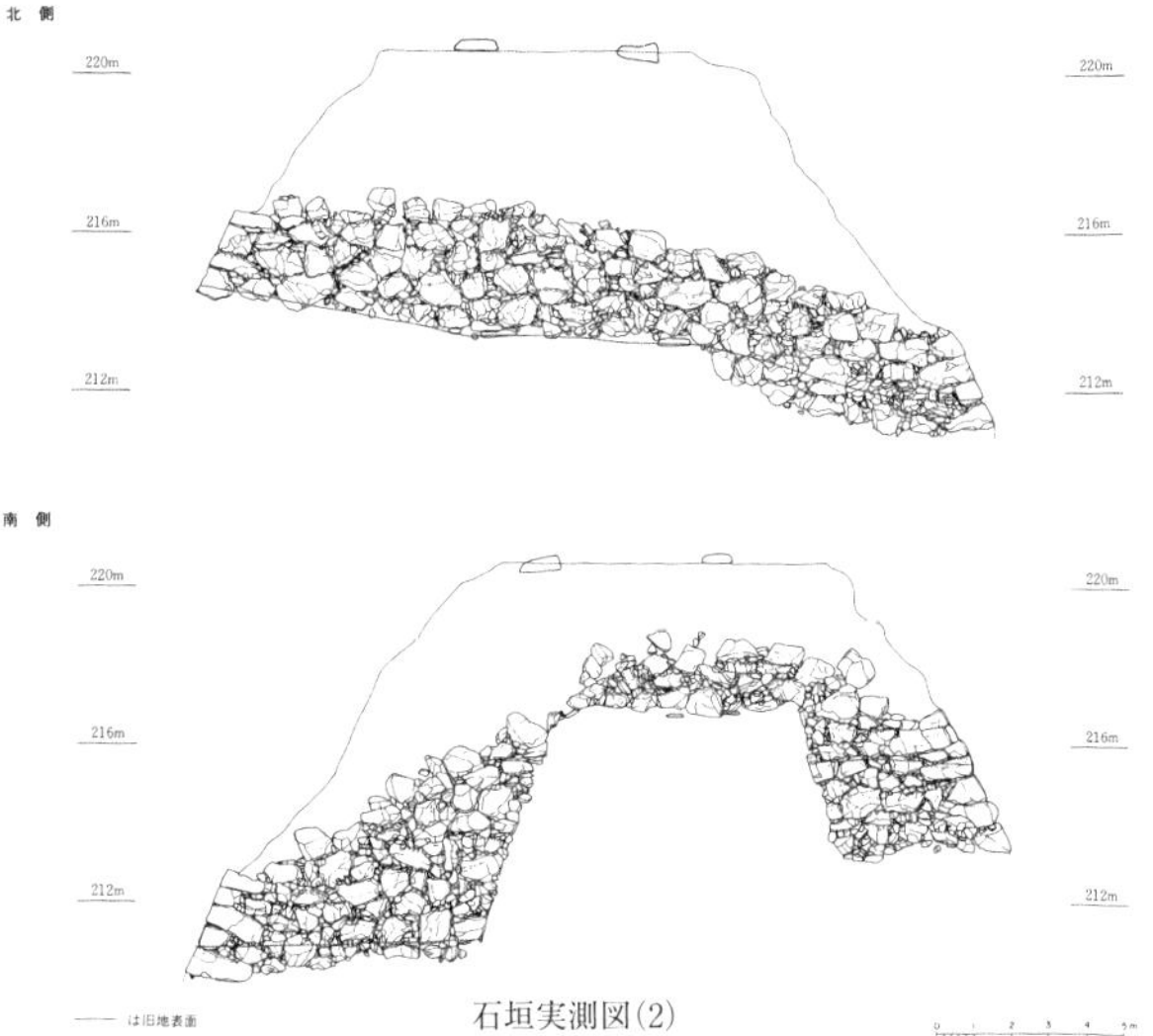

石垣実測図(2)

図11　岩国城天守台

断して元和元年中のものだろう。まず、ここでも「一国一城」ではなく、「諸国之城破却」という表現が用いられており、「諸国の城を破却する」という点にこの命令の目的があったことを再確認したい。そのうえで、この件に関して吉川氏が得た情報では、おそらく石垣までを壊すことになりそうなので、もう少し石垣を下した方がよいと冒頭で指示を出した。つまり、岩国城の破却は、まさに日和見的態度で進められていた。しかも、あと少し石垣を取り払うことが提案されているので、当初の目論見では上石を取り除いて堀の中に流し込む程度の城割が予定されていたこと、また、根石から崩して石垣を全面的に破壊するような普請は想定されていなかったこともわかる。実際に、岩国城天守石垣は腰半分程度が遺存しており、根石から壊された形跡はない（図11、岩国市他編一九九五）。

さらに、萩と岩国城の普請は大儀であるが、これは「公儀」のことなので、精一杯の対応（「馳走」）をすれば祝着である、と萩（毛利輝元）から伝えてきたという。次の「遠慮に申入候」の意味をつかみかねるが、控えめに伝達するという意味にとっておく。そう解釈する理由は、続く文章にある。萩から精一杯の対応をするようにと大規模な破却を求められたにもかかわらず、城の表《おもて》の方をとくに下せばよい、人手が足りなければ十日から十五日位のことなので人を雇えばよい、と消極的ともとれる城割方法を指示したからである。城の表の方とは、人目に立つ所だけを壊せばよい、ということであり、表から見えない所はそのままでも構わないということになる。吉川広家の考えは、毛利本家の意向にかかわらず、石垣を完全に壊さねばならないとする意識からはほど遠いものだった。

要するに、吉川氏は、他所の城割の様子を睨みながらも、石垣を部分的に壊す程度の普請で短期間に終わらせようとしていたのである。ただし、最後に繰り返されたように、これは「公儀」の事なので、麓（山下）にいる者も城（山上）にいる者も、よく見合わせることと念を入れていた。「公儀」の命令には逆らえないという論理で城割を受け入れてはいたが、その姿勢は将軍権力や大名権力の求める城割とは明らかに温度差があったことを読み取りたい。

次の史料は、諸国城割令の実施過程を知るうえで重要な情報を提示している。

【史料7】　八月九日付細川家奉行連署奉書（「三淵文書」『熊本縣史料』中世篇四）

以上

為　御意申入候、

一、先度者御城破却之儀、石垣分残申候儀者不苦由、被　仰出候へ共、根石迄不残こほち、堀をも念を入うめ可被申之由ニ候事、

一、当所務仕舞候ハヽ、貴殿家中之者共、女子之儀、当年中ニ小倉ニ引越可被申之由ニ候事、

一、右之通ニ候間、各家中衆之家之儀、当分女子の居所さへ候ハヽ、相残家塀已下片時もいそきこほち可被申候、先屋ねなとこほちかけられ候様ニとの儀ニ候、其故ハ只今ニも従　公儀横目を可被出候処ニ、家居其儘にてハ如何ニ候間、其通被　仰付候、被得其意、縦ハ三ツ有之家をハ二ツハこほち、今一ツハ女子を此地へ引越候而已後、不残こほち候様ニ可被申付之旨ニ候、右之趣被聞届候通、一々此御報ニ可被申越候、恐々謹言、

松井右近

八月九日

昌永（書判）

志水九左衛門

□□（書判）

長舩十右衛門

□□（書判）

平野太郎左衛門殿

長岡右馬助殿（三淵貞行）

豊前小倉の細川氏は、細川三斎の隠居城である中津城を除き、七端城を破却した。細川忠利の七月晦日付の書状によれば、木付城の破却は、櫓を残らず崩し、石垣や堀に着手したところだと長岡興長からの報告を受けた。また、手間をかければ「下々」の迷惑になると伝え、早々に普請を終えるように促した（「松井家譜」七）。これは、吉川氏の対応と重なるところがある。

ところが、八月九日になると、忠利の意向を受けた奉行から城割指示の変更が伝えられた。それが【史料7】である。まず、長岡興長宛の書状に示されたように、忠利の当初の意向としては短期に普請を終わらせたいとしていた。そのため、石垣が残っても構わないとしていたが、今回の指示では石垣の根石までも全て毀ち、堀をも念を入れて埋めるようにと、防御施設の徹底的な破却を命じた（第一条）。また、今年度の年貢収納（「所務」）を終えれば、家中の妻子を本年中に小倉に引越させる予定であること（第二条）。よって、家中の家屋敷は、当分は妻子の居屋敷のみを残し、他は家・塀以下を急いで毀つこと。その理由は、「公儀」より目付が派遣された際に、家屋敷がそのままでは問題とされるためで、最終的に妻子が小倉に移住後に、全ての屋敷を毀つようにと命じられた。要するに、堀を埋めるだけではなく、石垣も根石から崩して完全に壊すこと、また城郭内部は櫓といった軍事施設のみならず、家屋敷にいたるまで、全ての建造物を破却して更地化することが求められた。細川氏の破却命令は上使対策を検討するなかで大きく転換し、城郭を徹底的に非武装化し、更地化までに及ぶ破却方針が採用された。

同様の城割方針がとられたのは、肥前蓮池城である。これはまったくの平城で、鍋島氏が佐賀城に移る前に居城として用いられ、諸国城割令の頃には城代を置いていた。鍋島勝茂は自身の帰国までは、構造物はそのままとし、堀を埋める程度でよいと指示していたが、最終的には更地化され、城の機能を停止させられた。これ以外では嘉与丁・蒲田江も破却して、家臣には佐賀への移住を命じたので、同様に更地化されたのだろう。一方、武雄・多久・諫早などの山城は城郭を解き崩させるだけで、領主の館を残す屋敷構えとした（佐賀県教育委員会二〇一一）。つまり、城割後の居住地については、大名の居城のある城下町への移住は必須の要件とはされていなかった。

土佐山内家では、宿毛・窪川・佐川・本山・安喜の五端城を破却し、屋敷構えとなったとされる（「南路史」）。山内忠義は普請奉行を派遣し、その指示のもと各端城主が破却普請に従事し、破却後は忠義から検使が派遣されており、大名の強い権限をもって城割を進めた。その一方で、宿毛・中村に関しては忠義の実父康豊が強い権限を持ち、その対応に任せた。その結果、山城は麓に引き下ろされたが、その後も山城は「古城」として管理され、麓の屋敷はのちに「土居」という家格を生むことになった。また、支城の現況調査によれば、石垣や虎口の一部を破却する従来の破城の作法に則した破却がなされているという（石畑二〇一六）。

以上のように、諸国城割令を受け止めた大名側の対応は様々であったことがわかるが、ここで諸国城割令は、居城以外の城＝端城を破却して「平地に引く」ことを目的とするものであったことを再確認したい。具体的には、山城であれば平地に引き下ろして麓の平屋鋪とすればよく、惣構えをもつ城であれば堀を埋めて平地化すればよかったのである。これを基本線としつつ、受け止めた側でこれに過剰に反応して、細川氏のように幕府から目付が派遣された際の万全の策として、石垣の根石までを崩して更地化したり、家臣を大名居城へ移住させる政策に波及した場合もあったが、吉川氏のようにできるだけ省力的に対応する場合もあり、同じ領内でも城によって対応を変えた鍋島・山内氏のような場合もあった。それは大名側の問題であり、徳川政権が強く干渉するところではなかったからこそ、そのような状況が生まれたといえるかもしれない。

徳川政権にとってより重要だったのは、諸国城割令は、敵対者に対する城割命令ではなく、敵対せぬ者に対して、全ての端城を「入らざる城」＝不要な城として破却を迫ることにあった。つまり、「入らざる城」を選ぶ権利を諸大名から奪い取り、端城を置くかどうかの選択を徳川政権が掌握することで、大名による新たな端城設置や拡張普請を凍結させ、徳川の平和を打ち立てることにあった。その点において、豊臣期の端城政策から大きく前進したと評価できるのであり、その結果として強制的な端城の破却となったのだが、城割そのものについては慶長期の城割方針が踏襲されたのである。つまり、山城であれば建造物をたたんで麓の城に移して屋敷構えとし、惣構えをもつ城であれば要害のよいところの堀を埋めて平屋鋪とするという城割方法である。この方針に大きく違反しない限り問題はなかったのであり、徳川政権としては石垣を崩すこと、さらに根石から完全に壊さなければならないというような城割方針を諸国城割令として命じたわけではなかったのである。

おわりに

大坂冬の陣に乗じて、土佐では長曽我部氏の旧臣奥宮伝兵衛が山内氏の端城中村城を襲撃する計画をたてて鎮圧された。大坂の陣後に徳川政権が展開した城郭政策の目的には、右のような城郭をめぐる地域紛争の根を絶ち、乱世の終焉を宣言して天下の無事を実現することにあった。その城郭政策の一つである諸国城割令は、大名家臣の城郭を「入らざる城」＝不要な城として一律に破却させ、天下人の専制権力を背景に大名家臣に降参の作法を強要する法令だった。加えて、大名権力に対しては、領国内における不要な城の選択権を奪うことになった。不要な城を選ぶ権利があるということは、その反対としての必要な城を選ぶ権利もそなわっていることになる。よって、端城を全て不要な城として破却させることで、これ以後、大名は自由に新たな端城を選んで建造することはもちろん、すでにある端城の拡張工事をすることも無用とされたのである。ここに諸国城割令の画期的意義が見出される。

本章では、右のような諸国城割令の意義を確認するために、これまで「元和の一国一城令」と呼ばれてきた法令を「諸国城割令」と呼ぶべきことを提起した。その意図は、慶長二十年（一六一五）段階で、徳川政権は一領国に一城とすることを目的としたのではなく、諸国の端城を破却させることで端城の管理統制権を徳川政権が掌握することに主眼があり、その結果として徳川の平和を確実なものとする政策であったことを明確にしたいためである。

また、端城破却命令に対し、「天下」の命令、「公儀」の決定と承諾しながらも、いかに端城を破却するか、という点でのせめぎ合いが大名側にあった。これを城割の結果としての「一国一城」という視点からとらえてしまうと、戦国期から近世初頭にかけて乱世（戦争）から治世（無事）へと世の中を変容させた要因として、何が重要だったのかという問いに対する答えを見失うことになってしまうのではないだろうか。即ち、どのようにして二百年以上も国内戦争をほとんど経験しない平和な時代を成立せしめたのか、という日本近世成立史の本質を問うためには、城割の観点から諸国城割令を位置づけることに極めて重い意味がある。

コラム　一国一城の意味

高校の教科書には、必ず載っている「一国一城令」。手元にある全国歴史教育研究協議会編『改訂版日本史B用語集』（山川出版社、二〇一七年）によれば、高等学校日本史B教科書全八種（二〇一四年四月現在）の教科書のうち八種に採用されている。用語の意味は、「一六一五（元和元）年、江戸幕府が諸大名統制のために出した法令。諸大名の居城以外の城はすべて破却させた。元和の一国一城令ともいう。」と説明されている。おおむね正しい解説だが、出された当初は「一国一城令」と呼ばれていたわけではなく、後に「一国一城令」と呼ばれるようになった、というのが本書の主張である。

では、なぜ「一国一城令」と呼ばれるようになったのだろうか。その手がかりとしては、中世以来、「一国一城」という慣用句があり、その意味するところは、必ずしも城割と結びつくものではなかった、という点に着目したい。

まず、大久保彦左衛門忠教が著した『三河物語』（日本思想大系）には、次のようなくだりがある（適宜、現代仮名遣いに改めた）。

また、ある時は、御普（譜）代衆、ことごとく一揆を起こして、御敵に成りて、野寺・佐崎・土呂・針崎に立籠りて、相国様（徳川家康）へ鋳矢を射かけ申す時も、我等伯父の大久保新八郎（忠俊）、屋敷城を持ちて、わずか敵の城へ七八町十町ばかり隔てて、日夜戦いける。その時は、ことごとく御敵を申せば、一国一城のようなれども、大久保一類どもが御味方申したるゆえに、御運の開かせ給ふ。

つまり、徳川家康の譜代衆がことごとく敵となって対峙することになり、約一キロ内の周囲を敵に囲まれ孤立し、家康は「一国一城」のようになったが、忠教の叔父大久保忠俊をはじめ、大久保一類が味方をしたので家康は運を開いた、という。『三河物語』を校訂した斎木一馬はこの「一国一城」に頭注を立て、「支城を持たない孤立した本城をいう。岡崎城が孤立の状態になった意」と解説した。まさに「一国一城」の真意を読み解く明訳である。つまり、ここでいう一国は律令制下で定められた国を意味するのではなく、本城の支配領域を意味し、「一国一城」とは支配領域において支城（端城）をもたず、本城のみとなった孤立無援の状況を表現する慣用句だった。

次の「当代記」慶長十九年十一月の条も、同様の用法とみなされる。大坂冬の陣の最中に豊臣秀頼が徳川家康を糾弾した書状として載るもので、前半では秀頼が家康に対して、秀頼が十五歳になっても天下を渡そうとしないばかりか、関ヶ原合戦で秀頼が石田三成と共謀した逆心者だと主張するのは筋違いだと主張する。続いて、次のような覚悟を表明した（読み下し文）。

併しながら、家康表裏の侍、前代未聞に候、いつか太閤の厚恩を忘れ、秀頼に一か国も宛行わず、孤となし、討ち果たすとの謀、是非に及ばず、秀頼一国一城に成り、日本を引き請け、切腹する事、屍《かばね》の上の面目たるべし、もし関白天道の正理に叶い、仏心三宝納受あらば、将軍父子露命危かるものか、尚一戦の砌に期し候、

これが正文なのかどうかは、当面の問題ではない。ここで注目したいのは、大坂城にいる秀頼が一

国も宛行われることなく、また本城のみで孤立させられており、たとえそのような「一国一城」の状況にあっても家康・秀忠父子と対決するとの決意表明をしたところにある。即ち、ここでの一国も律令制下で定められた国を指すのではなく、秀頼の支配領域を意味し、大坂城が端城をもたずに孤立した状況を「一国一城」と慣用的に表現したことがわかる。

そうしてみると、江戸前期に諸国城割が進められた結果、大名の城郭は本城のみとなった。これは結果的に、中世からの慣用句である「一国一城」の状況になったことになる。こうして、諸国城割令が発令された当時に必要条件とされた端城を「平地に引く」という城割方法の重要性・緊要性が時代とともに忘れ去られると、慣用的意味が諸国城割令の当初からの政策意図であったかのように読み替えられていったのではないか。

諸国城割令を一国一城令とみなす早い例は、寛永十五年（一六三八）九月十五日付細川忠利書状（『細川家史料』十四―一二六九）がある。それには、「上意ニハ、惣別一国一城ニ而候、八代之儀ハ、先三斎被申上候やうに計返事可仕」とある。島原・天草一揆による原城落城後に古城統制が進められ、将軍徳川家光は「惣別一国一城」である、という原則に基づき古城破却を進めており、そのような状況下で、熊本城の端城として例外的に存置を許されていた八代城の普請は難しい旨を父三斎に伝えたものである。明確に「一国一城」と記されている。

とはいえ、「一国一城令」の記事は表2（一二二頁）に示した通りであり、西国大名側の記録に限定される。そもそも徳川幕府の法令集に「一国一城令」とみなされる奉書や法令等が掲載されることは皆無であり、徳川家康の記録である「駿府記」や榊原忠次が寛文四年（一六六四）に徳川家の事績を編纂させた『御当家紀年録』にも、「一国一城令」はおろか、諸国城割令が出されたことすら一切ふれられていない。徳川譜代の記録では、小笠原氏による元和期の明石城再興を記録した『御当家正伝記』（享保八年八月九日書写）に、「大坂御陣落着仕候以後天下一国一城と被仰出、諸大将の内城数持候程の大名衆ハ居城斗ニ而枝城をば国々にてほき《（反故）》申候つる間、明石もことあさましき躰に御座候」とあり、ようやく「天下一国一城」令ととらえる認識が示されているのをみる。

　このように、諸国城割令が一国一城令へと読み替えられていく過程については、まだ多様な観点から検討すべき余地を残すが、端城の破却が進められて本城のみの状態が日常化すると、諸国城割令の政策意図が、「端城を破却すること」を命じた後半部分から、「本城のみとすること」を命じた前半部分へと比重を移し、中世以来の用法である「本城ばかりの城」を意味する「一国一城」という慣用句によって表現されるようになっていったのではないだろうか。

　以上が、諸国城割令はなぜ一国一城令と呼ばれるようになったのか、という疑問への筆者の一応の見通しである。

第五章　乱世の終焉と城郭—福島正則改易事件の意義—

はじめに

福島正則は典型的な豊臣大名の一人である。その発給文書を中心とした基礎的事項の解明が進み（黒田一九九七、同一九九八、福田二〇〇三）、改易をめぐる意思決定過程の問題やその原因となった城普請についての検証も深められた。正則の改易は江戸幕府による大名統制策の一環のなかで処罰された政治的な疑獄性の濃厚な事件だったとする理解に対して（瀬川一八九七）、幕府の正当性を主張する反論も出された（笠谷一九九〇・一九九一）。

福島正則は、武家諸法度違反を理由に改易されたことは間違いない。ただし、将軍権力が新たに打ち出した法に基づき、諸大名との合意を形成する手続きをとって改易を断行したことは、権力の不当性を否定することだとしても、なぜ正則たちはそれに順応できず、改易という危機を乗り越えられなかったのか、という疑問が残る。そこには、十六世紀の終わりから十七世紀の初めにかけて、乱世から無事へと世の中の秩序が大きく変わるなかで、降参の際に城郭の非武装化を求めた徳川政権の方針に対して、そうした時代の変化にうまく対応できなかった福島正則とその家中という見方ができるのではないだろうか。

そこで、本章では大坂夏の陣後から改易に至る元和期に、正則がどのような政治課題のもとで行動していたのかを確定したうえで、広島城普請の問題や改易に至るまでの政治過程について再検討したい。その場合に、次の三点を中心に考察を進める。

第一に、正則は改易の原因とされる広島城の石垣普請を本当におこなったのか。

第二に、元和期に正則が進めた荷船・石船建造の目的は何か。

第三に、正則が指示した広島城の城割はどのような内容であったのか。

以上の分析を通して、最終的には大坂夏の陣における豊臣氏の滅亡によって乱世の終焉を迎えたことにより、戦乱とともに発展・拡大してきた城郭がどのような役割変更を迫られたか、という問題についても検討してみたい。

なお、本論に入る前に、本章の論証で必要となる正則の居所をあらかじめ示しておく。正則は慶長十七年（一六一二）九月に広島を出発し、同月二十九日に京都豊国社を参詣し、十月十三日に駿府に到着、十六日に駿府を出発して二十一日に江戸に到着した。それからはずっと江戸にあり、同十九年・二十年（元和元年・一六一五）の大坂の両陣でも江戸に留められた。明けて元和二年二月二十日に江戸を出発して二十三日に駿府に立ち寄り、病状の家康を見舞って四月上旬まで同地に滞在し、四月末までに広島に戻った。その後、正則がいつ広島を出発したかは不明だが、同年十二月までには江戸滞在が確認できる。そのまま在府して、元和三年六月には秀忠の上洛に供奉して京都に上り、六月十八日には宿所の京都建仁寺に入った。秀忠は六月二十九日に入洛し、九月十三日に京都を発った。それから、正則は広島に戻り、逆に広島から上洛した忠清（正則の嫡子）は、秀忠の供として江戸に下った。正則は元和四年閏三月四日には京都に立ち寄って建仁寺の宿所に入り、出発日は不明だが、三月二十七日に江戸に到着した。それから改易となる元和五年まで江戸にあり、改易後の十月初旬に配所の信濃国川中島に移った。

一　大橋文書にみえる作事と普請

福島正則は、元和四年（一六一八）から翌五年にかけて広島城の大規模な石垣普請をおこなった。これが幕府に咎められ改易されたというのが通説的見解である。本節ではそれが妥当なのかどうかを検討する。

慶長二十年（一六一五）七月に発令された武家諸法度の第六条では、次のように定められた。

一、諸国之居城雖為修補必可言上、況新儀之構営堅令停止事、

——諸国の居城は修補をなすといえども必ず言上すべし。いわんや、新義の構営は堅く停止せしむ事、

つまり、大名の居城を修復する際に報告を義務づけるとともに、新規の築城を禁止した。これに正則は違反したとされる。

表3　大橋文書伝来福島正則書状編年表

	No.	和暦	月日	差出	判	宛　　所
1	40	元和2	12. 13	大夫	書判	大橋
2	46	元和3	1. 22	大夫	書判	大橋
3	63	元和3	3. 4	大夫	書判	大橋・栗田・梶原
4	58	元和3	3. 14	大夫	書判	大橋・栗田・梶原
5	64	元和3	3. 26	大夫	書判	大橋・栗田・梶原
6	54	元和3	4. 18	大夫	書判	大橋・栗田・梶原
7	61	元和3	5. 10	大夫	書判	大橋・栗田・梶原
8	60	元和3	5. 11	大夫	書判	大橋・梶原
9	55	元和3	5. 22	大夫	書判	大橋・栗田・梶原
10	56	元和3	6. 10	大夫	書判	大橋・栗田・梶原
11	52	元和3	6. 14	大夫	書判	大橋・栗田・梶原
12	51	元和3	6. 15	大夫	書判	大橋・栗田・梶原
13	59	元和3	6. 16	大夫	書判	大橋・栗田・梶原
14	57	元和3	8. 9	大夫	書判	大橋・栗田・梶原
15	50	元和3	8. 29	大夫	書判	大橋・栗田・梶原
16	53	元和4	4. 29	宰相	書判	大橋・吉村
17	62	元和4	5. 19	宰相	書判	大橋・吉村
18	38	元和4	7. 27	宰相	書判	大橋
19	44	元和4	8. 12	宰相	書判	大橋
20	42	元和4	9. 21	宰相	書判	大橋
21	41	元和4	11. 22	宰相	書判	大橋・吉村
22	43	元和4	11. 23	大夫	黒印	大橋
23	37	元和5	1. 7	宰相	書判	大橋
24	39	元和5	1. 9	宰相	書判	大橋・吉村
25	49	元和5	1. 12	宰相	書判	大橋・吉村

出典）大橋文書（松江市蔵）『広島県史』近世史料編Ⅱ（1976年）
注1）和暦はいずれも推定
注2）No.は『広島県史』による番号
注3）No. 45, 47（小方普請），48（伏見普請）は元和元年以前なので省略
注4）宛所：大橋（大橋茂右衛門），栗田（栗田藤右衛門），梶原（梶原半右衛門），吉村（吉村又右衛門）

では、なぜ正則はこれに抵触する行為を犯したのか。この問題を解く手がかりを福島家中の大橋家に伝来した書状から得ることにしたい（『広島県史』近世史料編Ⅱ）。

元和期の発給と推定される大橋文書には、表3に示した二十五点が伝存する。いずれも大橋茂右衛門を宛所に含み、元和三年（一六一七）には栗田藤右衛門と梶原半右衛門との連名、元和四年四月からは吉村又右衛門との連名もしくは単独での発給が増える。なお、正則は元和三年六月十一日に参議・従四位下に叙任されるので、以後は宰相と大夫（左衛門大夫）を併用した。大橋文書において、正則が指示した作事と普請の内容は、①京都建仁寺内の屋敷、②大坂蔵屋敷、③荷船・石船、④広島城の四つに分類できる。以下、時系列にそって検討したい。

1　京都建仁寺内屋敷の第一次作事

元和三年には、二代将軍徳川秀忠の上洛が予定されていた。これに供奉して在京するため、福島正則（在江戸）は京都建仁寺内に宿所の作事を開始する。元和二年に比定される十二月十三日付大橋宛正則書状では、まず、大橋をその責任者に任命し、棟梁弥三兵衛（大工二十五人を随行）と同道して、来年正月五日過ぎに京都に上り、建仁寺との交渉にあたった半井蛛庵と相談して、急いで「作事」を開始するようにと命じた。また、材木は水野二郎右衛門と談合して、正月十日頃に船に積み立て、広島から京都に届けさせるよう指示した。さらに建仁寺の寺や建て家の配置を碁盤割にして江戸に届けること、屋敷の作事はいずれも蛛庵と相談して、明かりをよくとるために窓をあけること、屋根の勾

表4　作事担当者の役職・禄高

	慶長19年備後守大坂御人数帳	福島分限帳
大橋茂右衛門	のぼり奉行, 1000石, 鉄砲20人	鉄砲頭1000石
吉村又右衛門	1000石，鉄砲20人	鉄砲頭1000石
栗田藤右衛門	御鎗奉行，20人扶持	15人扶持
梶原半右衛門	不明	鉄砲頭1064.3石
星野又八	御鎗奉行，500石	万奉行517.5石
水野二郎右衛門	不明	万奉行1988.7石
妹尾与右衛門	不明	万奉行379.5石

『広島県史』II—12号，13号より作成.

配は緩くして他所より夥しく見えないようにすること、馬屋は三間《げん》に十間の二階建てを建てることなどの詳細を伝えた。

二月には早くも台所と書院が建てられた。その後は、奏者の間・風呂屋・土蔵の作事に入った。三月四日と同月十四日付の正則書状では、書院脇の茶立所の囲いに趣向を凝らしたいから、こちらの指示を待つようにと命じた。その後も、風呂屋は吉日次第に建てる、一間《ひとま》に棕櫚《しゅろ》箒一つと塵取り四つずつを整える、箒は雁の羽根を十枚で作る、屋根には天水（防火用の水桶）を据える、井戸のまわりには石を敷きつめる、小広間に槍掛けを矢先が東に向かないように作るなど、かなり細かい指示を出し続けた。

宿所の完成は、正則が入京する六月十八日直前であった。その間に進められた作事内容を書状から拾うと、次のようになる。

居間・書院・槍の間・奏者の間・茶屋（書院横）・雪隠・腰掛・小広間・料理の間・奥の間・台所・窓（明かりのため）・井戸・風呂屋（大きいもの）・土蔵・馬屋・塀

上洛中の宿所といえども、半年余りをかけた本格的な屋敷作事だったことがわかる。

2 大坂蔵屋敷の作事・普請

建仁寺内屋敷の作事が終盤に近づくと、正則は大坂蔵屋敷の作事・普請に着手する。五月十日付の書状では、建仁寺内の屋敷作事の指示を出す一方で、「大さかくら屋敷、何とていそき不相究候哉」と叱責し、材木を国許から取り寄せて「蔵」を建てさせるようにと指示した。また、建仁寺内の屋敷作事が一段落したことを受けて、京都に手伝いに来ている者で手透きの者がいれば、大坂の地形をつかせに行かせよ、とも命じた。翌日付の正則書状では、蔵屋敷表の町屋五間口を退かせ、通り道一間を添えて、銀子七貫百目で決済できたので、それを受け取って地形をつかせること、とある。その規模から考えて、これは大坂蔵屋敷の拡張普請を指すのだろう。また、蔵材木・瓦は国許の小方や鞆から取り寄せて、作事がはかどるようにと指示し、完成を急がせた。いずれも端城があった場所であり、城郭遺構が再利用された可能性もある。

六月になると、広島にいる嫡子忠清も上洛することが決定し、その宿所として建仁寺内の客殿を借りることになり、その準備の指示も出した。こうして上洛の準備が進められ、上洛途中の信濃大田渡から出した六月十五日付の書状では、十八日に建仁寺へ参着する予定を告げ、屋敷の掃除が済めば普請の者を大坂に下して、蔵屋敷を必ずつかせるようにと命じた。したがって、建仁寺内屋敷の作事に従事していた人数は、そのまま大坂蔵屋敷の作事・普請へと移されたことがわかる。

次の二つの史料はこれに関連するものと思われるので、検討してみたい(数字・傍線は筆者補)。

【史料1】（元和三年）八月九日付福島正則書状（大橋文書五七）

書中之趣、具令披見候、

一、①しょゑんの所、則、弥三兵へニ申渡し候、

一、②町やいど、いくつなり共よきほとほらせ可申候、

一、③だい所のまへニもいけのほり所すミを付候て遣し候、

一、④西のさかいめのへいハ、他所ゟかけ候ハ、ひきく可在之間、此方ゟかけ可申候、但、⑤たかきほとよく可在之候、

一、作事はか行候様ニ弥せいを可出義専一候、謹言、

【史料2】（元和三年）八月二十九日付福島正則書状（大橋文書五〇）

⑥去廿七日之書中之趣、⑦幷くら・へい・石かき・町やいど、地形の一ツかきの趣具令披見候、何もはやくいてき候、今ほと水出候てすなとり候てとをき由、せのを与右衛門尉ニ令談合、何も加古共ニすなもたせ可申候、弥ふしんはか行候様ニ才覚尤候、

一、⑧けんにん寺作事の大工さくれうの帳、⑩又作事入めの銀子のもくろく壱つ、判をするゑ遣候、⑨我等御暇もやかて出可申様ニ各被仰候間、下候刻ハ立寄、作事見可申候、謹言、

いずれも差出は「大夫」、宛所は大橋茂右衛門・栗田藤右衛門・梶原半右衛門であり、書判から慶長十七年（一六一二）以降の文書である。【史料2】は、傍線⑥から二日前（「去廿七日」）に大橋らの書状で告げられた作事内容に対する正則の返事とわかる。よって、両者は二日前後で連絡をとれる距

離にいた。また、傍線⑨で正則の帰国予定（「暇」）についてふれており、正則は将軍の周辺にいる。これを江戸とした場合には、在江戸の正則が自己の居屋敷以外の江戸内の屋敷作事の指示を書状で伝えたと理解できなくもないが、傍線⑩で「下」る時に立ち寄って作事を見るだろうと書いた意味がとれなくなる。したがって、これを秀忠と正則がともに上洛中の元和三年八月と比定し、それ以前から正則が大坂蔵屋敷の指示を出していたことと併せ考えれば、傍線⑦にある蔵・塀・石垣・町屋井戸の作事とは大坂蔵屋敷のものとなり、二日前後で連絡のとれる距離という点でも問題はなくなる。また、正則は九月に暇を得て京都から広島に戻ったので、傍線⑩も帰国途中に大坂に立ち寄って作事を見る予定であったと解釈できる。傍線⑧にある建仁寺作事の大工作料帳と作事人目銀子目録とは、正則の宿所とした建仁寺内屋敷の作事が終了したことに伴う決済帳簿であろう。

【史料2】を元和三年と確定したことにより、【史料2】と宛所、正則の書判、作事内容（傍線②④）が共通する【史料1】も元和三年のものと確定したい。書院（傍線①）の詳細は不明だが、傍線③の台所前の池の堀所とは傍線⑦の石垣普請に村応するものとみられる。また、傍線④⑤で塀は高いほどよいとしているのは、建仁寺内屋敷の屋根の勾配を緩くして目立たないように配慮していたのとは対照的である。

以上、福島正則は、上洛中の宿所の建仁寺内屋敷の作事に引き続き、大坂蔵屋敷の作事・普請を家中に命じていたことを確認した。そのなかには、石垣の普請も含まれていたが、これは広島城の石垣普請を指すものではないことに注意したい。

3　京都建仁寺内屋敷の第二次作事

福島正則は元和三年九月に帰国して広島で越年し、翌四年閏三月に京都に立ち寄った後、江戸に参府した。この頃から、再び建仁寺内屋敷の作事指示を出すようになる。

【史料3】（元和四年）四月二十九日付福島正則書状（大橋文書五三）

尚以、作事殊外はか行候、ミな〳〵せいの入たるかど相見へ候、以上、

去五日之書状到来、具令披見候、随而其表作事之一ツ書一々見申候、存之外はか行申事ニ候、弥はか行候様ニ念を入可申付候、併、はやつゆニ入候間、かべの中こみよくひ（干）候てゟぬらせ可申候、其方ゟ相こし候作事之一ツ書ニ、則、披見のしるしのため判をすゑ指戻候、又、茂右衛門ニ申候、京の建仁寺屋敷の土蔵南へ立かへ度候間、けんにん寺の地わり、さいせんのさためて可在之候間、急度もたせ可相越候、①もし地わり無之候者、大工壱人指よせ地わり其外家共のさしづをせしめ、やかてこし可申候、将又、けんにん寺ニちいさきおうへ作り可申と存、さいせんさしづを遣候、松木ニて木とり申付候て、大さか迄先可相上す候、②地わり参次第ニ弥指図をかため候て可相上す候、くれ〳〵其元作事無油断、いかにもねんを入可申付候、謹言、

【史料4】（元和四年）五月十九日付福島正則書状（大橋文書六二）

尚以、③やばせ西の二ツのやくらの材木も出候哉、石垣いてき候ハヽ、やかてたてさせ可申候、将又、舟道具もくろく（目録）せしめ、二郎右衛門・又八ニ相渡候者、様子やかて可申越候、以上、

去月廿六日之書状、幷其表作事之目録具令披見候、殊外何もはやく令出来候、いそく普請にてハ無之候間、惣やう内の方もへいをよく干候て白土をかけ可申候、則、作事之目録具ニ見申ニ付て、我等名を書候て其方へ相戻し候、又、茂右衛門尉ニ申候、京けんにん寺の屋敷の地わり相越候様ニと先度申遣候、不相届候哉、かの土蔵南へつりかへ土蔵ゟ北ニおうへ可作ためニ候、かの地わりいそき持せ可相越候、将又、拾たんほの荷舟を拾そう作り度候、水の二郎右衛門・ほしの又八方へ右之舟いた・同道具共、山ゟ出させ候へと申遣候間、④舟大工・せのをと令談合もくろくを仕、二郎右衛門・又八ニ可相渡候、右の舟のかわら壱まい板にてハ造左可参候間、此已前あたけを作候ことくニしきをはがせ、いぬきをよく入候ハヽ、つよく候ハん間、右之ぶんニいたし注文を可仕候、かの舟板出候ハヽ、壱そうつゝも当年ゟつくらせ可申候、謹言、

【史料3】と【史料4】は内容から関連する文書であり、いずれも宛所を大橋茂右衛門と吉村又右衛門とし、差出に「宰相」とあるので、正則が宰相に任じられた元和三年六月以降の発給となる。とすれば、改易の原因となる普請が取沙汰されるのが元和五年四月なので、本書状は元和四年の発給と確定できる。

【史料3】は、前半で「其表」の作事の進捗状況がよいと褒める一方で、梅雨でもあり、急ぐ普請でもないので、内側の塀をよく干してから白土をかけるようにと指示した。次に、大橋に対しては、京都の建仁寺屋敷の土蔵を南に釣り替えて、土蔵より北に「おうへ」（奥座敷）を作る予定なので、前回の作事の際の地割図を必ず正則のもとに届けるようにと指示した。傍線①では、もし地割図がな

ければ大工一人を「指よせ」て、地割その他の家などの指図を作ってよこすようにとも命じている。これは【史料4】でも繰り返し指示がある。なお、【史料4】の後半では荷船建造の指示もあるが、これは次節で検討する。

そこで最初の問題は、「其表」の場所である。言い換えれば、宛所の大橋と吉村の居場所がどこかということである。正則が在江戸であり、書状の往信に日数がかかっている点からして、二人が江戸にいるとは考えにくい。京都建仁寺の作事指示がある点からは在京の可能性があるが、両史料でわざわざ「京」の建仁寺と断っているので、この段階では在京していないとみるべきだろう。そこで、大橋は前年から引き続き大坂蔵屋敷の作事のため在坂しているか、同屋敷の作事が終了して広島に戻り、国許でなんらかの作事にあたっているか、のどちらかとなる。

そこで、再び傍線①に注目すると、大工一人を「指よせ」とあるところに注目したい。二人が広島にいるとすれば、これは建仁寺（京）に「指上せ」とあるべきだろう。また、傍線②でも、正則が届いた地割に作事箇所の指図を固めたものを「可相上候」とある点からみれば、二人は上方（畿内）にいるとみられる（江戸から広島に送る場合は、「可相遣候」などを用いる）。その点で、大橋は昨年以来の大坂蔵屋敷作事のために在坂していた可能性が高い。さらに、荷船を舟大工と妹尾に相談して目録を作り、二郎右衛門と又八に渡すようにとしているが（傍線④）、【史料2】で大坂蔵屋敷の作事の際にも妹尾と相談するようにとあるので、妹尾も引き続き在坂していると考えても支障はない。

ここで大橋と吉村が在坂していたとすれば、次の問題は【史料4】の尚々書（傍線③）に、「石垣」

が出来れば「やばせ西」の櫓二つを建てるように、と指示した点である。従来の研究では、これを広島城の石垣普請と理解し、ここから正則が元和五年の改易理由となる新規の石垣普請を、前年から大規模におこなっていたと理解した。しかしながら、二人が在坂しているならば、この櫓二つの作事およびその土台の石垣普請は、大坂蔵屋敷のものと理解せざるを得ないし、正則が広島城の石垣普請をしていたという根拠が失われることになる。

実は、大橋文書のなかで石垣の指示があるのは【史料2】と【史料4】のみであり、他の書状では石垣に関する記事は一切確認できない。これまで示したように、正則は重要事項を繰り返しかつ詳細に書状で指示していた。その点からしても、一連の作事・普請のなかで石垣普請の比重は大きくなく、作事に付随する程度のものであったことが推測できる。【史料2】で大坂蔵屋敷の石垣普請にふれているのであれば、【史料4】の石垣普請も大坂蔵屋敷のものとみなすことに大きな問題はない。また、正則が大坂蔵屋敷の壁を高くするようにと指示していた点からしても、石垣を伴う櫓のような建造物が大坂蔵屋敷に造られたとしても、さほど不自然ではない。いずれにせよ、大橋文書から広島城の大規模な石垣普請が実施されたことを読み取ることはできないのである（白峰一九九九）。大橋文書に石垣普請の記事があることをもって、広島城の大規模石垣普請があり、これがもとで改易に至ったとする見解は大きく見直される必要がある。

ちなみに、元和四年は大雨で、各地で石垣が壊れる被害が出た。閏三月二日付の細川忠興書状（『細川家史料』一―一五三）では、中津城の石垣十四、五間が崩れ、放置すると梅雨にまた抜けて角の矢倉まで崩れるので、幕府老中土井利勝に相談して石垣普請の許可を得るようにと、忠興は在江戸の嫡子忠利に依頼した。四月一日付の同書状（『細川家史料』一―一五七）でも、小倉と中津の両城が大雨で土居・石垣・塀・溜池の石堤以下が外損したので、元通りに修復する許可を至急、土井利勝を通じて得るように忠利に求めた。急ぐ理由は、妻子を置く裏側なので放置できないこと、溜池の石堤は早くしないと水が抜けてかえって過分に手間がかかることが付け加えられた。六月二十六日付の同書状（『細川家史料』一―一六三）では、忠興は老中奉書が得られた対応の早さに満足しながら、同じ書状の第七条で「一、大夫殿居城之普請之儀、得其意候事」と記した。これを正則が改易の一年前から広島城の大規模な普請をしていたことの傍証とする見解があるが（笠谷一九九〇・一九九一）、この記事だけでは正則が広島城の普請をしたかどうかを判断できない。普請をしたとは記されておらず、普請をしていないという解釈も成り立つからである。

さて、元和四年七月二十七日付の大橋宛正則書状から、この頃までに大橋は京都に移って建仁寺の作事に取り掛ったことがわかる。八月十二日付の大橋宛正則書状では、七月二十九日付の大橋の書状を披見し、建て直しが七月二十七日に終了したとの報告を受けたので、塀をよく枯らして内側を塗るようにと指示し、続いて小屋・物置・松の植樹（居間の坪内・路次・書院と風呂屋の間）の指示を事細かに出した。つまり、元和四年五月頃から始まる建仁寺内屋敷の第二次作事は、「おうへ」作事や松の植樹など宿所の風流を求めるものであった。九月二十一日付の大橋宛正則書状では、作事は九月二十五、六日頃に完成予定とのことから、掃除が終わり次第に大橋は広島に下り、吉村又右衛門と相談して石船の作事にあたり、広島到着後に建造済みの石船数を報告するように命じた。

二　荷船・石船の建造

本節では、第二の疑問とした、元和期に福島正則が進めた荷船・石船の建造の目的について検討したい。

大橋文書で正則が荷船・石船の建造に関する指示を出す初見は、元和四年（一六一八）五月十九日付の書状（【史料4】）であり、十端帆の荷船十艘の建造を命じた。船板や船道具は国許の山から切り出し、舟大工と妹尾与右衛門とで談合して目録を作り、水野二郎右衛門と星野又八に渡すようにと指示した。船の製法については、船の航《かわら》（船底材）は一枚板では造作がかかるので、これ以前に安宅船を造ったように「しき《（敷）》」をはがして、「いぬき」をよく入れて作れば強くなるので、その方法で注文すること、また、船板が出来れば今年から一艘ずつでも造らせること、と命じた。

右に関しては、六月四日付の正則書状（尾関右衛門太郎・梶田新介・長尾平右衛門宛、『三原市史』八〇）に、「二来年さるの年《（元和六）》、江戸御天主、其外石垣御普請可在之候旨ニ候、いまた　公儀ゟ被仰出ハ無之候、石ふね九たんほ五拾そう、拾たんほ五拾そう、都合百そうふん、来年三月より内ニ出来候様ニつくらせ可申候、右の舟材木、惣やうわつ《（マヽ）》不被仕、急度山ゟゐばまで被出、大橋茂右衛門・吉村又右衛門・水野二郎右衛門・星野又八ニ被渡、七月中旬之比ゟ作り候様ニせいを被出候」とあるのが参考となる。即ち、右の荷船は、いまだ正式発表はないが、元和六年から予定されている江戸城天守およびその他の石垣普請の石出し用の石船であり、当初は九端帆五十艘、十端帆五十艘の計百艘を、国許の材木を用いて七月中旬より造ることが予定されていた。

元和四年八月十二日付の黒田蔵人宛正則書状（福田二〇〇三・史料番号4）では、寒くなる前に船材木が出来るように精を出すようにと指示した。既述のように、同年九月二十一日付の正則書状（大橋文書四二）では、大橋に対して建仁寺の作事が終了後に広島へ下って石船の作事を吉村と相談して進め、広島到着後に完成した石船の数を江戸の正則に報告するようにと命じていた。同年十一月二十二日付、翌二十三日付の同書状（大橋文書四一・四三）では、その後に二人から石船の報告があったことがわかる。最終的に完成した石船は三十四〜五艘ほどで（同五年正月九日付正則書状、大橋文書三九）、予定の百艘にはとても届かなかったらしい。そのうえで、今年より去年（元和四年）に造った石船三十艘を二月末までに伊豆の石場へ廻すようにと指示し、以後は正則から命じるまでは船造作は無用で、今月十五日以後に造りかけの船までを造るようにと命じた。正月十二日付の書状（大橋文書四九）でも、石船の作事は正則の指示に従い、旧冬に命じた十端帆一艘（二階棚付分）、九端帆三艘（舵木を据えた分）は必ず完成させ、それ以外の造作は無用と伝えた。元和五年二月一日付の黒田蔵人宛正則書状（福田二〇〇三・史料番号2）では、伊豆の石場へも山から海端まで石出しが終わったので、普請の者と諸事談合して、急いで伊豆まで越させるようにと命じている。

以上から、元和四年五月から進められた石船・荷船の建造は、二年後の同六年から予定されていた江戸城普請を睨んで、伊豆の石場から江戸への石運びを目的としたものであり、同五年正月までに三十五艘程の石船が完成し、そのうちの三十艘が二月末までに伊豆に廻漕された。十六端帆が五百石積船（大船）の基準なので、十端帆以下の中規模船であるが、一部には安宅船の製造法を模したものもあったとまとめられる。

ところで、豊前中津に在国中の細川忠興が得た江戸城石垣普請の情報の初見は、元和四年閏三月二日付忠興書状である（『細川家史料』一―一五四）。来年に江戸城の天守普請があるとのことから、筑前福岡の大名黒田長政が早くも石を進物として将軍に贈ったが、そうした内密の情報を黒田に報せた人物の将軍の御前向きがかえって悪くなった。そのため、在江戸の忠利に急ぐ必要はないとしながらも、細川家でも同様に進物の石の準備を進めさせた。六月二日付の同書状（『細川家史料』一―一六二）では、来年の江戸城本丸普請は延期との報告を受けたが、進上の石はすでに船に積んだので、江戸に廻漕すると伝えた。六月二十六日付の同書状（『細川家史料』一―一六三）では、普請が来々年になったとの情報を得た。八月十八日付の同書状（『細川家史料』一―一六九）では、来々年の普請石の用意のために、当月に普請の者を出国させ、来る正月より普請に着手させるので、伊豆の石場は念を入れて確保するようにと忠利に指示し、また、大きくてよい栗石を調達するため、使者に小判五百両を託してもいた。福島正則が荷船・石船の作事の指示を出すのは右の間のことであり、細川氏が年明けの元和五年より伊豆からの石出し普請を予定したことも、正則の動向と重なる。

元和四年九月二十八日付の忠興書状（『細川家史料』一―一七三）では、来々年の普請用の石は町人彦兵衛が請け負うことになったので「事之外徳」になったと喜ぶ一方で、彦兵衛が出した条件では悪石であれば江戸に届いても受け取りを拒否するとのことなので、奉行を派遣して石の善悪を見極めるようにとも命じた。また、石は三千個を用意するが、石は大きくても小さくてもよくないので、「惣様」の準備をすることを指示した。

その後、元和五年十月十一日付の忠興書状(『細川家史料』一―一九四)では、来春に江戸城ではなく大坂城普請があるとの情報を得て、摂津御影・飯盛辺りに石場を確保するため家臣二人を派遣したこと、淡路の石場は大坂には都合がよいので、蜂須賀家の年寄と相談してよい所を見計らって取得することを忠利に命じた。また、石場確保のため、歩行の者二人を石場に張り付けておくことも指示した。

翌元和六年正月十日付の忠興書状(『細川家史料』一―二〇〇)では、栗石五百を坪売りし、上石よりも大石・栗石を「成次第」に早く売却するよう指示を出した。同年二月五日付の同書状(『細川家史料』一―二〇四)では、大坂城普請の日用(日雇)で命じた分はやり直しになったが、忠興は前々からその心づもりで石を用意しているので安心するようにと忠利に告げるとともに、江戸城普請では町人に石の調達が命じられたので、細川の伊豆の石場を彦兵衛と次郎助に渡すこと、かの地(伊豆)にある石も売らせること、ただし、上石はすでに見事なものを献上済みなので不要と思うが、土井利勝の指図次第にすること、江戸に到着済みの五郎太石も買い手があれば売らせて、上石になる程度のものは残すことなどを指示した。

元和六年四月十一日から開始された江戸城石垣修築普請は、大手桝形石垣壁十三町余りを伊達政宗、三丸虎口石壁を阿倍正之が奉行し、伊豆・相模・駿河三か国の夫役をもって石を運搬し、松平忠重（桜井松平・武蔵深谷八千石）が助役を勤めた。石壁は内桜田門より清水門に至り、桝形は外桜田・和田倉・竹橋・清水・飯田町口・麴町口までを修築した。その助役大名は、上杉景勝・佐竹義宣・蒲生忠郷・最上義俊・南部利直ら東国大名であった。

つまり、細川家は江戸での普請役を実際には担当していないが、普請開始の二年前から石の準備を進めていたのである。これは将軍に献上用の良石を準備する目的がある一方で、町人に請け負わせて石の投機売りをおこなう目的もあり、石をめぐる一大市場が形成されていた。

そのようななか、元和六年六月八日付の忠興書状（『細川家史料』一―二一二）によれば、五百石積以上の大船を先年没収されたが、その後また九州で大船が製造されていると取沙汰されているとの報せを受けたので、細川家では四百石積以上の大船は所持しないが、四百石積でも可かどうかを本多正純まで確認するよう指示した。徳川政権下では、慶長十四年（一六〇九）に西国大名の所持する大船を没収していたが、再び元和六年にそうした懸念を諸大名に示したということになる（安達一九九五）。これも、福島氏を始めとする西国諸大名が石出しに付随して進めた石船建造に対して、徳川政権が再度の釘を刺したものであろう。

ところで、従来の研究では、正則が伊豆の石場に廻した石船が石を廻漕した先は広島であり、改易の原因となる広島城の石垣普請用の石出しであると理解してきた。しかし、これが元和六年から開始予定の江戸城石垣普請用の石出しであったことは、細川氏の動向などからみて、もはや疑う余地はないだろう。他方、正則が右と同時に広島城の新規の石垣普請を計画していたとすれば、わざわざ伊豆に石場を求めずとも、近隣の摂津や淡路に良好な石場があり、経費や手間を考えればそちらから運ぶのが自然な考えである。しかも、この時期に広島城の石垣普請用の石出しを関西でしていたならば、国許にいる大橋・吉村に対して石船・荷船の廻漕を命じるにあたって、正則が伊豆（江戸用）のみを指示し、関西の石場に関して何もふれるところがないのは不審である。これらの点から、石船・荷船の作事は伊豆の石出し用であり、この時期に広島城の石垣普請のための石運びは予定されていなかったとすべきである。

要するに、大規模な石垣普請のためには石の調達が不可欠となるが、その視点からみた場合にも、広島城の新規の石垣普請は予定されておらず、その作事・普請は既存の資材を再利用しての修復普請が主たるものであった、と考えるのが妥当であろう。広島城本丸・二の丸・三の丸は基本的に毛利氏時代に築造されたものであり、福島時代に大規模な築城はなされていないのである（光成二〇〇二）。

三　五月三日付福島正則書状に見る城割認識

前節までの検討で、福島正則が元和四年（一六一八）五月頃から翌五年にかけて、広島城の大規模な新規の石垣普請をおこなった可能性が低いことを論証してきた。しかし、元和四年末から翌五年にかけて、広島城の修復作事が実施されたことは事実としなければならない。

【史料5】（元和四年）十一月二十二日付福島正則書状（大橋文書四一）

去月廿八日の一つ書之書中、一々令披見候、

（二か条略）

一、城廻へい・矢倉、雨風ニそこね候所、つくろい無油断申付候由、是又尤之義ニ候、万事其表之義、無油断せいを入候てくれ可申候、将又昨日廿一日のあさ於御城御ちゃ被下、弥　御前之仕合無残所候、皆々気遣在之間敷候、来二月ハ　公方様御上洛之取沙汰ニ候、左様ニ候ハヽ、我等御いとま正月中ニいて可申候間、帰国ほとあるましく候、右如申万事其元之儀せいを入可申候、謹言、

【史料6】（元和五年）正月十二日付福島正則書状（大橋文書四九）

一、ひろしま本丸・二の丸・三の丸、同備後《(福島忠清)》やしきの内、其外そうがまへのやくら・へいそこね候、つくろいの大工・やねふき、其外入めの帳壱ほん、則、はんをせしめ遣候、

【史料5】では、十月二十八日付の書状への返答として、城廻りの塀・矢倉が雨風で破損したので、修繕を油断なく命じたことは尤もなので、万事広島のことは油断なく精を入れてくれと伝えている。ここで注目されるのは、国許で修復作事を実施したことが正則への事後報告だった点、しかも正則としても、なんらそれに不都合を感じていない点である。

これが武家諸法度に違反したと解釈されるのだが、法度条文には「諸国の居城は修補であっても、

必ず言上せよ、まして新儀の搆営は堅く禁止する」と規定されているだけであり、必ず事前に修復許可を得よとは規定されていない。禁止事項は新儀の築城のみである。実際には、正則の居城修繕が事前に許可を得なかったことが問題となるのだが、正則がその点を十分に理解していなかったことは、右の正則の対応から確認できる。

次に、【史料6】では、広島城の修繕箇所は本丸・二の丸・三の丸、同備後屋敷の内、惣構えの矢倉・塀であり、その作料帳に判を押したという。これは修繕完了を受けての決済帳簿であり、その際の作料も大工・屋根葺き分となっている。「其外」のなかに石工などが含まれる可能性があるとしても、主要な経費は大工と屋根葺きの賃金であった。したがって、右は風雨の損ないによる矢倉や塀などの修復作事であり、書状を見る限りでは、やはり石垣普請に関しては何の指示もないことを再度確認したい。

一方、先に引用した元和五年二月一日付の正則書状（黒田蔵人宛）では、そのうち暇が出るだろうから、まもなく帰国すると告げ、安芸・備後両国の池堤普請の件と、伊豆の石場から海端まで石出しが終わったので、急いで普請の者を伊豆まで派遣することを指示した。つまり、大水の影響から池堤の土木普請は予定されていたとわかる。

広島では、元和三年春の長雨で太田川が反乱して大洪水となり、広島の市中の河川は堤防が決壊して多くの橋梁が流失したほか、夏の洪水でも城下一円が大災害に見舞われ、正則居城の広島城も三の丸まで浸水し、石垣や櫓の壊れたところも多かったという（福尾・藤本一九九九）。安芸・備後両国の池堤普請とは、こうした領内の洪水対策のための土木普請を命じたものだったと考えられる。
元和五年四月になると、正則が先の広島城修復作事において将軍秀忠の上意を得なかったことが武家諸法度違反として問題となる。四月二十四日付の幕府老中土井利勝と町奉行島田利正による本多忠政宛連署状（『譜牒余録』三二）では、次のように説明された。

（前略）将又、福嶋左衛門大夫方、ひろ嶋の城にて普請被仕候儀被聞召候而、御気色悪御座候、然共左太被申上様ニハ、普請仕候城ニてわらせられ、如何様ニも被仰付次第と御詫言被申上候、大形左様之筋にも可相済候間、御気遣被成間敷候、（後略）

つまり、正則が広島城を普請したと秀忠の耳に入り、機嫌が悪くなった。そこで、正則が普請をした城を「わらせ」、秀忠のいかなる命令にも従うとの詫び言を入れたため、それで済むことになったので気遣いはない、と伝えた。なお、後略部分で、二人が忠政にこのことを伝えたのは近隣（播磨姫路）のためであり、「御内々」のことであると念を押している。さらに、返し書では、「彼城わりニて御免被成候」と繰り返し、早々に広島に人を派遣して変わることがあれば連絡するようにと伝えた。
このように、広島城普請の一件は「城わり」という降参の作法で済ますことになったのである。
ところが、その後、上洛した秀忠のもとに広島城の破却の様子が伝えられ、その不徹底さに立腹した秀忠は正則の改易を決定する。六月二日に幕府老中連署奉書が発給され、正則は安芸・備後二国を召し上げられ、津軽への国替えとする旨が命じられた（「東武実録」）。

今度広嶋普請之事、被背御法度之段曲事ニ被　思召候処、彼地《（城カ）》可有破却之旨依御訴訟ニ、構置本丸、其外悉可被破捨之由被　仰出候、然処ニ、上石計取除、其上以無人送日数之義、重畳不届之仕合　思召候、此上者、両国被　召上、両国為替地津軽可被下之由、被　仰出之候也、謹言、

六月二日

安藤対馬守重信
板倉伊賀守勝重
土井大炊頭《ママ》利勝
本多上野介正純
酒井雅楽頭忠世

福嶋左衛門大夫殿

この奉書では、まず正則の罪状について、広島城普請は武家諸法度違反であり、これが「曲事」と将軍秀忠が思われたが、正則が広島城を「破却」すると詫びを入れた（「訴訟」）ので、本丸のみを構えて、その外はことごとく破捨するようにと命じた。しかし、「上石」ばかりを取り除き、その上、人手が足りないといって数日を送ったのは重ね重ね不届きに秀忠が思ったので、安芸・備後両国を召し上げ、津軽に配流する、としている。

なぜ福島正則が改易になったのか。これまでに縷々述べて来た城割の作法・習俗を踏まえるならば、もはや自明だろう。ここでも、本丸のみを残し、二の丸以下を全て破却する、という、徳川政権の城割方針が貫かれている。つまり、秀忠が正則に「城わり」をすれば許すとしたのは、徳川政権の求める近世的城割の作法での城郭の破却であった。しかし、詫び言を入れた福島側は、中世的城割の作法

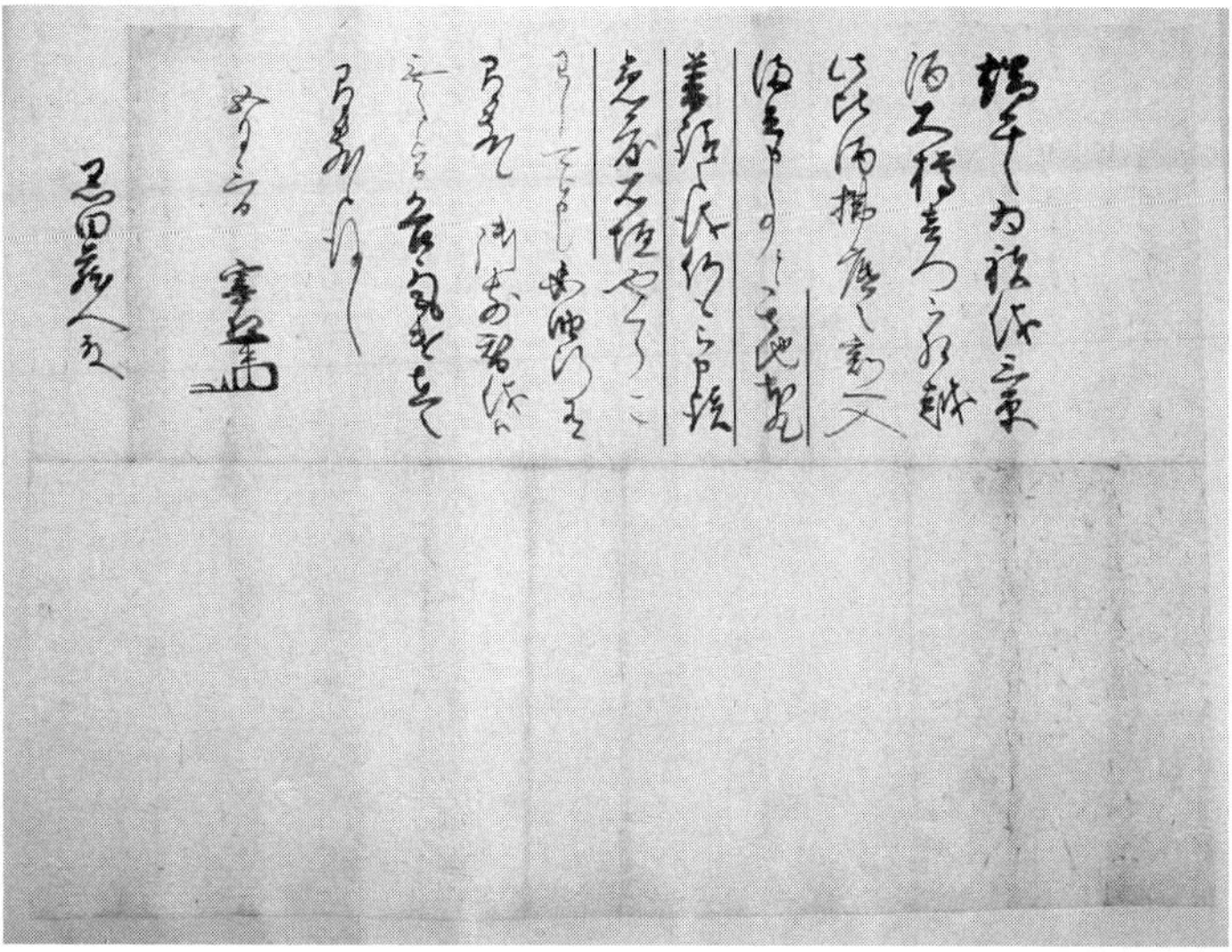

図12　黒田蔵人宛福島正則書状（九州大学記録資料館蔵）
傍線部に「其地本丸普請之儀何も被申談急度石垣やくらこわし可被申候」とある

を適用し、「上石」ばかりを取り除くという象徴的・部分的な城割で対処した。このことに秀忠は激怒し、改易という厳命が下されたのである。

これに対して、正則自身はどのような城割認識をもっていたのだろうか。改易の命が下る約一か月前の元和五年五月三日付書状で、正則は国許の黒田蔵人に宛てて城割についての指示を出した（福田一九九九、図12）。その内容は「本丸普請は、何れもと相談して、必ず石垣・櫓を壊すように」というものであった。これと同様の書状は、同日付の次の書状でも示されている。

【史料7】（元和五年）五月三日付福島正則書状（『三原市史』七九）

端午之為祝儀、三原酒大樽幷干鯛弐拾まい被相越、此比酒払底候刻、一入満

足中事候、広嶋本丸普請之義、何も被申談、急度石垣・やくら、こわし可被申候、必油断有間数候、御前替儀ハ無之候間、各気遣在之間敷候、謹言、

五月三日　　宰相（書判）

尾関右衛門太郎殿

黒田蔵人宛の書状とほぼ同文である。この共通性から、正則が指示した城割は、本丸の石垣と櫓を壊す内容であったことは間違いない。しかも、既述のように、修繕箇所は本丸から惣構えにいたる広大な範囲の作事だったにもかかわらず、正則は本丸に限定して城割の指示を出した。ここに、正則や福島家中の城割認識を解くヒントが隠されているのではないだろうか。つまり、正則は、問題となった修繕箇所を壊すように指示したわけではなく、また秀忠の命令だったという二の丸以下の破却を命じたわけでもなかったのである。

この正則の指示を受けて、国許では本丸石垣の「上石」ばかりを取り除くことで対処した。なぜ「上石」を除くという城割を実施したのか、という点については、これまで何度も述べてきたように、それが戦国期の降参の作法だったからである。本丸の石垣には通常、調達できた石のなかでも良質の「上石」が用いられる。いわば、城の顔である。その「上石」を取り除く行為は、城の核心を可視的・象徴的に傷つけるという意図が込められていた。いわば、武士の体面を剝ぎ取らせる身分刑の一種だった。つまり、福島家中は城割をいい加減に対処したというよりは、降参の作法に従って象徴的に城割を自ら実施したものであった。むしろ本丸の目立つ箇所を壊したことで、善処した、あるいは

必要以上の服従を将軍に示したつもりでいたかもしれない。

しかし、徳川政権が求めたのは、新しい城郭観のもとでの城割であった。仮に、正則側に指示された条件が単に「城わり」であり、明確に二の丸以下を破却せよとの条件が明示されなかったにしても、徳川政権の城割の方針はすでに慶長十九年の小田原城の破却で示され、翌二十年の大坂城の破却において、諸大名を動員して二の丸以下を破却しており、これが新たな城割方針であることは既成事実化されていた。つまり、二の丸以下の破却条件が明示されなくとも、戦国時代の終焉を迎え、新しい城郭観が志向されるなかでの降参の作法としての城割とは、二の丸以下を破却して本城のみとし、二の丸以下を平地化して城郭を非武装化することが必要だったのである。

ここには、明らかに旧慣に従った城割を実施した正則および福島家中と、新しい城郭観のもとでの城割を求める将軍・徳川政権側との認識のズレがあり、後者にとってこれは由々しき問題であった。正則を改易にせざるを得なかった将軍・徳川政権側の真意は、その辺りに求められるのではなかろうか。

大坂夏の陣後には、諸国城割令、武家諸法度などが定められ、新しい城郭観のもとでの城郭政策を定着させることに緊要の政治課題があった。というのも、諸大名はいまだ戦国期の古い城郭観のもとにあり、徳川政権の政策に対して曖昧な認識しか持ち合わせていなかったからである。しかも、福島家中が進めた一連の対応では、城割に関しても、降参の作法として二の丸以下を破却せねばならないという考えが共有されていないことが露見した。ここに至って、徳川政権は城割の旧慣を払拭せねばならないという政治的な動機をもつに至り、正則の改易を命じた六月二日付の老中連署奉書において、正則側が本丸の外、即ち二の丸以下を破却しなかったことが問題の核心にあることを明言し、諸大名の意識化を図ることになったのである。

おわりに

これまで福島正則の改易原因は、広島城で大規模な新規の石垣普請をおこなったこととされてきた。しかし、本章では、元和期にそのような石垣普請がおこなわれた形跡がないことを指摘した。つまり、実際には石垣普請ではなく修繕作事であり、その事前申請を怠ったということが問題だったが、正則が秀忠に詫び言をしたことから、当初は城割で穏便に済まされるのではないか、というのが大方の見通しであった。実際に、正則は修復作事に関して本多正純に事前に秀忠の内意を得る努力をしていたこともあり、秀忠としても何がなんでも正則を改易に追い込もうという意図はなかったのである。

これまでの福島氏の改易については、徳川政権による外様大名統制策の一環として理解する傾向が強かった。正則は文禄・慶長期の公儀において、豊臣取立の有力大名として重要な役割を担ってきた。とくに関ヶ原合戦における正則の主導的役割は明らかで、戦後の安芸・備後両国の拝領へと領地を拡大させたことが、徳川政権から危険視されたというのである。

しかし、慶長十六年（一六一一）に実現した徳川家康と豊臣秀頼の二条城会見において、正則はそれまでのような政治的な役割をはたせなかった。慶長十七年には病気を理由として嫡子忠清に家督を譲り、隠居したいと願い出たほどであった。これは許可されなかったが、以後の正則は徳川将軍家に恭順な態度を示し、大坂の両陣では江戸に留まり続けた。

そのような正則の態度は、元和四年（一六一八）二月に江戸にいる嫡子忠清に宛てた書状で、「御城」（江戸城）への出仕が第一であり、酒を控えて公儀を第一にすること、を命じたところに明らかだった（『広島県史』近世史料編Ⅱ―三四）。また、大坂夏の陣後に正則は秀吉から与えられた羽柴名字を止め、自発的に福島に戻した。このように、徳川大名化に向けて直進していた正則を、元和五年にあえて改易にしなければならない政治的理由はなんだったのか。それは、正則個人を政治的に失脚させるという目的よりは、福島氏側の城郭をめぐる一連の対応によって、徳川政権が緊要な政治課題としていた城郭政策のうえで放置できない問題が顕然となったから、というのが本章の結論である。

元和六年三月十九日付の細川忠興の書状（『細川家史料』一―二〇五）によれば、在国中の忠興は江戸にいる嫡子忠利から、小倉城の修理普請は新規であれば無用で、前のごとくであれば普請してよい旨の幕府老中の返答を得たと報告を受けた。にもかかわらず、「「焼鳥のへお《捉緒》」と考えて一切命じていない」と忠利に書き送り、その後、正式に奉書が発給されるまで普請を延期する用意周到さをみせた。これも表向きは武家諸法度違反として理解される正則の改易事件を受けて、諸大名に城郭普請に関して事前申請をとる必要性が、一層浸透していったことをよく示す事例だろう。

正則自身も城郭政策をめぐる自らの対応の不手際を自覚した節がある。改易直後の七月二十四日付の書状（尾関右衛門太郎宛、『三原市史』八七）で、次のように述べた。

今度ハ我等年寄候てなれ候ゆへ、不慮之仕合、皆々迄きつかい被致、面目も無之仕合ニ候、

文意は、「今度のことは、自身の年寄りの慣れから、（改易という）不慮の次第となり、皆々に気遣いをさせて面目ない次第である」ということになる。遠回しながら、自己の時代遅れの古い慣習に従ったことから改易に至ったことを家中に詫びている。この古い慣習が古い城割慣行―自破の作法―だったと関連づけるものはないが、改易に至った真の原因は、武家諸法度違反という直截的な理由よりも、乱世の終焉という変化に対応できなかった自己の限界にあったことを、正則こそは自覚していたと読み取ることぐらいはできるのではないだろうか。

以下、福島氏の改易事件を中心に、城郭をめぐる秩序形成についての論点を整理すると次のようになる。

第一に、徳川政権は居城修復の際に普請許可を得ることを武家諸法度に規定した。これに対し、福島氏は将軍の許可を事前に正式に得ることなく無断で修築した。ここには、大名居城普請を管理下に置くという武家諸法度に示された新しい価値観に対して、城を自律的に運営していくという旧来の価値観が対抗していた。

第二に、改易の真の理由は、城割に関する認識のズレにあった。詫び言により降参の作法として実施した福島側の城割方法は、本丸の象徴的な箇所を自ら破るという自破の作法が採用された。これに対して、徳川政権が求めていたのは、二の丸以下の破却という城郭の非武装化―近世的城割の作法―

であった。ここには新旧の城割観が対抗していた。

要するに、徳川政権の定める論理が幕藩間での合意を形成するまでには、福島氏のような戦国的認識に基づく城郭観や城割の作法が否定される過程があった。福島正則の改易は、そうした旧慣に依拠し続ける者たちへのサンクション（制裁）だったのである。

豊臣大名として福島正則と歩調を合わせてきた黒田長政は、正則の改易の報に大きな衝撃を受けた。そして、すぐさま嫡子忠之に書状を送り、「十年先には弓矢の穿鑿まで」と書いて、今後の生き方を訓諭した（『福岡県史』福岡藩下 一二八〇）。城郭のみならず、弓矢の一本に至るまで、大名の軍事力は徳川政権によって干渉を受ける世の中になるだろうと、近い将来を予測したのである。そうなれば、戦国武将として自律的に生きのびる場所はなくなる。そのように観念したのは、一人黒田長政のみではなかったことだろう。

第六章　原の城の破却と古城のゆくえ——島原・天草一揆の戦後処理——

はじめに

三代将軍徳川家光が「鎖国」政策を展開する寛永期には、古城のもつ軍事的機能を再認識させる重大事件が勃発した。寛永十四年（一六三七）十月に、肥後天草島と肥前島原半島の領民が蜂起してキリシタンに立ち返って一揆を結び、旧島原領主の有馬氏が建造し、諸国城割令により廃され、古城となっていた原城を修復して立て籠った。いわゆる島原・天草一揆である。十二月から翌年二月まで、約三か月に及ぶ籠城戦となり、天草四郎時貞を盟主とした一揆勢が鎮圧され、容赦のない殺戮と徹底した城割が実施された。その凄惨さは、首のない人骨が多数出土し、残存する石垣などもその存在を否定するように粘土で埋め尽くされていた原城発掘遺跡により証明されることになった（石井・服部編二〇〇〇）。

ところで、島原・天草一揆に関する研究は多く、主にキリシタンや宗教史の観点から研究が深められている（五野井二〇一四）。これに対して、原城破却の問題については発掘遺構などを踏まえた言及があるが（伊藤二〇〇〇、松本二〇〇一）、いまだ十分な検討には至っていない。そこで、本章では、

図13　出土した首のない人骨

原城破却の様相を文献史料から具体的に明らかにし、その後に徹底化される端城統制の状況を示すことで、慶長二十年（一六一五）の諸国城割令以来の端城統制が最終的な決着をみる段階を位置づけたい。史料に関しては鶴田倉造『原史料で綴る天草島原の乱』（鶴田一九九四）があり、本書からの引用は丸カッコ内に史料番号のみを掲示した。

なお、島原・天草一揆の際に、原城は「はるの城」と呼ばれていた。たとえば、島原城主の松倉勝家（重家）が十二月十日付で日根野吉明（豊後府内）に送った書状（〇七六一）に、「爰元之儀、ありまの内、はるノ城と申所ニ、きりしたん共取籠居候ニ、今日をしつめ、はるの城下ニをしよせ申候」とあり、島原城主自らが「はるノ城」「はるの城下」と記したところに明らかである。そこで、以下では原城《はらじょう》ではなく、原《はる》の城《じょう》と表記することにしたい。

一　近世城郭としての原の城

原の城の築城経緯については、イエズス会宣教師の報告書に若干の記事があるに過ぎない。それによれば、文禄・慶長の役（朝鮮出兵）後に、有馬晴信が現在居住している城よりも一層適地に新しい城を建築中であり、慶長四年（一五九九）に着工して同九年に完成したとしている（五野井一九八〇）。発掘調査により検出された石垣や現存する石垣なども、慶長年間前期の織豊系城郭の影響を受けており、出土した陶磁器のほとんどが十六世紀末から十七世紀初頭の制作であることなどから、中世の城を改修したのではなく、まったく新規に築城した近世城郭と推定されている（石井・服部編二〇〇〇）。

戦国期の有馬氏は日野江城を本拠地とし、原の城はその出城として築城された（原の城を本城とする説もある）。慶長五年（一六〇〇）の関ヶ原合戦で、有馬氏は徳川方に附属して領土を安堵されたが、同十七年に有馬晴信が、かつて龍造寺氏に奪われた有馬氏旧領三郡を回復しようと図り、家康の近臣本多正純の与力岡本大八に賄賂を贈った。これがきっかけとなり、いわゆる岡本大八事件に発展し、晴信も甲斐に配流のうえ切腹となった。ここに戦国大名有馬晴信の時代は終わる。

家督は晴信の子直純に引き継がれたが、慶長十九年に直純は一万三千石を加増され、日向延岡に移された。元和二年（一六一六）に大和五条の松倉重政が日野江城主として入部するが、日野江城・原の城は領内南端に位置し、また、中世以来の有馬氏の故地による離反への対処と近世領国経営の必要

図 14　海側からみた原の城本丸

図 15　海側上空からみた原の城全景

から、森岳城（島原城）を新規に築城するとともに、日野江城とともに原の城を廃城とした。森岳城は、諸国城割令後に大名が新規に居城を普請した事例としても注目される。

従来、原の城の廃城理由については、近世大名の居城として形式・規模ともに不適であったためとすることが多かったが、近年の発掘調査の結果では、原の城には高石垣があり、本丸には最大級の桝形虎口をもつ織豊系城郭の影響を受けた近世城郭であったことが明らかになってきた。しかも、海岸に突き出した標高三十一メートルの岡に築かれ、本丸、二の丸、三の丸、天草丸、鳩山出丸などから構成される大規模城郭であり、周囲は約四キロ、東は有明海、西および北は一部を除き一面泥土の天然要害であった。一揆勢の籠城戦に示されたように、廃城の理由は籠城戦を得意とする山城（丘山城）であったことも考慮されよう。

原の城は廃城になったとはいえ、高石垣などは残されたままであった。それは、発掘調査の結果から、石垣は部分的に破却されただけであり、粘土で固めて徹底的に更地化する破却は「乱後」であったことが判明している。また、大量の瓦や陶磁器の出土は、籠城当時の原の城には何らかの構造物があり、ある程度しっかりとした城郭としての機能があったのではないかとされている（松本二〇〇〇）。

つまり、原の城は新しく入封した大名松倉氏のもとで廃城となったが、諸国城割令後も徹底的な城割がなされていなかったと考えられる。松倉氏は、日野江城・原の城とはまったく異なる場所に平城である森岳城を新たに建造中であり、その傍らに労力をかけて両城をわざわざ壊す必要がなかったことも一因にあろう。

図 16　史跡原城跡の指定範囲

こうして古城となった原の城だったが、再び城として脚光をあびることになる。寛永十四年（一六三七）十月中旬より天草・島原の領民が禁止されていたキリシタンに立ち帰り、十月二十六日には島原城に向けて進軍して城下を放火し、同城を破壊した。二十八日には有馬に集結し、原の城を修復して立て籠もった。翌二十九日には天草大矢野でも一揆が起こり、唐津藩の富岡城を攻撃し、十一月十四日には天草上島において合戦があり、富岡城代三宅藤兵衛が戦死する事態に陥った。肥後細川藩の出兵などにより富岡城陥落をあきらめた一揆勢は、十一月二十三日に天草を撤退して島原に移り、すでに籠城していた原の城の一揆勢と合流した。その数は二万五千から二万七千とされる。

山田右衛門作の覚書によれば、普請は五、六日内に、城中の小屋は七、八日で完了したという（一五二六）。寛文三年（一六六三）に記された『島原天草日記』（松平輝綱著）でも同様だが、十二月三日に天草四郎が原の城に入ってから四、五日で男女全員が籠城し、五、六日には城の修復が進み、七、八日には城中に仮小屋を建てて小旗を並べ、九日には天草からの二千七百人が原の城に加わり、乗ってきた船を大江浜で砕いて城中の塀の資材としたとしている。一揆勢の原の城籠城開始から四郎の入城までに約一か月間があるので、その間にも籠城準備が進められていたとみられる。

原の城を実見した志方半兵衛（細川立孝付家老）は十二月十八日付で書状を送り、「きりしたんは鉄砲打不申、城廻りニ白昇一間程ニ一本宛立て丶、内ニハ小路をなし見事に家作いたし居申候よし申候」と述べて、十二月中旬にはすでに城内の家作を終えていることを伝えた（〇八四四）。

原の城を描いた絵図をみると、城内のいずれの郭にも家屋敷が描かれている。これが籠城前からあったものなのか、籠城後に拵えたものなのか、が問題となる。先行研究によれば、これらは資材の節約と弾よけのため半地下式のものが多く、崖の斜面に横穴式の住居も造られた。原の城の防御施設は、城壁に沿って板塀を巡らせ、堀の裏には土を盛って、土俵を積み、堀の裏数メートルのところに、堀と並行に空堀を掘ったものだったとしている（藤本一九九三）。

貝原益軒が著した『黒田家譜』によれば、原の城の軍備は次のようであった。

> 原の城は縦十三町横二町許、東は城の後にて海をおへり。南の小山に出城あり。天草の者籠り居ける故天草丸といふ。甚峻岨なり。此出城より本丸迄三町三反はかり有。城の惣かまへは、屏の高さ七尺許にこしらへ或船板をしつらひ、屏の外に二間三間宛所々にから堀をほり、屏下を内より堀道にし、から堀のむかひに高さ四尺横三尺の土手を築き、其腹に穴を多くうかち、それより鉄砲を打、又本丸口惣かまへにのほり多くたて置、城の屏にハ鉄砲狭間数しらす開けり、屏の内に五人三人にて持ほとなる石を多く集め置たり。後に城乗の時かきりなく其石をおとしかけたり。

原の城は、東は海に接した断崖絶壁であり、南にある出城（天草丸）は「峻険」であり、城には惣構えがあり、その上に屏をめぐらし、屏の外には空堀を掘り、屏の内側は堀道をめぐらし、空堀の向かいに土手を築いて鉄砲狭間を明け、本丸口惣構えには昇りを多く立てて、石落としのための大石を集めていたという。

上使（板倉重昌・石谷貞清）が大坂町奉行に報告した十二月十一日付書状には、「城の惣構ニ芝土居をつき、鉄砲さまをきり、城中より少々鉄砲放申候」（〇七七四）とあり、右の記述と重なるところがある。

また、十二月二十日の攻撃で、三の丸を責めた立花勢（筑後柳川）は、幅三間から四間、深さ一間余りの堀切に進路を阻まれた。堀切に飛び込んだ侍は、城より見下しに鉄砲を打たれ、死傷者を多く出す結果となった（〇八六二）。これも惣構えの塀の外に空堀を掘ったという記述と一致する。

ただし、天草大矢野にいた渡部小左衛門の口書によれば、「有馬はるの城、前かとより拵立籠リ可申筈とハ不承、実俄《にわか》の事に而可有御座かと存候事」とあり（〇八五四）、以前より籠城が予定されていたわけではないとの見解を示していた。原の城の籠城人数は、記録により二万四千人から三万六千人と幅があるが、これらの人数をもって堀や塀といった防御施設、籠城のための家作などが俄か仕立てで造られた可能性は高いだろう。

とはいえ、十二月十三日付で久留米有馬家家老から豊後目付へ宛てた書状には、「一揆共居申所構能御座候」、「天草・島原之内を見立候而、楯籠候儀に御座候故、所柄如形節所に相見江申候、松倉殿陣所之内、古城より北之方一口ならてハ、当分寄場も無之様に相見江申候」とある（〇七九七）。つまり、原の城は城郭の構えがよく、天草・島原の中から選んで立て籠もった場所なので、典型的な節所（要害のよい所）であり、城の北側にある三の丸方面からしか攻められない天然の要害であることを認めた。まさに一揆勢が選んだ原の城は、誰が見ても籠城戦を得意とする丘山城だったのである。

二　諸大名の動向

一揆が蜂起したとの情報が江戸に届いたのは、十一月九日のことである。協議の結果、上使として板倉重昌、副使として石谷貞清が派遣されることになった。江戸にいた島原城主の松倉勝家にも、急ぎ領地に戻り鎮圧するように命令が下った。肥前佐賀の鍋島勝茂と肥前唐津の寺沢堅高には、同国の故をもって加勢の者を遣わすように命じられた。在府中の細川忠利（肥後熊本）、立花忠茂（筑後柳川）、有馬豊氏（筑後久留米）、中川久盛（豊後岡）、稲葉一通（豊後臼杵）といった近隣の大名には、国許の留守居に援軍を派遣させるように命じ、豊後目付の命令に従うようにと伝えられた。十二日になると、使番松平行隆の島原派遣と細川・黒田・五嶋・木下・稲葉・中川・有馬・立花・鍋島などの在府の諸大名には、子息ないし舎弟を自領に戻すように命じられた。大名自身に帰国が命じられたのは、相良・伊東・松浦・寺沢・久留島・秋月といった九州内の各大名であるが、領内仕置のためであり、この段階では出陣が命じられたわけではなかった（〇三二二）。

松倉勝家は十一月九日に、板倉重昌は十日に江戸を出発した。島原城へは、松倉は十一月二十四日に、板倉は十二月五日に入った。十二月十日に板倉と長崎奉行榊原職直の命令で、五万人余りが第一回攻撃を仕掛けたが、寄場が悪くて鉄砲が届かなかった。二十日にも二度目の総攻撃を仕掛けたが、これも失敗に終わった。

一揆鎮圧を軽く見ていた幕府は、十一月二十七日に早くも戦後処理のための上使松平信綱と副使戸田氏鉄を任命した。信綱らが十二月二十七日に下関に到着した知らせが板倉重昌のもとに届くと、板倉は功を焦り、寛永十五年元旦に三度目の総攻撃を開始した。しかし、これは幕府軍の大敗北に終わり、板倉自身も戦死する事態となった。四日、松平信綱・戸田氏鉄が原の城近くの幕府陣営に到着し、態勢を立て直すことになった。

当初は近隣大名自身の動員は掛けられていなかったが、長引く籠城戦のため、正月十二日には在府の九州大名（小笠原忠真・同長次・黒田忠之・立花宗茂・鍋島勝茂・細川忠利）に軍勢派遣が命じられた。これを受けて、二十四日までに各軍勢が有馬に集結した。大名自身の有馬出陣も命じられたため、たとえば筑前福岡の黒田忠之は、正月十二日夜半に江戸を出立し、二十五日夜に小倉に着き、福岡へは立ち寄らず、そのまま長崎街道を下り、二十八日昼過ぎに有馬に着陣した。黒田の総勢は、支藩の秋月・東蓮寺をあわせて、二万余とされている（『黒田家譜』）。

諸勢が終結した後、幕府軍は仕寄りをじりじりと原の城に近づけ、二月半ばには二の丸・三の丸の城壁から約二十メートル以内に達し、城内に砲弾が十分届くようになった。また、物資が底をつきかけた一揆勢は、二月二十一日に夜討ちを仕掛け、西側に陣所を置いていた黒田勢の柵を破り、鍋島勢の井楼や小屋を焼き、食糧・玉薬などを奪って二時間後に引き上げた。これを見た幕府軍は、一揆勢の抵抗力が限界と達したと判断し、二十六日の総攻撃を決めた。実際には雨天のため、二十八日に延期することになった。

ところが、二十七日未刻（午後二時頃）に鍋島勢が先駆けをして三の丸に乗り込んだ。これを見た諸勢も一斉に戦闘を開始し、出丸を押さえ、三の丸、二の丸を攻略した。夜に入って本丸の五分の一程度を占拠し、柵を付けて夜が明けるのを待った。翌二十八日未明より戦闘が再開され、九ツ時分に落城（十二時頃）した（五野井二〇一四）。

幕府軍は、いずれの場所でも放火をしつつ、一揆勢を殺害していった。細川忠利・光尚父子が豊後目付に二月二十七日戌刻（午後十時頃）に送った速報では、「三ノ丸・二ノ丸、はや七ツ時ニ乗込み焼払、切捨ニ仕候、本丸ハ同日酉ノ刻ニ乗込みやき申候、何《いずれ》も一度ニ相済、目出度存候」とあり（一四〇三）、本丸、二の丸、三の丸を放火し、一揆勢を切り捨てにしたと報告している。

寺沢家臣の古郷孫兵衛によれば、「火矢」を射るようにとの命令を受けたので、弓の衆七人を連れて、仕寄場岸の下より火矢を射させた。ついで、岸に上り、城中の「坂の折口の小屋」に「火をかけ候へ」と弓の衆に命じたところ、小屋の内より鉄砲を打ち出し、その後、鉄砲をさげて城内に逃げたので、本丸の石垣際へ行き弓を射かけさせたという（『寺沢藩士による天草一揆書上』）。

寛永十五年二月二十九日付で熊本藩家老松井興長の家臣が記した戦功記録では、まず三の丸に入ったが敵がおらず、二の丸塀下に取り掛ると、激しく弓・鉄砲・石にて打たれた。これに屈せず、二の丸になんとか乗り込み、六、七人の鎗持ちを討ち取ると、小屋に火を懸けさせて本丸に移ったとある（「御尋ニ付申上覚」）。

「岡山藩聞書」（一四二二一）に所収された石丸七兵衛・井関三太夫・遠山才兵衛・湊五左衛門書状

（内匠様・志摩様・兵部様宛）には、次のようにある。

諸手ノ衆乗込、小屋〳〵ニ火をかけ候へ共、日暮申ニ付、敵千計かたわきへ追込、其夜ハ篝をたき諸手ノ衆よせ口〳〵ニ陣取、廿八日ノ四ツ時分ニ不残打果申候、味方雑兵事の外死申候、何程共数ハいまた聞不申候、

このように、諸手が乗り込んだ先々で小屋に火を懸け、敵千人を一方へ追い込み、二十七日夜は篝をたいてそれぞれの寄せ口に陣取り、翌日朝より全員を討ち果たしたが、味方の雑兵も多く死んだと伝えている。

落城からしばらくたった三月十二日付の細川忠利書状では、二十八日の殺戮の様子を次のように記した（一四九二、傍線筆者補）。

さて大将四郎首我等手へ則討取申候、三之丸・二之丸・本丸ニ至迄、首は取不申なてきりニ仕候、さて廿七日之夜本丸ニ陣取せ申候、本丸之やけ候ニ寄、其はし〳〵丸へきりしたん集居申候を、明廿八日諸手寄候而午之刻ニころし申候、さて、上使之人数・我等・立花・小右近兄弟・水日向なと人数は陳（陣）場へ罷帰、黒田・鍋島・有玄なとハ其儘本丸を巻、はし〳〵ニ未ゐ申候女・子共ニ至迄廿八日之晩迄ころし被申候事、

（中略）

本丸にて之死人、七重八重かさなり死申候、やけ候おきを手ニ而押上ケ中へはいり死候もの数々ニて御座候、

諸記録により多少の異同はあるが、本丸で大将の天草四郎の首を取ったのは細川家中であること、三の丸、二の丸、本丸に至るまで撫で斬りにして首を取ることはしなかったこと、本丸が焼けたので端々の郭に一揆勢が集まっていたのを二十八日午後までかけて殺戮したこと、これをもって上使以下水野までは陣所に戻ったが、黒田・鍋島・有馬はそのまま本丸を取り巻き、女や幼い子に至るまで晩までかけて殺戮したという。こうして、原の城は落城した。

こののち、大名自身は早々に帰国が命じられた。肥前鍋島氏の記録によれば、三月三日に「有馬惣陣払」があり、各諸将が帰陣した。鍋島勝茂も三月三日に有馬を出発し、五日まで神代に滞在したあと、六日に佐賀に帰城した（「勝茂公譜考補」）。

黒田忠之（筑前福岡）は上使より帰国を許され、三月三日に有馬を出発して島原に入り、四日は渡りを超えて寺江に宿泊、五日に神埼、六日に筑前原田、七日板付、八日に福岡城に入城した（『黒田家譜』）。黒田長興（筑前秋月）は、上使より帰陣を命じられ、三月三日に兄の黒田忠之の出発を見送った後に有馬を発ち、ゆっくりと進んで十一日に秋月に戻った。すぐに福岡に向かい、兄に祝儀を述べたのち、秋月に戻った（「秋城御年譜」）。このように、黒田氏は鍋島氏と同様に、三月三日に陣払いをしている。

一方、筑後久留米有馬豊氏・忠郷父子は、落城の翌日には早々の帰国を上使から伝えられたという。二月二十九日付で忠郷が国許の留守居（有馬内蔵助）に宛てた書状には、次のようにある（貞享二年作「島（原）覚書」）。

当地落城存知之外早ク相済悦申事ニ候、今朝　上使衆、玄蕃頭（有馬豊氏）殿江御出候とて、我等小屋江相越候て、永陣候条親子共ニ帰陣候様ニと被仰渡候条、四、五日中に可罷帰候、船共其元ニ居候者、早可被越候、我等其元ニ而主水所ニ居可申候間、其心得可有候、（後略）

つまり、父子ともに上使から帰国を命じられたので、四～五日中に帰国の予定と伝えた。三月五日付で有馬豊氏が同じく久留米の留守居に送った書状には、「皆々帰国候間、我等も今明日中ニ出船、頓而久留米江着城可申候」とあり、五日か六日に南島原を出船し、帰国の途につく予定を告げた。実際には三月六日に陣所を出立し、日野江まで出向き、そこから乗船して、七日に久留米に帰城した。嫡子忠郷は、三月二日に陣所を出立し、日野江から出船し、三日に久留米に帰城し、八日には早くも久留米を出発し、江戸に参勤した。

以上のように、落城後、三月三日前後より順次、大名自身の帰国が始まったが、次節で述べるように一部の軍勢は戦後処理のため、引き続き原の城に留まった。

三　落城後の原の城

原の城は二月二十八日に落城し、翌二十九日より上使松平信綱が戦後処理を開始した（一四三〇）。まず、二十七日・二十八日に討ち漏らした一揆勢の探索を命じ、石の陰や穴の中に隠れている者を探し出し、二十九日七つ（午後四時）過ぎまで殺戮を続けた。

三月二十三日付で細川家家老より江戸留守居に宛てた書状には次のようにある（一五一九）。

本丸詰之丸ハ如右のりこミやけ跡ニさくを付、其夜先手ニ而夜を明し火あかり有之内、さくのそとにてきりしたんを討ころし申候事数もなく候、廿八日ひる時分ニ済候との事少も無偽候、其分にて候、本丸之内出丸へきりしたん寄候て居申候を、諸手の衆寄相廿八日之朝より昼までころし、（中略）廿八日之夜かけて廿九日迄もしかいの下ニかゝミ居候もの、又ハあなの中に居候ものなとハころし申候間、廿九日ニ落城と申候ても偽ハ無之候、

本丸奥にある最後の砦である詰の丸の焼け跡を柵で囲い、耐え切れずに柵の外に逃げ出て来た者を殺戮した数はわからないほどで、二十八日昼まで続けられた。本丸の出丸に集まっていたキリシタンも、二十八日朝から昼にかけて殺した。二十八日夜から二十九日までは、死骸の下にかがんで隠れ、一穴の中にいる者までを殺したので、二十九日に落城といっても誤りではない、と伝えた。つまり、一揆勢に対する容赦ない殺戮が、落城とされる二十八日から翌二十九日昼まで続けられたのである。

次に、城内で殺害され焼け続けている死骸に、水をかけて消火にあたった。三月一日付細川忠利書状には次のようにある（一四四二）。

一、右より諸手申合ニ切捨と申候故、城乗候日ハなて切ニ仕候得共、聞への為に何首も集候へと上使御申候故、我等人数通候とをりの男女の首を集させ申候、明る日首あつめ候故、其内はやぬすミ候首も亦やけ候首も多御座候、更共ひろいあつめ只今迄の分三千六百余御座候、本丸の内にて鉄炮ニて打殺し候者ハ、いまた火御座候而成不申、端々やけ候首を于今集候間、惣都合

未知不申候事、

つまり、当初は一揆勢を撫で斬りにすると申し合わせていたが、落城後に将軍家光への報告のため首を集めるようにと上使から命令があり、細川の攻めた道筋の男女の首を集めさせた。落城の翌日のことであったので盗まれた首も多かったが、三千六百余の首が集まった。しかし、本丸において鉄砲で打ち殺した者の首はまだ火が消えないので、総数がわからない、としている。つまり、死骸に水をかけたのは、一揆勢の総数を把握するために、首を数える必要があったことも一つの理由であった。

三月四日には松平信綱から細川家家老の有吉・長岡に指示があり、方々に捨てられた首を一所に懸けるように細川から諸手に伝達するようにとのことであった。そこで、道奉行を出し、捨り首を一所に懸けることになった旨を鍋島・黒田・有馬・立花・寺沢の家老各一名に廻状で伝えた（一四六一）。なお、切り捨てとの命令にもかかわらず、戦乱の最中に、首を取り、あるいは鼻を取って証拠とする者もいた（稲葉二〇一七）。

さらに、諸大名家における死傷者の人数把握を命じた。上使は帰国する大名に対して家老一人を原の城に残すようにと伝えたので、久留米有馬家では有馬内記を残した。内記は三月八日の晩に松平信綱の陣所に呼ばれ、家中の人数が永々在陣し苦労であり、二十七日・二十八日に早々に落城したことへの礼を伝えられ、戦後処理が済み次第、久留米に早々に帰るようにと伝えられた。かつ、二十七日・二十八日に有馬勢が本丸・二の丸に乗り入る様子を尋ねられたので、本丸に早く乗り入った旨を言上した。家中の手負い・討死の人数も確認され、千六百八十三人のうち、討死七百三十三人、手負い九百五十人余、出陣人数は両者を含めて七千余だが、江戸・久留米に使者に行く者や雑兵として百姓が入れ替わりだったので、惣人数の委細はつかめない、と報告した（「島（原）覚書」）。最終的には有馬豊氏の惣人数は一万人、手負い百八十五人、討死七十八人、外に雑兵の手負い・死人をあわせ都合千六百二十八人と報告された（一四三七）。

最後に、山狩りと石垣の破却が命じられた。細川忠利は二月二十九日付書状で「一、両日者落人尋方々山狩」があると告げる一方で、次の命令を出した（一四三一・一四三三）。

一、楯板は、肥後へ運ぶこと、
一、井楼は崩し、竹は薪にすること、
一、明小屋は崩して焼くこと、
一、楯・大筒・石火矢はもとの持ち主に渡す、
一、将軍から受け取った「ためしの具足」は、肥後国へ遣わすこと、
一、玉薬以下も同様とすること、

早々に陣所の引き払いを命じたが、第三条で明小屋は崩して焼くことを指示した。要するに、陣所をたたむ作法として、住居を焼き捨てる方法がとられている。

また、右の細川忠利書状では山狩りにしかふれていなかったが、二十九日付で家老二人（長岡・有吉）が提出した覚には、「山さかし」の人数とともに、「石垣こわし」の人数の見込みが記されている（一四三九）。

覚
山かりの所へ
一、御鉄砲　二百丁　御頭共ニ
一、馬廻衆　五十人
一、山さかしのもの　弐千人　千くわへ都合三千ニ可被成候、
已上、
石垣こわしの所へ
一、役人　五百人
一、馬廻衆　弐拾人
一、御番頭　弐人
已上
右の分ニ申付候、いかゞ可有御座候哉、被得御諚可給候、已上、
二月廿九日　長岡佐渡守
有馬頼母佐

細川の出陣人数は総勢二万八千六百人、手負千八百二十六人、討死二百八十五人と報告していたから（一四三七）、手負・討死の数を外した二万七千四百八十九人のうち、約十四パーセントの人数を戦後処理に残すことが検討されていた。また、城割の人数は山狩りの人数より少なく、五百人として

いる。

三月一日、松平信綱の正式な下知により、原の城の本丸石垣などの破却と落人の穿鑿が命じられた。同日付の細川忠利書状では、「明日・明後日ニ落人も御座候ハんかと山々を請取狩せ、其上城石垣以下わり申候普請御座候ニ付、未侍共事外入申候」と述べていた。

松平信綱と戸田左門が連名で出した山狩り方針は、山に火を入れることは停止、百姓の作物を荒らすことも禁止、村々で乱妨狼藉をしない、山中で猪・鳥の類をみても鉄砲を撃たない、他方の衆は言うまでもなく、傍輩中とも喧嘩口論停止、落人や不審者を山中でみかけた時は生け捕りにすること、とされた(『綿考輯録』)。

その理由は、原の城内は「敵」であるが、城の塀より外は将軍家光のものだ(「皆上様の御領にて候」)、という理由からで、そのような領分で妄りがましきことをしてはならない、という方針がとられたためであった(一四五一)。

山狩りは細川・黒田(福岡・秋月・東蓮寺)・鍋島・立花・水野・有馬(延岡)・小笠原に命じられた(『綿考輯録』「勝茂公譜考補」)。三月五日の細川家中の報告によれば、四日未明より山狩りを開始し、五日未の刻(午後二時頃)に終え、細川が担当した「境内」にはキリシタンは一人もいなかったとのことだった(一四六八)。他の大名の様子は不明ながら、五日付の細川忠利書状でも「温泉山諸手ニ御申渡候て御からせ候」と告げている(一四六八)。

一方、石垣の破却を担当した大名は、記録により区々である。「大河内家譜」では、「諸手」の人数

図 17　原の城破却の発掘遺構
発掘前は奥側の更地の高さまで粘土で埋められていた．
実際の発掘では，ここから多くの人骨が発見された．

により城を破却し、屍を焼き棄てたとある。『綿考輯録』では、「原城を屠《はく》事」を担当したのは、小笠原忠真・松平重直・有馬豊氏・寺沢堅高であったとする。既述のように、細川氏は城割要員として五百人を見積もっていたが、動員されたとはしていない。「勝茂公譜考補」では、「城ヲ毀チ、死骸を屠ル事、上使ヨリ松平（黒田）右衛門佐忠之家中ニ御下知アル」としつつ、黒田と寺沢の家来に命じて、「城ヲ毀チ死骸ヲ取除、掃除ス」としている。

なお、城割の具体的な様子は、断片的にしかわからない。「水野家島原記」に、次のようにあるのみである。

城は石垣を崩し、引ならし、一揆の死骸は海手の谷へ入、山を崩し掛埋申候、方々に隠居候一揆の女童、諸手へ過分に連参、一人も不残切り申候、首共八日江口塩浜にならへさらし置候、

城の破却は石垣を崩して、「引きならし」たとある。一揆の死骸は海手の谷に落とし、山を崩して埋めた。方々に隠れていた一揆の女性や子まで一人も残らず切り殺され、日野江口の塩浜に首を並べ

図18　本丸正門前から出土した強制的に切断された人骨

て晒したという。

原の城の遺構では、本丸の虎口は石垣を割り崩して通路に流し入れ、その上を粘土で盛土をして徹底的に埋め固めていた（図17）。「引きならし」とは、このような城割方法を意味したのだろう。実際の、発掘遺構からは、首のない遺骨だけでなく、強制的に遺体を切断したとしか思えない遺骨も発見された（図18）。こうした状況から、伊藤正義は、「粘土の盛土で封印する破却が、城郭の生命を最も完全に断ち切る呪法・作法だった」と意義づけた。まさにその通りだろう。軍事的機能を消滅させることが目的であれば、本丸をこれほど徹底的に更地化する必要はない。塀や櫓といった建造物を壊し、二の丸以下の堀を埋めて平地化すれば、軍事力削減に効果があることは、大坂城の例ですでに証明されており、本丸の存在が無であるかのような更地化の目的が、軍事力削減のみにあったとはいえないだろう。

原の城の現地に立つと、この城が天然の要害であることがよくわかる。つまり、原の城に残る石垣を根石から崩したところで、山城のもつ軍事的機能を完全に消滅させることはできない。極論をいえば、原の城の自然の地形そのものを根こそぎ開削して平地化してしまわなければ、その目的は達成されることはない。要するに、城内に走り込まれれば、峻嶮な崖にさえぎられて、ふたたび籠城戦となるのは必至である。したがって、原の城の本丸を徹底的に粘土で固めた意図は、軍事力を削減することのみが目的だったとは考えにくい。第一章でも述べたように、これは攻め取った勝者の側が敗者の怨念を封じ込めるためにおこなった城をわる作法であり、城地を更地化して城の生命を完全に立ち切ることが必要だったのである。

また、秋月黒田家の家臣の覚書には、次のようにある（『島原一揆談話』）。

磯平八語りけるは、諸将より人夫を出し塀石垣等こぼちし時、われ手負の痛保養のため木屋にいたりしかども、今の世にかやうの事見るべきもはかり難とおもひ、下人におはれて城中に至りぬ。首なき死骸夥しく満ちて、本丸の死人は躰ばかり一所に積上げたるあり。其辺十間余もこれあり。高さ二三間程あり。この死骸に火燃え付、消えずして臭気甚し。是を東の高岸より波打際に落したる有様、治世には珍しき見物なりとぞ。又賊の小屋跡をみれば銘々穴を掘り、其の土を以て堀の方に揚げ石火矢等の防ぎとなし、其の穴の中に家を作り、城中の道は多く切通にしてあり。或は北の方の城外平砂には、賊の首を大分三本竹にかけたるを見しといへり。北の方少し出丸有之所に敵わずか十人ばかり隠れ居たるを、上使、松倉・寺沢両使へ仰せしは、諸軍勢は両日の働き休息あるべし。各々の手にて出丸の残賊誅伐あるべしと、御下知ありしにより両家の人数十人ばかり賊に懸りし時、逐ひつ追はれつ未の下刻より漸々申の下刻までかかりてみな誅しぬ。諸手は見物して居たりけるが、両家より出し士を抱へ申す大名は有之まじと笑いしとぞ。云々。

要約すれば、磯平八は負傷していたが、堀や石垣などを毀つ様子を見る希少な機会であると考え、下人に背負われて木屋から城中に見学に出かけた。首のない死骸が夥しくあり、本丸の死人は体ばかりを一所に積み上げていた。その広さは十間（約百八十メートル）ほど、高さは二〜四間（約三・六メートルから五・四メートル）もあった。それに火が付き、消えず臭気がひどかった。これを東の高岸より波打ち際に落として処理したという。多少の誇張はあるだろうが、本丸での凄惨な殺戮に対し、遺体の処理が進められていた様子を余すところなく伝えている。これら死体が散乱していた城域を更地化する意味とは、城割普請が「掃除普請」と呼ばれたことにつながるのではなかろうか。「掃除」をすることで、その土地が清められたのである。

最後に、上使松平信綱自身も陣払いを進めたが、その際に次のように命じた。

小屋払いは古より焼払といへども、此所は敵地にあらず、其上亡所たる之間、重而百姓移り来るため仮屋残し置くべし、

「小屋払いは古来より焼払うもの」という陣払いの原則が述べられているのが興味深いが、今回は敵の領地に攻め入ったわけではなく、原の城の外側である幕府軍の陣所は敵地ではないこと、加えて住む者のいなくなった亡所であるので、新たに百姓が移ってきたために仮屋は残すと決定したという

(「寛永拾四丁丑年九州進発・翌年戊寅到江府帰陣中之書付」)。

三月六日には舟改めの解除が上使より触れられた(一四七三)。九日、松平信綱は雑兵二百を率いて有馬より島原に発った。信綱の家中の者は十四日に有馬を立ち、十七日に小倉に到っている(「大河内家譜」)。この頃までに原の城の破却を終えたものと思われるが、わずか二週間程度の日数であった。

三　徹底化される古城統制

原の城を描いた絵図には、本丸の石垣が堅牢に描かれている。とくに「肥前国有馬原城責絵図」の本丸には、石垣の崩れた所(「石垣崩口」と墨書がある)が一か所描かれているが、他の石垣は堅牢に描かれている。現在でも原の城本丸の石垣は、角を落とし、上石を取り除くなど、象徴的に壊された形跡はあるが、よく残っている。寺沢藩士が三月二十七日と二十八日の攻め口を報告した書上では、表5のような石垣が本丸にあり、崩れたとするところは一部でしかない。熊本藩家老の松井家陪臣の報告では、「本丸ニ乗こミ候砌、(中略)、海手より三間計西ノ方石垣ノくつれめより石垣ニあかり申候」とあり、崩れた石垣から登る方が簡単であった様子がうかがえる。石垣下で一揆勢から苦しめられている様子をみても、籠城当時の原の城は崩されていない堅牢な石垣で守られていたと考えられる。

しかし、籠城後は、現在の遺構にみられる程度に石垣は崩され、粘土で踏み固めて更地となった。

愛読者カード

本書をお買い上げいただきまして、まことにありがとうございました。このハガキを、小社へのご意見またはご注文にご利用下さい。

お買上**書名**

＊本書に関するご感想、ご批判をお聞かせ下さい。

＊出版を希望するテーマ・執筆者名をお聞かせ下さい。

お買上書店名　区市町　書店

ご氏名《ふりがな》		年齢　　歳　男・女
〒 □□□-□□□□	電話	
ご住所		
ご職業	所属学会等	
ご購読新聞名	ご購読雑誌名	

今後、吉川弘文館の「新刊案内」等をお送りいたします(年に数回を予定)。
ご承諾いただける方は右の□の中に✓をご記入ください。　□

注 文 書

月　　日

書　　名	定　価	部　数
	円	部
	円	部
	円	部
	円	部
	円	部

配本は、○印を付けた方法にして下さい。

イ. 下記書店へ配本して下さい。
(直接書店にお渡し下さい)

(書店・取次帖合印)

書店様へ＝書店帖合印を捺印下さい。

ロ. 直接送本して下さい。

代金(書籍代＋送料・代引手数料)は、お届けの際に現品と引換えにお支払下さい。送料・代引手数料は、1回のお届けごとに500円です(いずれも税込)。

＊お急ぎのご注文には電話、FAXをご利用ください。
電話 03−3813−9151(代)
FAX 03−3812−3544

吉川弘文館

新刊ご案内　2019年10月

〒113-0033・東京都文京区本郷7丁目2番8号　振替 00100-5-244（表示価格は税別です）
電話 03-3813-9151（代表）　ＦＡＸ 03-3812-3544　http://www.yoshikawa-k.co.jp/

令和改元に伴い、新項目を増補―最も精確で信頼できる「天皇事典」

令和新修 歴代天皇・年号事典

米田雄介編

四六判・四六四頁／一九〇〇円　『内容案内』送呈

神武天皇から今上天皇までを網羅し、略歴・事跡などを平易に解説する。没後に天皇号を贈られた追尊《ついそん》天皇、皇位につかず太上《だじょう》天皇号を贈られた不即位太上天皇まで収め、各天皇の在位中に制定された年号や埋葬された陵《みささぎ》も記載。皇室典範特例法による退位と即位を巻頭総論に加え、天皇・皇室の関連法令など付録も充実。

古墳、刀剣、城郭、応仁の乱＆幕末地図…。
ビジュアル付録を大増補！

ここが変わった2020年版

日記と歴史百科が一冊で便利！

歴史手帳 2020年版

吉川弘文館編集部編

Ａ６判　三三六頁　一一〇〇円

◆見開きで管理できる「年間スケジュール」◆動乱の時代が一望できる「応仁の乱&幕末地図」◆古来、日本と関わりの深い世界を知る「現代のアジア地図」◆刀剣・城郭ファンにおすすめ！　博物館や城巡り、時代劇鑑賞に役立つ「図録編」がさらに充実　※古墳・梵字・服飾・刀剣・山城・天守を追加（一挙10頁）◆シックで洗練された風合の装幀に一新！

中世鎌倉のまちづくり
災害・交通・境界
高橋慎一朗著

山と谷が取り囲み、南に海が広がる鎌倉。寺社や遺跡、都市の「かたち」が中世の雰囲気を現在に伝える。多様な機能を持つ橋や禅宗寺院、武家屋敷から武士たちの暮らしを分析。人や物が絶え間なく行き交う都市鎌倉を探る。

四六判・二二八頁／二八〇〇円

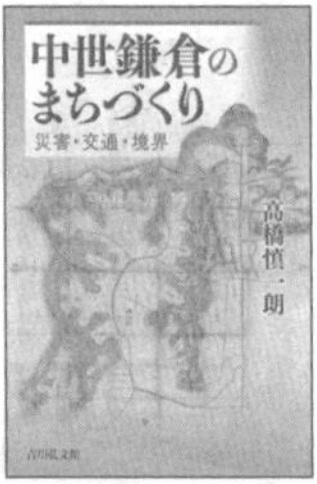

朝廷の戦国時代
武家と公家の駆け引き
神田裕理著

戦国時代、天皇や公家たちはいかなる存在であったのか。足利将軍や天下人が、天皇・公家たちと交渉を繰り広げ、互いに利用し合った実態を解明。朝廷の「武家の傀儡《かいらい》」イメージを覆し、天皇・公家の主体性を再評価する。

四六判・二八八頁／二四〇〇円

池田綱政
元禄時代を生きた岡山藩主
倉地克直著

明君と知られた父光政と比較され、きびしい評価を受けてきた岡山藩池田家の二代目当主。だが実際は、大規模新田の開発や、閑谷学校の整備、後楽園の造営などの事蹟もある。時代に呼応した統治をすすめた人物像に迫る。

四六判・二四〇頁／二六〇〇円

核軍縮の現代史
北朝鮮・ウクライナ・イラン
瀬川高央著

東西冷戦後、米ソの中距離核戦力削減、ウクライナや朝鮮半島の非核化交渉、イラン核交渉などによる核軍縮が進んだ。安全保障上の利害の異なる関係諸国が、いかに核拡散の脅威を低減する合意を成立させてきたかを解明。

四六判・二六〇頁／一九〇〇円

歴史文化ライブラリー

●19年8月〜10月発売の3冊

四六判・平均二二〇頁　全冊書下ろし

人類誕生から現代まで／忘れられた歴史の発掘／常識への挑戦／学問の成果を誰にもわかりやすく／ハンディな造本と読みやすい活字／個性あふれる装幀

487 〈謀反〉の古代史
平安朝の政治改革

春名宏昭著

平安前期、充実した国政運営が進展する一方、承和《じょうわ》の変をはじめとする政変が頻発したのはなぜか。有能な官僚による「良吏《りょうり》政治」の下で変質する天皇のあり方などを読み解き、政治を動かす巨大なエネルギーの実態に迫る。

二〇八頁／一七〇〇円

488 戸籍が語る古代の家族

今津勝紀著

国民の身分台帳たる戸籍。古代にも戸籍に人々が登録され、租税負担の基本となっていた。どの範囲の親族が記載されたのか、人口総数や平均余命、歳の差婚が多かった理由等々、古代の人々の暮らしを明らかにする。

二二四頁／一七〇〇円

489 平将門の乱を読み解く

木村茂光著

「新皇」即位―。皇統を揺るがせ、朝廷に衝撃を与えた平将門の乱。乱の原因を探りつつ、その過程に八幡神や天神など新しい神々が登場する意味や王土王民思想が発現される要因を分析し、反乱の国家史的意義を読み解く。

二七二頁／一八〇〇円

【好評既刊】

483 **皇位継承の中世史** 血統をめぐる政治と内乱
佐伯智広著 〈2刷〉二一六頁／一七〇〇円

484 **たたら製鉄の歴史**
角田徳幸著 二五六頁／一八〇〇円

485 **特攻隊の〈故郷〉** 霞ヶ浦・筑波山・北浦・鹿島灘
伊藤純郎著 〈2刷〉二四〇頁／一七〇〇円

486 **海辺を行き交うお触れ書き** 浦触の語る徳川情報網
水本邦彦著 二八八頁／一八〇〇円

歴史文化ライブラリー オンデマンド版 販売のお知らせ

一九九六年に創刊し、現在通巻四八〇を超えた歴史文化ライブラリーの中から、永らく品切れとなっている書目をオンデマンド版にて復刊いたしました。新たに追加したタイトルなど、詳しくは『出版図書目録』または小社ホームページをご覧下さい。

オンデマンド版とは？

書籍の内容をデジタルデータで保存し、ご注文を戴いた時点で製作するシステムです。ご注文をお受けするたびに、一冊ずつ製作いたしますので、お届けできるまで二週間程度かかります。なお、受注製作となりますのでキャンセル・返品はお受けできません。あらかじめご了承下さい。

読みなおす日本史

毎月1冊ずつ刊行中　四六判

日本の神話を考える

上田正昭著
一九二頁／二二〇〇円（解説＝千田 稔）

『古事記』『日本書紀』だけが日本の神話ではない。『風土記』や『万葉集』『先代旧事本紀』なども神話の貴重な断片を伝えている。その全体を東アジアとの関わりも視野に入れて見通し、日本神話の成立と構造を解き明かす。

奈良の寺々 古建築の見かた

太田博太郎著
一九二頁／二二〇〇円（解説＝藤井恵介）

絵画や彫刻と異なり実用性も要求される建築は、基本的な知識がないと美や良さを理解するのが難しい。奈良の古寺を題材に、基礎用語と建物の構造をやさしく解説した、鑑賞のための入門書。便利な建築用語索引を付す。

鎌倉幕府の転換点 『吾妻鏡』を読みなおす

永井 晋著
二二〇頁／二二〇〇円（補論＝永井 晋）

鎌倉幕府の歴史は、正史『吾妻鏡』にいかに叙述されているのか。源平合戦、御家人の抗争、北条氏の権力確立などを年代順に辿り、『吾妻鏡』の記述と京都の公家・寺院の記録を比較検証。何が事実であったかを読み解く。

日本人は、何を、何のためにどのように食べてきたか？

食材、調理法、食事の作法や歳事・儀礼など多彩な視点から、これまでの、そしてこれからの日本の〝食〟を考える。

日本の食文化

全6巻 完結

小川直之・関沢まゆみ・藤井弘章・石垣　悟編

四六判・平均二五六頁／各二七〇〇円　『内容案内』送呈

●最新刊の2冊

③麦・雑穀と芋

小川直之編

麦・粟・稗などの雑穀と芋類、豆類は日々の食を支え、救荒食ともなった。地方色豊かな雑穀と芋の食べ方、麺類やオヤキなどの粉食から、多様な主食・常食のあり方を示す。大豆の加工品である納豆と豆腐も取り上げる。

⑥菓子と果物

関沢まゆみ編

砂糖が普及する以前、甘い食物は貴重だった。古代から食されてきた栗・柿・みかん、年中行事と関わる饅頭・汁粉・柏餅、庶民に親しまれた飴、贈答品の和菓子、文明開化後の洋菓子など、人を惹きつける甘味の文化を描く。

●好評既刊

①食事と作法

小川直之編

人間関係や社会のあり方と密接に結びついた「食」を探る。

②米と餅

関沢まゆみ編　腹を満たすかて飯とハレの日のご馳走。特別な力をもつ米の食に迫る。

④魚と肉

藤井弘章編　沿海と内陸での違い、滋養食や供物。魚食・肉食の千差万別を知る。

⑤酒と調味料、保存食

石垣　悟編

乾燥に発酵、保存の知恵が生んだ食―。「日本の味」の成り立ちとは。

摂関政治最盛期の「賢人右府」
藤原実資《さねすけ》が綴った日記を待望の現代語訳化！

『内容案内』送呈

現代語訳 小右記 全16巻

四六判・平均二八〇頁／半年に1冊ずつ配本中

倉本一宏編

⑨「この世をば」

【第9回】二八〇〇円

寛仁二年（一〇一八）正月〜寛仁三年（一〇一九）三月

道長三女の威子が後一条天皇の中宮に立ち、「一家三后」という形で道長の栄華が頂点を極める。その宴席で和歌を詠むことを求められた実資は、道長の詠んだ「この世をば」を皆で唱和しようと提案。その胸中や如何に。 三一二頁

好評既刊

❶三代の蔵人頭《くろうどのとう》 二八〇〇円
❷道長政権の成立 二八〇〇円
❸長徳《ちょうとく》の変 二八〇〇円
❹敦成《あつひら》親王誕生 二八〇〇円
❺紫式部との交流 二八〇〇円
❻三条天皇の信任 三〇〇〇円
❼後一条天皇即位 三〇〇〇円
❽摂政頼通 三〇〇〇円

名久井文明著 ―――― A5判／各四五〇〇円

食べ物の民俗考古学 木の実と調理道具

縄紋時代の人々は、木の実などの食べ物をいかに処理し、利用してきたのか。出土遺物が形成された背景を、従来の考古学では研究対象にしてこなかった民俗事例から追究。食べ物を素材に「民俗考古学」の地平を広げる。 一七六頁

生活道具の民俗考古学 籠・履物・木割り楔・土器

縄紋時代以降、人々は籠や履物などの生活道具をいかに作り、使ってきたか。出土遺物が形成された背景を、従来の考古学では研究対象にしなかった民俗事例から追究。生活道具を素材に「民俗考古学」の地平を広げる。 一九二頁

古代日本の国家と土地支配

松田行彦著 A5判・三四四頁／一一〇〇〇円

古代の人と土地との関係を、経済面と国家との関係から追い、地域社会の土地慣行を復元。班田収授法の理解に必要な大宝田令条文を、唐の土地制度と比較分析して、土地をめぐる諸問題への律令制国家の関与を追究する。

中世足利氏の血統と権威

谷口雄太著 A5判・三五〇頁／九五〇〇円

中世後期、足利氏とその一族（足利一門）は、自らを尊貴な存在と権威付けていた。なかでも別格の吉良・石橋・渋川の三氏（御一家）を具体的に検証。足利一門を上位とする武家の儀礼・血統的な秩序形成から崩壊までを描く。

足利一門守護発展史の研究（新装版）

小川　信著

A5判・八三四頁／一二〇〇〇円

中世政治史に新生面を開いた室町幕府・守護体制の実証的研究を新装復刊。足利一門（細川・斯波・畠山）の発展過程を追究し、三管領として政権の中枢を占めた理由を解明する。研究の進展に今なお寄与する労作。解説付。

近世地方寺院経営史の研究

田中洋平著

A5判・二五八頁／一〇〇〇〇円

近世寺檀制度の枠組外にあった小規模仏寺は、いかに存続しえたのか。関東地域の祈禱寺院・修験寺院・無住寺院を中心に、宗教・金融・土地集積など多様な活動を検討。寺門を取り巻く地域社会と寺院経営との関係に迫る。

日本陸軍の軍事演習と地域社会

中野　良著

A5判・二六〇頁／九〇〇〇円

軍隊の維持に不可欠な軍事演習にあたり、陸軍と地域はいかなる関係を有したか。日露戦後から昭和戦前期を対象に、演習地の負担や利益、演習地に対する陸軍の認識を検討。天皇統監の特別大演習に関する論考も収録する。

帝国日本の大陸政策と満洲国軍

及川琢英著

A5判・二九二頁／九〇〇〇円

満洲国軍とはいかなる存在だったのか。馬賊ら在地勢力の編入過程や、陸士留学生、軍内統制、国兵法の意義、作戦動員と崩壊までを検証。日露戦争以後の日本の大陸政策と中国東北史に位置づけ、歴史的意義を考察する。

戦後日本の教科書問題

石田雅春著

A5判・二四〇頁／九〇〇〇円

教育課程や検定制、歴史教科書の記述内容などを焦点に進められてきた戦後の教科書問題研究。日教組と文部省の対立や教科書無償化、家永教科書裁判などの諸問題を、従来とは異なる視点で分析して実態に迫る。

日本考古学　第49号

日本考古学協会編集――A4判・一三八頁／四〇〇〇円

正倉院文書研究　第16号

正倉院文書研究会編集―B5判・一三四頁・口絵二頁／五〇〇〇円

鎌倉遺文研究　第44号

鎌倉遺文研究会編集――A5判・八〇頁／二〇〇〇円

戦国史研究　第78号

戦国史研究会編集――A5判・五二頁／六四九円

交通史研究　第95号

交通史学会編集――A5判・一一四頁／二五〇〇円

浅草寺日記　第39号

浅草寺史料編纂所・浅草寺日並記研究会編――A5判・八一六頁／一〇〇〇〇円

泰平の世を導いた3将軍の記念碑的伝記を

3冊一挙に新装復刊！

A5判・上製／『内容案内』送呈

徳川家康公伝〈新装版〉

中村孝也著

家康没後三五〇年、日光東照宮の記念事業として編纂された伝記を新装復刊。家康の性格描写に注力し、歴史的環境とともに全生涯を総観する。詳細な年譜と、関連史跡や文書など豊富な図版も収めた、家康研究に必備の書。

本文一〇五八頁
口絵(原色二丁・単色二六丁)
折込(原色二丁・単色二丁)
二五〇〇〇円

徳川家光公伝〈新装版〉

廣野三郎著

徳川家三代将軍として幕府の基礎を強固にした家光。その三百回忌を記念して編纂された初の本格的伝記を新装復刊。誕生から任官までの経歴、将軍の個性を中心に、その治世と鎖国令など事績を余すことなく詳述する。

本文六六八頁
原色口絵二丁・別刷一一丁
二〇〇〇〇円

徳川吉宗公伝〈新装版〉

辻　達也著

享保の改革を主導した中興の名君として知られる徳川八代将軍吉宗。没後二〇〇年にあたり編纂された伝記を新装復刊。幕府政治再建に力を注いだ事績を究明するなど、個人の伝記にとどまらず享保時代史ともいうべき名著。

本文四三八頁
原色口絵一丁・別刷一三丁
二〇〇〇〇円

鐙《あぶみ》瓦・宇《のき》瓦
文字瓦・鴟尾《しび》
鬼瓦・塼《せん》…

戦前の日本・中国・朝鮮半島で発掘された膨大な「古瓦」を分類・編集した稀覯書を新装復刊

古《こ》瓦《が》図鑑（新装版）

石田茂作編

A4横判・二九六頁／三二〇〇〇円

戦前の考古学者高橋健自が収蔵した、日本・中国・朝鮮半島の遺跡出土の古瓦九五九点を、形式ごとに分類・編集した図鑑を新装復刊。古墳時代から近世までの瓦を収め、発見地や寸法も明記。古代史・考古研究の重要資料。『内容案内』送呈

好評既刊／わくわく！ 探検　れきはく日本の歴史

検証 奈良の古代遺跡
古墳・王宮の謎をさぐる

小笠原好彦著

古代には大和《やまと》と呼ばれ、政治や文化の中心地だった奈良。葛城《かつらぎ》や飛鳥の古墳、王宮跡など三〇遺跡を新説とともに紹介。考古学の研究成果に『記紀』『万葉集』などの記述をふまえ、背後に展開した新たな古代世界を描く。

A5判・二二二頁／二二〇〇円

中世日本を生きる
遍歴漂泊の人びと

新井孝重著

中世前期、耕地は不安定で農民も武士も土地に根を張れなかった。底辺に生きる非人や遍歴する芸能民。襲いかかる災害・飢饉・病など、厳しい環境のなかで人びとはどのように生き抜いたのか。中世の社会史を読み解く。

四六判・二二八頁／二四〇〇円

鳥羽・志摩の海女《あま》
素潜り漁の歴史と現在

塚本　明著

国の重要無形民俗文化財「鳥羽・志摩の海女漁の技術」。原始から現代へと至る、苦難と興隆の歴史を辿り、その豊かで力強い文化を紹介する。働くことの意味、伝統・文化のありかたを現代社会に問いかける注目の一冊。

A5判・二三二頁／二二〇〇円

ロイヤルスタイル 英国王室ファッション史

中野香織著

個性ある生き方とファッションで世界の関心を惹きつける英国王室。装いや言動、恋愛や結婚は何を示し、人々はいかに受け止めたのか。威光と親しみやすさを共存させてきた英王室の歴史、そして気高い生き方を考える。

四六判・二三六頁
二二〇〇円

わくわく！探検《たんけん》 れきはく日本の歴史 全5巻

小中学生から大人まで、
歴史と文化を目で見て楽しく学べる！

「れきはく」で知られる国立歴史民俗博物館が日本の歴史と文化を楽しく、やさしく解説。展示をもとにしたストーリー性重視の構成で、ジオラマや復元模型など、図版も満載。大人も楽しめる！

国立歴史民俗博物館編

B5判・各八六頁
オールカラー
各一〇〇〇円
全5巻セット箱入五〇〇〇円
『内容案内』送呈

博物館《ミュージアム》が本になった！

❶先史・古代
❷中世
❸近世
❹近代・現代
❺民俗

定評ある吉川弘文館の事典・図典・年表・地図

吉川弘文館編集部編

奈良古社寺辞典
四六判・三六〇頁・原色口絵八頁／二八〇〇円

京都古社寺辞典
四六判・四五六頁・原色口絵八頁／三〇〇〇円

鎌倉古社寺辞典
四六判・二九六頁・原色口絵八頁／二七〇〇円

飛鳥史跡事典
木下正史編
四六判・三三六頁／二七〇〇円

世界の文字の図典【普及版】
世界の文字研究会編
菊判・六四〇頁／四八〇〇円

花押・印章図典
瀬野精一郎監修・吉川弘文館編集部編
B5横判
二七〇頁
三三〇〇円

年表部分が読みやすくなりました

日本史年表・地図
児玉幸多編
B5判・一三八頁／一三〇〇円

日本の食文化史年表
江原絢子・東四柳祥子編
菊判・四一八頁／五〇〇〇円

日本メディア史年表
土屋礼子編
菊判・三六六頁・原色口絵四頁／六五〇〇円

日本軍事史年表 昭和・平成
吉川弘文館編集部編
菊判・五一八頁／六〇〇〇円

誰でも読める【ふりがな付き】

日本史年表 全5冊
吉川弘文館編集部編
菊判・平均五二〇頁

古代編 五七〇〇円
中世編 四八〇〇円
近世編 四六〇〇円
近代編 四二〇〇円
現代編 四二〇〇円
全5冊揃価＝二三五〇〇円

第11回学校図書館出版賞受賞

世界史年表・地図
亀井高孝・三上次男・林 健太郎・堀米庸三編
B5判
二〇六頁
一四〇〇円

近刊

※書名は仮題のものもあります。

縄文時代の植物利用と家屋害虫 圧痕法のイノベーション
小畑弘己著　B5判／八〇〇〇円

阿倍仲麻呂（人物叢書298）
森　公章著　四六判／二一〇〇円

藤原俊成　中世和歌の先導者
久保田　淳著　四六判／三八〇〇円

「王」と呼ばれた皇族 古代・中世皇統の末流
日本史史料研究会監修・赤坂恒明著　四六判／二八〇〇円

神仏と中世人 宗教をめぐるホンネとタテマエ（歴史文化ライブラリー491）
衣川　仁著　四六判／一七〇〇円

経　覚（人物叢書299）
酒井紀美著　四六判／二三〇〇円

軍需物資から見た戦国合戦（読みなおす日本史）
盛本昌広著　四六判／二二〇〇円

戦国大名毛利家の英才教育 元就・隆元・輝元と妻たち（歴史文化ライブラリー492）
五條小枝子著　四六判／一七〇〇円

東海の名城を歩く 岐阜編
中井　均・内堀信雄編　A5判／二五〇〇円

信長と家康の軍事同盟 利害と戦略の二十一年（読みなおす日本史）
谷口克広著　四六判／二二〇〇円

明智光秀の生涯（歴史文化ライブラリー490）
諏訪勝則著　四六判／一八〇〇円

戦国大名北条氏の歴史 小田原開府五百年のあゆみ
小田原市編・小和田哲男監修　A5判／一九〇〇円

肥前名護屋城の研究 中近世移行期の築城技法
宮武正登著　B5判／一二〇〇〇円

城割の作法 一国一城と城郭政策
福田千鶴著　四六判／三〇〇〇円

大学アーカイブズの成立と展開 公文書管理と国立大学
加藤　諭著　A5判／一一五〇〇円

芦田均と日本外交 連盟外交から日米同盟へ
矢嶋　光著　A5判／九〇〇〇円

文化遺産と〈復元学〉 遺跡・建築・庭園復元の理論と実践
海野　聡編　A5判／四八〇〇円

モノのはじまりを知る事典 生活用品と暮らしの歴史
木村茂光・安田常雄・白川部達夫・宮瀧交二著　四六判／二六〇〇円

「令和」を迎え「平成」を網羅した十四年ぶりの増補新版！

日本史総合年表 第三版

定評ある日本史年表の決定版

加藤友康・瀬野精一郎・鳥海 靖・丸山雍成編

『国史大辞典』別巻

旧石器時代から令和改元二〇一九年五月一日に至るまで、政治・経済・社会・文化にわたる四万一〇〇〇項目を収録。西暦を柱に和年号・干支・閏月・改元月日・大の月、朝鮮・中国年号及び天皇・将軍・内閣他の重職欄を設け、近世までの項目には典拠を示し、便利な日本史備要と索引を付した画期的編集。

改元・刊行記念特価 一五〇〇〇円（二〇二〇年二月末まで）以降一八〇〇〇円

四六倍判・一二九二頁

『内容案内』送呈

事典 日本の年号

小倉慈司著

大化から令和まで、二四八の年号を確かな史料に基づき平易に紹介。年号ごとに在位した天皇、改元理由などを明記し、年号字の典拠やその訓みを解説する。地震史・環境史などの成果も取り込んだ画期的〈年号〉事典。

四六判・四六〇頁／二六〇〇円

沖縄戦を知る事典

非体験世代が語り継ぐ

吉浜 忍・林 博史・吉川由紀編

「鉄の暴風」が吹き荒れた沖縄戦。その戦闘経過、住民被害の様相、「集団自決」の実態など、六七項目を収録。豊富な写真が体験者の証言や戦争遺跡・慰霊碑などの理解を高め、〃なぜ今沖縄戦か〃を問いかける読む事典。

〈5刷〉A5判・二二二頁／二四〇〇円

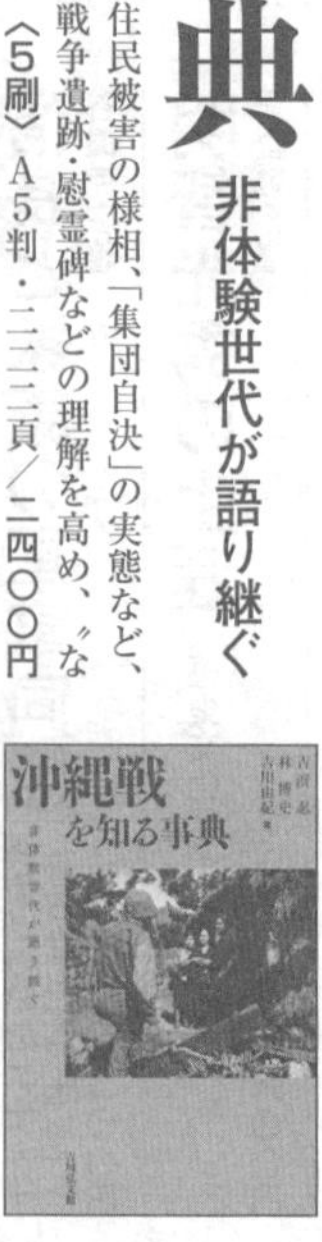

（ご注意）
・この用紙は、機械で処理しますので、金額を記入する際は、枠内にはっきりと記入してください。また、本票を汚したり、折り曲げたりしないでください。
・この用紙は、ゆうちょ銀行又は郵便局の払込機能付きＡＴＭでもご利用いただけます。
・この払込書を、ゆうちょ銀行又は郵便局の渉外員にお預けになるときは、引換えに預り証を必ずお受け取りください。
・ご依頼人様からご提出いただきました払込書に記載されたおところ、おなまえ等は、加入者様に通知されます。
・この受領証は、払込みの証拠となるものですから大切に保管してください。

収入印紙
課税相当額以上
貼　　付

印

この用紙で「本郷」年間購読のお申し込みができます。

◆この申込票に必要事項をご記入の上、記載金額を添えて郵便局でお払込み下さい。
◆「本郷」のご送金は、４年分までとさせて頂きます。
※お客様のご都合で解約される場合は、ご返金いたしかねます。ご了承下さい。

この用紙で書籍のご注文ができます。

◆この申込票の通信欄にご注文の書籍をご記入の上、書籍代金（本体価格＋消費税）に荷造送料を加えた金額をお払込み下さい。
◆荷造送料は、ご注文１回の配送につき500円です。
◆入金確認まで約７日かかります。ご諒承下さい。

振替払込料は弊社が負担いたしますから無料です。

※領収証は改めてお送りいたしませんので、予めご諒承下さい。

お問い合わせ　〒113-0033・東京都文京区本郷７－２－８
吉川弘文館　営業部
電話03-3813-9151　FAX03-3812-3544

この場所には、何も記載しないでください。

払込取扱票

02 東京

通常払込料金加入者負担

口座記号番号	金額
00100-5-244	千 百 十 万 千 百 十 円 ※

加入者名	料金	備考
株式会社 吉川弘文館		

各票の※印欄は、ご依頼人において記載してください。

ご依頼人・通信欄

フリガナ ※お名前	
郵便番号	電話
※ご住所	
※	

◆「本郷」購読を希望します

購読開始　　号 より

1年 1000円 (6冊)　3年 2800円 (18冊)
2年 2000円 (12冊)　4年 3600円 (24冊)
(ご希望の購読期間に○印をお付け下さい)

日附印

裏面の注意事項をお読みください。(ゆうちょ銀行)(承認番号東第53889号)

これより下部には何も記入しないでください。

切り取らないでお出しください。

記載事項を訂正した場合は、その箇所に訂正印を押してください。

振替払込請求書兼受領証

口座記号番号	00100-5 (通常払込料金加入者負担) 244
加入者名	株式会社 吉川弘文館
金額	千 百 十 万 千 百 十 円 ※
ご依頼人	おなまえ ※　様
料金	日附印
備考	

この受領証は、大切に保管してください。

図19　発掘前の埋められた遺構

図20　発掘後に確認された石垣遺構

表5　原の城本丸石垣等の記事

1	出角石垣（4）
2	持口横手石垣（3）
3	見付横手石垣（5）
4	横手ノ石垣（13）
5	角石垣（10）
6	本丸惣構持口の石垣（11）
7	舛形の石垣の角（12）
8	舛形の角石垣（13）
9	舛形の下（15）
10	舛形の下、南の石垣（154）
11	舛形より左の方石垣（18）
12	舛形左の脇西手の石垣（24）
13	舛形入角より少右手の石垣（58）
14	舛形脇北の塀（68）
15	舛形の脇高石垣の上（145）
16	舛形石垣際（20）
17	舛形南の角、石垣（79）
18	舛形南の角の石垣（144）
19	舛形より北の面、平石垣（107）
20	舛形入角石垣崩れ口（126）
21	本丸より西手崩石垣（21）
22	本丸崩石垣（32）
23	本丸入角高石垣（144）
24	本丸仕切石垣（42）
25	大手口横手の外（50）
26	大手口ノ横手石垣（57）
27	本丸からめて（44）
28	本丸門口（22）
29	埋門（47）
30	本丸大手埋之門石垣（112）
31	北の方石垣迄堀際（48）
32	舛形南手石垣の角（53）
33	舛形下より北の入角ぬけ石垣の際（111）
34	西手見付石垣（119）
35	ほりあと（90）
36	ほりあとのきわ（95）

注）『寺沢藩士による天草一揆書上』より作成，丸カッコ内は同書の通し番号，初出のものだけを示した．

発掘調査により地中の遺構が確認されるまでは、そのような石垣が残されている様子をうかがうことはできなかった。破却の日数はわずかだったが、遺構状況からみて、石垣を壊して堀や通路に崩し入れ、粘土で石垣を覆い隠すなど、徹底的に更地化する城割がおこなわれた。

上使の松平信綱と戸田氏鉄は、三月十日には有馬を離れて島原城を検分し、十二日に天草に渡海、大矢野辺りを巡見、瀬戸を渡り上津浦に止宿した。百姓には当年は作り取りでよい旨を命じたが、わずかの者しかいない状況であった。十三日には肥後国三角に渡海して、それより天草内須本に逗留し、本渡・嶋子の戦場を見て、十五日に富岡城を訪ねて仕置を命じ、十六日には海路を通って肥前茂木から陸路長崎に入った。同地に逗留した間の十七日に江戸からの上使二人（松平勝隆・駒井次郎左衛門）を、二十二日には同じく上使太田資宗を迎えて対面した。二十五日には肥前平戸に赴いて大村松千代の饗応を受け、二十七日には戸田氏鉄とともに平戸のオランダ商館を巡見した。

三月晦日には肥前唐津へ行き、船を名護屋につけて「太閤・家康公ノ御陣所」の見物をし、寺沢堅高から唐津城中で振舞いを受けた。四月朔日には筑前「銘之浜」（姪の浜）、二日には同国赤間にて黒田忠之・同長興・同孝政兄弟に面談後、豊前小倉に到着した。

四月四日には有馬に参陣した諸大名（西国の大名および家老）が残らず小倉に集められ、上使の太田資宗が持参した奉書が触れられた。その結果、松倉勝家は改易、寺沢堅高は天草領の没収となり、二月二十七日に抜駆けをした鍋島勝茂と長崎奉行榊原職直は軍法違反が譴責された。その日のうちに太田は小倉を発ち、江戸へ戻った。

この小倉において、松平信綱は古城破却を諸大名に命じた。寛永十五年四月十二日付の細川忠利書状の追而書案（『細川』十二―九三二）には、次のようにある。

一、伊豆守殿（松平信綱）・左門殿（戸田氏鉄）逗留ハ、嶋原・天草之御仕置、又百性武具なと被成御取、又国々ニ石垣なと残候古城なとハ、石垣をのけ候へなとヽの御用と、下々沙汰仕候、此外不存候、とかく備中（太田資宗）殿ニ被仰越候儀共、又被存寄通、両人ゟ言上被仕、其御返事迄者、小倉ニ逗留と申候事、

松平信綱と戸田氏鉄が小倉に逗留しているのは、第一に島原・天草の仕置、第二に百姓の武具没収、

第三に諸国で石垣などが残る古城は石垣を破却させる、の三つを遂行するためであったという。この段階ではまだ噂でしかなかったが、こののち諸大名たちは実際に古城の石垣の取り壊しにかかっている。

信綱は足掛け十九日間を小倉に滞在し、二十日に小倉を出船して下関に渡り、二十一日上関、二十二日釜刈、二十三日下津井、二十四日室、二十五日大坂、二十七日京都、二十九日草津、五月一日水口、二日庄野、三日熱田、四日岡崎、五日白須賀、六日袋井、七日岡部、八日吉原、九日箱根、十日大磯をへて、十一日江戸に到着した。

この間、細川領内では古城の石垣調査が進められ、六月七日付で松平信綱に宛てた細川忠利書状には次のようにある（『綿考輯録』、傍線筆者補）。

一筆令啓上候、上様弥御機嫌能可被成御座と奉存候、次ニ鍋嶋信濃・榊原飛驒被為召被罷下候由承候、御機嫌之程如何御座候ての儀と無御心元奉存候、将又我等国之内石垣之有所ハ無御座候、然共佐敷・ミな俣と申両所古肥後守時城御坐候を割申候つる、堀も埋申、石垣は勿論崩候得共、端々に石之見へ申候所少御座候、不入所にて御座候へ共、それも石をのけさせ申候、自筆にて可申入候へ共、江戸にて如相煩候積差出手振申候間、他筆にて如此御座候、恐惶謹言、（中略）

尚々先書ニ申入候、合志と申所ニ御座候古城ニ堀之御座候処、此近比迄かゝり候て埋申候、已上、

傍線部分によれば、細川領国内（の古城）で石垣のある所はなく、佐敷・水俣にある加藤清正時代の城を割り、堀も埋めた。石垣はもちろん崩したけれども、端々に石の見えている所が少しあったの

で、余計な所ではあるが、その石ものけさせた、とある。さらに、追而書には、合志の古城の堀埋めも、この時期までかけておこなったとある。七月四日の忠利書状（『細川家史料』十四―一二五五）には、松平信綱へ届けた「合志郡古城在之を割候由之状」の返事がいまだに届かないが、戸田氏鉄からは返事を受け取ったとある。

つまり、細川氏が松平信綱の意向を受けて古城に実施した城割は、①見えている石垣を崩す、②堀を埋める、という作業であったが、これまでの城割では堀を埋める際に副次的に実施されていた石垣の破却が、堀埋めよりも優先事項となって実施された様子がうかがえる。

筑前黒田家の場合は、「筑前早鑑　古城古戦城記」下という記録が残る。これは、筑前国内の古城名、郡名、城の由緒を書上げたもので、城数は九十一を数える。延宝九年（一六八一）九月に西国陸路巡見上使の派遣時に上使奥田八郎左衛門忠信・戸川杢之助安成・柴田七郎左衛門康能に提出した覚書であり、末尾には「右古城跡、石垣之形残り有之分、寛永十五年悉取崩候ニ付、唯今石垣之形少茂無之候」とある。延宝期巡見使の調査目的の一つにも古城の把握があり、その際の報告で島原・天草一揆後に石垣の残る古城はことごとく破却したので、石垣の形はまったく見えないと説明された。実際の古城の発掘遺構からは地中に石垣が残されている例が多い実態からは、石垣の破却は根石から徹底的に崩すというよりは、見えなくすることに重点があったとみなされる。

こうした古城の城割は九州の大名だけでなく、四国の大名にも命じられた。阿波徳島の蜂須賀家の「草案」によれば、蜂須賀至鎮は小倉に使者を派遣し、「先年破り申し候阿波・淡路端城の儀、自然堀・石垣相残る所も候はば破り申すべし」と戻った使者より伝えられた。その「口上」の通りを承知し、「先年破却」したことではあるが、念を入れる旨を四月十四付書状で松平信綱に返答した。破却箇所が、堀および石垣と明確に指示されている。その後、至鎮は四月二十五日に江戸に向かう途中の松平信綱と戸田氏鉄に船上で対面し、その折に再び端城破却のことを直接伝えられた。そのため、三か月後の七月九日付で松平信綱に宛てて、次のように報告した。

態以使者得御意候、然者先度従九州御上之刻被仰聞候私領内端城古石垣之残り、幷堀以下之義、悉破却仕候間、其御心得被成可被下候、猶期後音候、恐惶、

即ち、領内の端城にある古い石垣の残りと堀以下を全て破却したという。阿波は豊臣秀吉の意向で九城（一宮・牛岐・仁宇山・海部・撫養湊・西条・川島・脇・大西）が存置されていたが、最終的に寛永十五年に破却および城番の徳島集住により完全に終焉を迎え、阿波の城は徳島城に一元化されたとされる（宇山二〇一四、山内二〇一七）。

近世後期の「阿波国大絵図」を見ると、西条城跡、勝瑞城跡、川島城跡、青木城跡には石垣のない城跡が描かれ、海部城のみ「古城山」として木の繁茂した山が描かれている（図21、徳島市立徳島城博物館編二〇〇七）。古城という名称が残されているので、古城という存在や由緒そのものを失わせることが目的だったのではなく、石垣が見える形で城域が残ることで、城としての生命が断ち切られていない、つまり、たたまれていない状況に見えることが問題だったのではないだろうか。

土佐高知の山内家の「御記録」（『第二代忠義公紀』）でも、小倉にいる松平信綱から土佐国内の古城

で石垣および堀の要害のよい所の石垣を崩して堀を埋めるようにとの命令を受けた(「御国古城石垣・堀、要害能所石垣崩シ堀埋候様」)。これを受けて、山内氏は大坂に使者を派遣して、次のように報告した。

先年元和元年一国一城と被仰出候節、古城石垣悉為崩、堀之儀者惣別自国ハ山城故堀無之、猶又改残申石垣少にても為崩可申由、且又、浦戸之古城ニ少崩之残石垣有之候を弥潰候様申付候、当国古城之様子去ル十年御廻国之上使衆御覧被成候通、

右によれば、「元和元年」に「一国一城」と命じられた時、山内氏の領国では古城の石垣を全て崩させており、堀については山城なので堀はなく、今回改めて少しでも石垣があれば崩させ、浦戸に少し崩し残りのある石垣はさらに潰すよう命じた。また、土佐国内の古城の様子は寛永十年(一六三三)に廻国の上使が検分した通りであるという。

この場合も、①残っている石垣を崩す、②堀を埋める、であり、石垣を崩すことが優先項目となっている。ただし、信綱が出した命令が「要害の能い所の石垣を崩して堀を埋めよ」という内容であったのは、蒲生領において徳川家康が命じた際の城割が「要害よき所は、土居をくづさせらるべき事」を彷彿させる(第一章第二節参照)。こうしてみると、「入らざる城」の破却要件は、豊臣期以来、一貫して要害のよい所の堀を埋めることにあったが、島原・天草一揆において石垣を残す古城を利用した籠城戦に苦しめられた経験により、要害のよい所の堀を埋めるという基本方針を踏襲しながらも、これまでの古城破却において残されていた石垣の処置が寛永十五年の段階で徹底化されたとわかる。

ところで、寛永十年の廻国の上使とは、前年正月に二代将軍徳川秀忠が死去し、家光に代替わりしたことに伴い、監察のための上使が派遣された経緯を指す。全国一斉の上使派遣はこれまでに前例がなく、諸大名は緊張したようである。

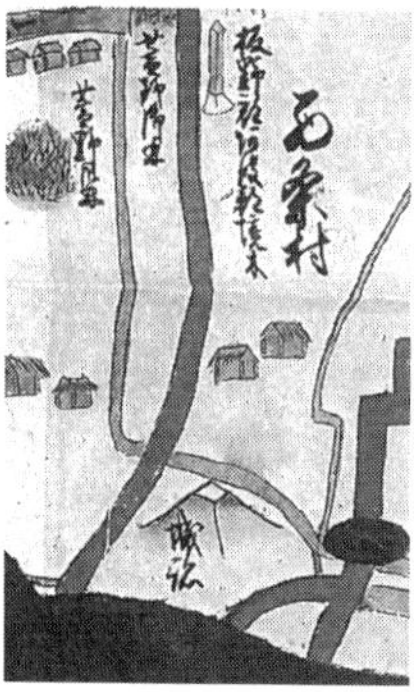

西条城跡（阿波市）

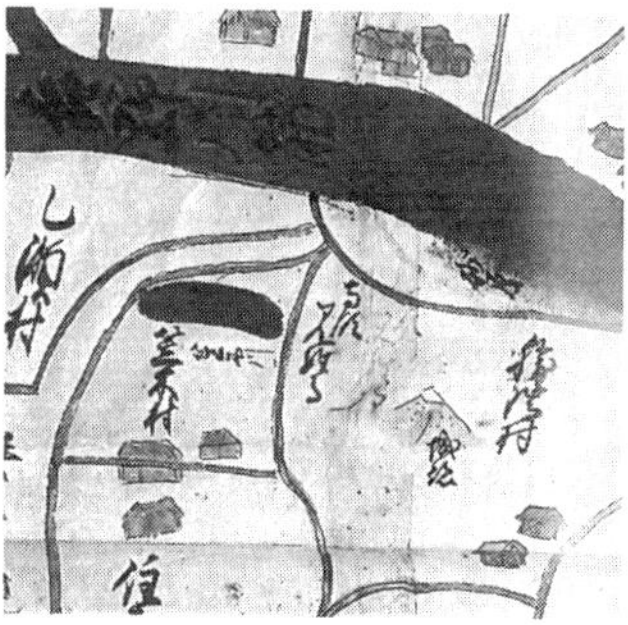

勝瑞城跡（藍住町）

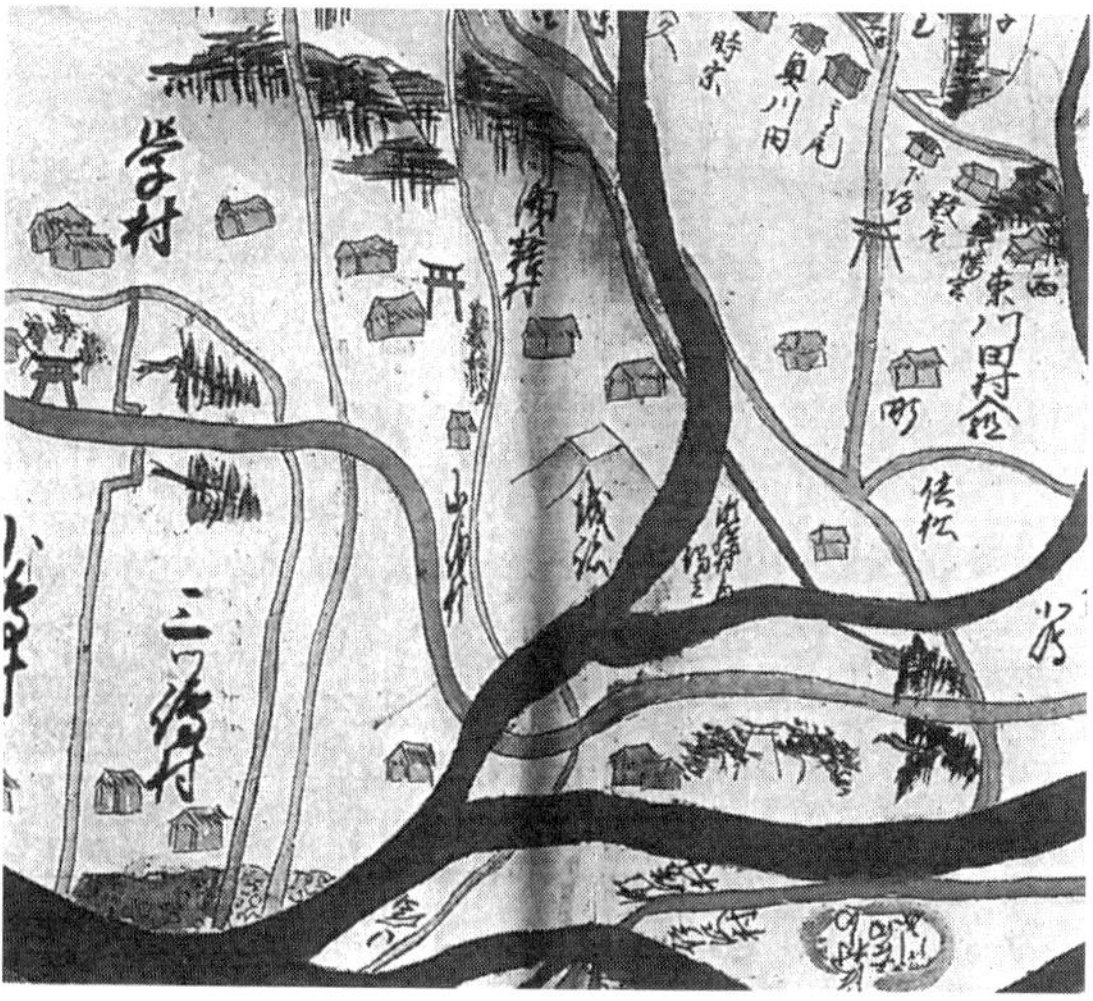

青木城跡（吉野川市）

跡，海部城のみ「古城山」と表記され，森林で覆われている

川島城跡（吉野川市）

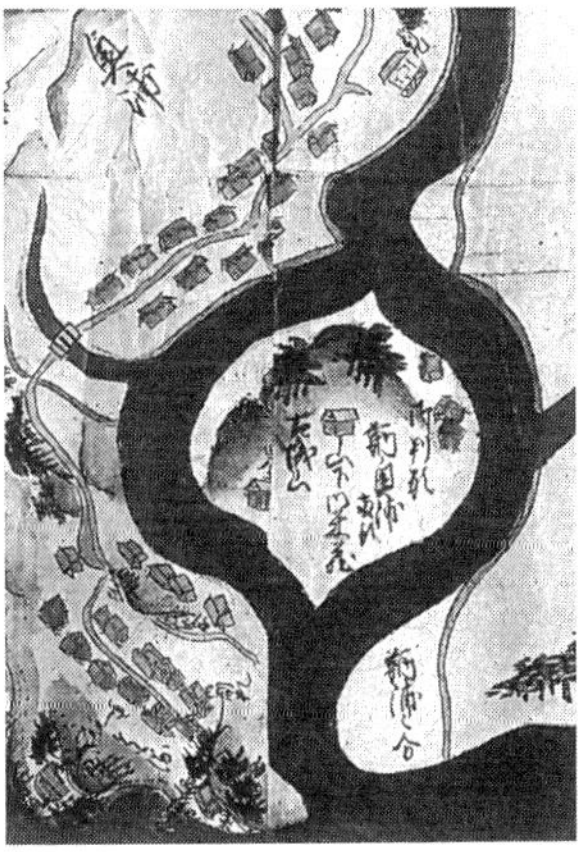

海部城跡（海陽町）

図21　阿波国大絵図に見える城

寛永九年十二月一日、江戸城に登城した諸大名は、来春「日本国廻」が派遣される旨を老中より申し渡された。翌年正月六日、将軍家光のもとへ廻国衆が召出され、全国を六地域に分けて各担当が命じられた（半田一九九三）。その目的は、「元和の一国一城令」が遵守されているかどうかの確認と国絵図の徴収を命じるものであった（川村二〇一〇）。

山内家の場合は、老中申渡しがある前の十一月二十八日付の書状で、「来二月国廻被仰付、此拾八人之衆六組ニ仕、諸国相改候へと被仰出」と国許に告げ、対応策を講じさせた（「長帳」）。申渡し後の書状では、上使衆の廻国の目的は「国々の様子」の検分であり、「大筋目之御改」なので気遣いのないよう書状で繰り返した。さらに、二月二十一日、忠義が国許家老に宛てた書付（覚十八か条）の第一条と第二条には次のようにある。

一、高知居城ハ国廻衆無御覧筈に候、然共御覧候様にとじきを可被申事、

一、甲浦・安喜・本山・浦戸・佐川・窪川・中村・宿毛、右城ニハ石垣以下何程残り候を御覧候筈に候、但古城へ之道なと前かとニ作り置候事堅無用に候、各御覧候ハんと御申候刻俄ニつくらせ候事可然候、

第三条以下は、上使の接待や案内に関する指示なので省略する。第一条から、居城調査の予定はなく、第二条から、上使の検分目的は古城調査にあり、領内の八つの古城が対象とされ、とくに石垣の残りぐあいを実見することにあったという。

九州へ派遣された上使は、島津領を中心に廻国した。その際、上使が島津氏家老に対して尋問した四点の最初に、大坂の陣後に武家に対しては「一国に一城の外は皆割り捨むべきよし」を命じたのに、島津領内ではいずれの城もそのままに立て置き、城本に給人（在郷家臣）を多く置いているのは、戦時にすぐに籠城する（「取構」）つもりなのではないか、と問い糺された。つまり、外城制が諸国城割令違犯ではないかと問題視されたのである。これに対して島津家では、第一に、豊臣秀吉から六か国を召し上げられ、二か国半にそれまでの人数を引き入れたため、一か所にいることができないので、少しずつ知行を取らせて城本の古屋敷に在郷させていること、第二に、堀を崩さないのは、城廻りは

ほとんどが田畑なので、堀を崩した土が入れば田畑を損ない、知行高が減ることになるので、そのままにしていると古家老から聞き及んでいる、と弁明した。これを聞いた上使三人はいずれも納得してくれたという（「旧記雑録後編」）。実際に、幕末まで島津家の外城制は続けられた。

ちなみに、寛永十年の九州巡見使の行程では島津家領の監察に多くが費やされており、九州領内を漏れなく巡見したわけではなかった。たとえば、筑前黒田領の古城跡地を廻った形跡はなく、小倉から唐津街道を通って福岡、唐津をへて壱岐、対馬に渡り、大村から長崎、さらに天草から島津家領に入っており、島原半島に立ち寄った形跡もない（小宮一九八三）。そのため、原の古城に残る石垣が問題視されることなく、寛永十四年の島原・天草一揆に至ることになったのである。

なお、諸国巡見使は東日本にも派遣されたため、当該地域での古城調査が確認できる。たとえば、加賀前田家の場合は、寛永十年の上使派遣に際して領内（加越能三か国）の城館跡について調査し、「古城書上」を作成して上使の対応にあたった（高岡二〇一六）。奥羽地方でも同様に古城調査が進められた（神山二〇一六）。このように、寛永十年の巡見使派遣では全国規模での古城調査が進められたのだが、この段階では実際に巡見使が出向いた地域での古城調査にとどまったと考えられる。

以上をまとめると、第一に、寛永十年諸国巡見使の廻国目的には古城調査があったが、その調査に漏れる地域も少なからず存在した。事実、九州を廻国した巡見使が島原半島には一切立ち寄ることはなかった。それゆえに、原の城のような石垣を残す古城が温存される結果となった。第二に、島原・天草一揆後には古城の堀埋めはほぼ完遂されていたため、一揆後の段階では古城に残る石垣を崩すことが優先的に命じられた。しかし、古城の遺構には地中から石垣が発掘されるという実状に鑑みれば、石垣を根石から崩して完全に壊すのではなく、石垣の形が見えないことが重要だったとわかる。

これをさかのぼってみれば、諸国城割令の際の端城破却においては、石垣を根石から徹底的に壊すことは求められておらず、堀を埋める際に石垣を壊して崩し入れる程度でよかったことが再確認できる。また、諸国城割令後、奥州・出羽国には目付を派遣する予定であったことを想起すれば、大名居城以外の城は巡見上使らを定期的に派遣して統制を継続する計画であったことが関連づけられよう。なお、寛永期よりあとの巡見使の調査では、古城調査の重要性がその他の調査項目に比して低下したとされるが（山本一九八九）、延宝期以降も古城調査は項目に挙げられており、政策の継続性をみることができる。

一方、寛永十五年五月二日には、武家諸法度が改定された。まず、第四条「於江戸幷何国、縦令《たとい》何等之事雖有之、在国之輩者守其所、可相待下知事」の条文に変更はなかったが、これは「私之事」についての規定とし、公儀に違背する者、盗賊等、また国法に背く者がある場合には、早々に隣国と協力して対処するようにと、条文の解釈を明確化（修正）した。第十七条「五百石積以上之船停止」の規定は、商売船に関しては解除された。これは、寛文三年（一六六三）の武家諸法度で、「但、荷船者制外之事」と条文が訂正された。寛永十五年五月十五日、老中土井利勝・酒井忠勝・阿部忠秋が出仕の諸大名に右の二か条を申し渡した（「江戸幕府日記」）。いずれも島原・天草一揆への対応が遅れたことによる変更であった。

この点に関して、島原・天草一揆後の古城破却を第二の「寛永一国一城令」が発令されたと評価する見解がある(坂倉一九九六)。寛永十五年に古城統制のさらなる画期をみる点では重要な指摘だが、新たな城割令が出されたとまでは評価できないだろう。いずれも上使松平信綱が口頭で法令の徹底化を伝えただけであり、奉書などによって新たな正式命令が出たわけではない。つまり、端城統制のこれまでの政策基調を変更するものではなく、古城破却の目的の再度の確認を求めるものであった。その方針とは、居城の外の城を平地に引くことであり、具体的には山城を平地に引きおろし、平城であっても要害のよい堀を埋めて屋敷構えとするものであった。しかし、結果として石垣を残したままの城が放置されたことで、原の城に一揆勢が立て籠もるという籠城戦を引き起こすことになった。その反省から、原の城自体は落城後に城の生命を断ち切る他律的破却によって徹底的に更地化され、他の古城はそれが城だと認識させるような構造物＝石垣の除去・隠蔽が進められたのである。

なお、正保期になると、古城統制は新たな展開をみせる。正保元年(一六四四)には、国絵図と城絵図の作成が命じられた。同年十二月二十五日付で、幕府大目付井上政重と宮城和甫が、諸大名に対し、①国絵図、②居城の絵図、③諸国海陸の道および古城などの書付、④(東海道近辺の大名に対して)居城の雛形、の四点の提出を求めた。これにより、領内の古城調査記録である「道帳」の作成が指示され、肥後熊本では六十一の古城の場所・形式・規模・近隣町村までの距離を調査した。ここには、諸国城割令で破却された古城のみならず、それ以前に廃城となった城跡も含まれていた(堀二〇一三)。このような包括的な古城統制が可能となったのは、城割の時代を経て、徳川政権の求める城郭政策が安定化したゆえであったと評価できよう。

正保二年閏五月十二日付立花忠茂書状では、正保国絵図・城絵図の作成方法につき詳細に伝えている。そのうち、古城に関しては第五条で指示を出した（「立花家文書」）。

一、肥後国中ニ候古城之儀、前廉国々へ古城わり候へ之由、上意ニ付而、古城之跡を大かたニ書付、割候と書出し可申之由、其元之儀も江ノ浦・松延ハわり候て作所ニ成候間、其通ニ書付可申哉と被申越候、上妻表之古城は皆山城ニ而、古城之山残候付而、山之高さ、山之上之地形之広迄、間をうたセ被置候由、前々ゟ城石垣等も無之、山の上を平ニ仕、地形も狭、城と申たる名計ニて候由、嶺つゝきハほり切たる跡も候由、か様之古城ハ山之かたち計を書付候て、いにしへハ古城と申伝候と計書可申哉と被申越候、其通一段可然候、江浦・松延ハ唯今は作田ニ成候と書可被申候、作所と計書候てハ、余国ニ而ハ合点不申候、田とか畠とか其所次第書付可被申候、

古城破却は以前より将軍の上意として命じられており、古城の跡を大まかに書付けて「割候」と壊したことを明記することになったが、さらに具体的には次のような指示が出された。

①江ノ浦・松延の二古城は、「作所」となっている。ただし、「作所」では他国に通じないので、田あるいは畠とありのままを書く。

②上妻郡の古城は全て山城であり、古城の山が残るので、山の高さ、山の地形の広さ、間数を測っておく。

③以前より城の石垣がなく、山の上を平にし、地形も狭く、城とは名ばかりの所で、嶺続きに堀切の跡が残るような古城は、山の形のみを書き、「昔は古城と言い伝えている」とだけ書く。

正保段階では、筑後柳川領における古城は、ほとんど城としての機能を停止していたことがうかがえる。かつ、石垣のある古城などは論外であり、石垣がないことは証明する必要すらない自明の事柄となっている。とくに③は、城をめぐる重要な認識を伝えている。つまり、石垣をもたない城は、城といっても「名ばかり」とみなされたのである。これこそが、寛永十五年の段階で古城から石垣をなくそうとした徳川政権の真にめざすところであった。つまり、城の表象としての石垣が存在していては、大名領内に居城を一つとする状況は未完成とみなされたのである。「石垣のない城は、名ばかりの古城」という認識の成立は、諸国城割令以来の古城統制の目的が十分に達成された段階にあることを知らしめてくれる。

当該期の政治史を論じた山本博文によれば、正保の国絵図には軍事的要素が強いこと、絵図に描かれた内容が寛永十年の国廻り上使派遣の表向きの理由と合致することなどを認めつつも、その作成の契機はこの時期の対外関係の緊張にあったと指摘した（山本一九八九）。正保以降も徳川政権下での居城統制・古城統制は継続されるものの、十七世紀初期に展開した城郭政策は、正保期には政権の緊急課題としての役割をほぼ終えつつあったことを山本の指摘から得ることができる。その点を認めたうえで、城絵図の作成は城郭政策の安定化によって可能だったことを評価すべきだろう。これは徳川政権の定めた城郭秩序観が正当性を獲得したことの証明であり、居城の縄張りが絵図に描かれ、国絵図に古城が描かれることで、地理空間的な城郭の把握が格段に進められたのである。ここに、城郭政策の大きな転換点をみることができる。こうして乱世を終焉させ、平和な時代へと移る過程で重要な役割をはたしてきた城割の歴史に終止符が打たれ、籠城戦を可能とする城は徳川政権によって把握された大名の居城のみとなり、一国一城とする地理空間が確定することになった。

おわりに

大坂夏の陣による豊臣氏の滅亡を契機として、城郭政策は将軍権力主導のもと、諸国城割令による端城統制と武家諸法度による居城統制という二本立ての基軸によって進められていった。福島正則の改易により、諸大名の多くが武家諸法度による居城統制を真摯に受け入れるようになると、次の課題は端城の破却によって生まれた古城をいかに管理・統制していくかという段階に移った。しかも、慶長期の築城ラッシュのなかで建造されながら、諸国城割令によって破却され、古城となった近世城郭は、豊臣期以来の「入らざる城」の破却方針に基づき、山城の場合は建造物を麓に引きおろして山上の城をたたみ、平城であれば要害のよい所の堀を埋めることで可とされていたから、石垣等の遺構は根石を崩して徹底的に壊されることなく残存している城も多かった。島原半島南端に位置する原の城も、そのような古城の一つであった。

古城を把握しようとする政策自体はすでに豊臣期からあり、徳川秀忠から家光への代替りに派遣された寛永十年（一六三三）諸国巡見使の目的の第一も古城調査にあったが、日本全国の古城を漏れなく把握し、残存する石垣の破却を命じる段階には至っていなかった。そうした状況下に起きた寛永十四年の島原・天草一揆は、これまで将軍権力が進めて来た古城統制がいまだ不十分であったという事実を否応なしに認識させる事件となった。こうして古城の軍事的価値が再確認されると、幕府は古城統制の徹底化を図り、堀を埋める際に副次的に実施される程度の石垣の破却では不十分とし、放置されている石垣を壊し、城としての表象を完全に喪失させることを新たに要求したのである。細川氏のように、これまでの古城の徹底的な破却により、石垣をほとんど残していないような大名領国もあったが、古城の遺構からは石垣が発掘される場合が多いという実態は、島原・天草一揆後であっても、残存する石垣を埋める方法でその存在を隠して処理したものが実際には多かったことを示している。とはいえ、ここに古城の石垣が徹底的に壊され、あるいは地中に埋められて見えなくなったことで、徳川政権による古城統制はその目的を達成しえたと評価できよう。その目的とは、古城が城として認識できるような石垣を崩させることで、大名の領国には大名の居城一つのみしか存在しないという城郭秩序を作り出すことにあった。かつ、大名の居城を将軍権力の管理統制下に置くことで、乱世を終わらせることに成功したのである。

十七世紀前期における徳川政権による城郭政策は、正保の国絵図・城絵図をもって大きな画期をなすといえる。正保の城絵図は、大名居城を詳細に書き上げさせたもので、幕府の大名居城の掌握が格段に進展したことは言うまでもない。その一方で、一部の国絵図には古城が描かれたものもあった。

ゆえに、古城はその後も古城としてその存在を把握され続けたが、ここでは破却された古城をいかに管理下に置くかということが新たな課題となっている。言い換えるならば、従来の古城統制はどのように城が壊されているかを把握することに主眼があったが、正保の国絵図では壊された古城を地理空間的にいかに把握するかということが重視されており、政策基調の質的転換が進んでいる。城割の作法がいかにあるべきかという問題は、すでに忘却の彼方に去っていた。これをもって、城割の歴史は幕を下ろしたのである。

とはいえ、古城となった城やそれ以前に城跡となっていた城などが、江戸時代の長い年月のなかで忘れ去られていく一方で、人々の記憶のなかで忌避された土地であったり、聖地化していったりと、さまざまな歴史をたどる（竹井二〇一八）。また、「古城」という地名がもつ意味（西二〇〇四）や多様な古城の管理形態（松岡一九九七）など、古城や城跡にはその後も長く続く歴史がある。そうした城をめぐる歴史を掘り起こし、体系化していくことにより、城郭研究はさらに新たな地平を開くことになるだろう。

あとがき

本書を書き終え、私と城割研究との出会いについて、私ごとながら記しておきたい。

私が生まれ故郷の福岡を離れ、東京の戸越にあった国立史料館（現在は立川市に移転した国文学研究資料館）に就職したのは、一九九三年四月である。すぐに藤木久志先生が戸越の研究室を訪ねてきてくださった。

なにげなくお茶を飲みながら会話を楽しんでいたのだが、先生は私の机の上に無造作に置かれていた数枚の写真をみつけて、「福田さん、これ何？」と目を大きくして驚かれた。それが肥前名護屋城の石垣であることを説明すると、

「まさに、これが私の探していた城わりの証拠！」

と先生。名護屋城に出向かれた方はおわかりだろうが、なかなか交通の便の悪いところである。そのゆえもあり、先生はまだ名護屋城に行かれたことがないとのことだった。早速、「この写真はもらうね」といって、喜んで足早に帰って行かれたことが思い出される。その後、吉川弘文館から出版された『城破《しろわ》りの考古学』のカバーに、名護屋城の見事に象徴的に壊された石垣の写真が選ばれたのは、そのような経緯からだった。

それから偶然は重なるもので、それまで一度も城に関する論文を書いたことのない私のもとに「一国一城令」の解説を書く依頼があった。その頃に、たまたま藤木先生から研究室に、「今、何してる?」と電話があった。

もちろん研究の内容をたずねられたのだが、右の依頼があり、調べてみると「城わり」について色々とおもしろいことがわかってきた、などとずっと電話で話し込んだ。その会話の最後に、「解説だけではもったいないから、別に論文を書きなさい」と先生から薦められた。そこで意を決し書いたのが、「十七世紀初頭における城郭政策の展開―城破りの視点から―」である。

『城破りの考古学』カバー

つまり、本書が生まれるきっかけには、右のような藤木久志先生との会話があった。本書をご一読いただければ、藤木先生からの耳学問の恩恵が随所にちりばめられていることが、すぐに了解されるだろう。いうまでもなく本書の責任は筆者自身にあるが、まずは藤木先生からいただいた多大の学恩に心からの感謝を述べさせていただきたい。

さて、本書のもとになった論文を発表順に示すと次のようになる。
①「元和の一国一城令と諸国城破り」(『歴史と地理』四七二、一九九四年)
②「十七世紀初頭における城郭政策の展開—城破りの視点から—」(『論集きんせい』一七、一九九五年)
③「徳川の平和と城破り」(伊藤正義・藤木久志編『城破りの考古学』吉川弘文館、二〇〇一年)
④「戦争の終焉と城郭—福島正則の改易をめぐる三つの疑問—」(藤田達生編『近世成立期の大規模戦争』岩田書院、二〇〇六年)
⑤「天守と江戸人の心」「一国一城と城下町の形成」(岩下哲典+「城下町と日本人の心」研究会編『城下町と日本人の心性—その表象・思想・近代化—』岩田書院、二〇一六年)

本書は論文②を基幹とし、各章は論文②の論点を深める形で枝葉を伸ばしていった論文により構成される。そのため、①から⑤の論文には多くの重複があった。本書をまとめるにあたり、構成を入れ替えて加除修正を繰り返し、全体の論旨を整えたので、論文④以外はほとんど原型をとどめていないことをお断りしておきたい。

論文③は二〇〇一年の出版となったが、私としては一九九六年三月からハーバード大学に在外研修に出かける前に原稿を提出しており、論文②に連続して書いたものだった。

その後、藤田達生さんを代表とした文部科学省科学研究費の研究成果として二〇〇六年に論文④を、公益財団法人上廣倫理財団の研究助成を得て、岩下哲典さんを座長に二〇一二年度から二〇一四年度までの三年間の研究活動の成果として論文⑤を発表した。十年に一回くらいのペースでゆっくり進めてきたわけだが、このような研究の機会を折々に与えていただけなければ、本書をまとめるのはまだ遠い先のことになっていたと思う。二つの研究会に集われた研究者の方々、また上廣倫理財団の関係者の皆さまにも、心よりお礼を申し上げたい。

なお、本書第六章の原の城(いわゆる原城)に関しては、ほぼ新稿である。現在の私は、国指定史跡日野江城と原城のある南島原市で文化財専門委員を委嘱されており、同地を訪ねる日々が続いている。委員会では百戦錬磨の先生方の薫陶を受け、遺跡保存のあるべき姿について学ぶなかで、第六章の構想をしばらく練ってきた。原城遺跡に立って、その広大な敷地や石垣の崩された様子など、身をもって確認できたことは得難い経験であった。お名前をいちいち挙げることは控えさせていただくが、このようなご縁をいただき、ご指導いただいた先生方や関係者の皆さまにも感謝を申し上げたい。

また、九州大学二〇一九年度前期の歴史学入門では、城割の歴史というテーマで講義をし、第一章を中心に解説した。途中、足利義昭の二条城を洛中洛外の民衆によって壊させたことの評価をめぐり、A案「わる」、B案「たたむ」、C案「両方」、D案どちらともいえない、の四択で学生に投票させたところ、私が当初に説明したB案とする学生が多いなかで、ただ一人、D案を投票した勇気ある学生がいた。私の解説では十分に納得できなかったらしく、その夜から私は頭を抱えて唸る時間を過ごすことになったが、これがよかった。最終的にA案を採用し、かつ本書の方向性を固めることができた。私の説明の不備を指摘してくれた方のみならず、毎回、私のつたない授業に根気よくつきあってくれた学生の皆さんにも、この場を借りてお礼を伝えさせていただきたい。

ついでながら、この授業を通じて伝えたかったことは、「壊すことにも歴史的な意味がある」というメッセージであった。われわれは何かを創ることには一生懸命になるが、それがある歴史段階を経て、いつか歴史の終わる時がくる、ということに考えが及ぶことは少ない。しかしながら、本書のように、壊される歴史にも大きな意味があり、そのなかから新たな歴史が生み出されるという一つの歴史を知ることで、全てのものには歴史があり、その歴史には始まりがあるとともに、必ず終わりがくるという歴史をみる眼が養われる。そうすれば、ものごとを場当たり的に作ったり考えたりして解決するのではなく、より長期的なスパンで自己や組織を大きく歴史的に動かしていくことが重要であることに気づけるだろう。これから世界に羽ばたいて創造的に活躍する若い人々には、とくに歴史的な文脈でものごとを理解する力を養ってほしい。

ところで、城郭研究には、とても熱心な方々が多い。私なりにフィールドワークをしているつもりだが、考古学や城郭建築史、縄張り研究の方々の目線から本書をみれば、なかなか納得していただけない点があるかもしれない。しかも、筆者の研究環境からは、西日本、とくに九州、なかでも福岡藩の話に偏ってしまったことは否めない。また、参考文献も文献史学が中心となっている。その点で、本書はあくまでも九州出身者の文献史学の立場からみた城割の歴史にすぎない。今後は、全国的な視野から、立場の異なる研究者相互の利点を認め合いながら、論点を整理し、生産的な議論を続けていけることを願っている。

最後に、本書を終えるにあたり、恩師の丸山雍成先生への感謝を述べさせていただきたい。九州大学の学部時代に、先生に出会ってご指導をいただくことがなければ、筆者は歴史学の楽しさに気づくことなく、人生を終えていたことだろうとつくづく思う。母校の九州大学で教鞭をとることなどは、まさに夢のまた夢であった。また、著書を出すたびに、いつも一番にご連絡をいただき、励ましてくださるのも丸山先生である。交通史研究の大家である丸山先生の教えをうけながら、これまで役割をはたすことができないままの不肖の弟子であったが、城郭研究をまとめた小著により、少しでも先生からいただいた学恩に報いることができたとすれば、とてもうれしい。本当にこれまでのご教導をありがとうございました。

二〇一九年七月二十二日

福岡の梅雨明けの日に

福田千鶴

（追記）

二〇一九年九月二十八日に藤木久志先生が永眠された。本書を手に取っていただけなかったことは悔恨の情にたえない。ここに謹んで哀悼の意を表したい。合掌。

主要引用史料（五十音順）

刊　本

「秋城御年譜」『甘木市史資料』近世編1　秋月市　一九八三年
『明智軍記』　二木謙一校注　新人物往来社　一九九五年
『浅川聞書』　柳川藩叢書二　青踏社　一九九一年
「家忠日記増補」『大日本史料』一二編八　東京大学史料編纂所　一九〇六年
『上井覚兼日記』下　大日本古記録　東京大学史料編纂所　一九五七年
『おあむ物語（弘化二年版）』　丸山幸太郎　岐阜県郷土資料研究協議会　二〇〇〇年
「大友家文書録」3　『大分県史料（33）』　大分県教育委員会　一九八〇年
「小方村国郡誌」『大竹市史』史料編2　大竹市　一九六〇年
『温故集録』　1金沢市図書館叢書（4）　二〇〇三年
「勝茂公譜考補」『佐賀県近世史料』一編二巻　佐賀県立図書館　一九九四年
『原史料で綴る天草島原の乱』　鶴田倉造編　本渡市　一九九四年
『近世城郭史の研究』　文献資料　鳥羽正雄著　日本城郭協会　一九六二年
『熊本縣史料』中世篇三・四　熊本県　一九六二～七年
『黒田家譜（新訂）』二　文献出版　一九八二年
『黒田家文書』二　福岡市博物館　二〇〇二年

『公余録』上　阿部家史料集（一）　吉川弘文館　一九七五年
『国典類抄』10　軍部全　秋田県教育委員会　一九八〇年
「佐野岩崎系譜」『佐野市史』資料編　佐野市　一九七五年
『薩藩旧記雑録後編』4　鹿児島県史料　一九八四年
『時慶記』『大日本史料』一二編一七　東京大学史料編纂所　一九一四年
『慈性日記』一　続群書書類従完成会　二〇〇〇年
「島津家文書」東京大学史料編纂所蔵　マイクロフィルム利用
「島原天草日記」『続々群書類従』四　大空社CDROM版
『高槻市史』4（1）史料編Ⅱ　高槻市役所　一九七四年
『筑前国続風土記』　文献出版　一九八八年
『寺沢藩士による天草一揆書上』　寺沢光世・鶴田倉造校注　苓北町　二〇〇〇年
「当代記」史籍雑纂　続群書類従完成会　一九九五年
「鳥野神社古文書」『鞍手郡誌』　臨川書店　一九三四年
『豊臣秀吉文書集』1〜3　名古屋市博物館編　吉川弘文館　二〇一五〜二〇一七年
『日葡辞書（邦訳）』　岩波書店　一九八〇年
『日本史』1　ルイス・フロイス　松田毅一・川崎桃太訳　中央公論社　一九七七年
『広島県史』近世史科編Ⅱ　広島県　一九七六年
『福岡県史』近世史料編福岡藩政初期上・下　西日本文化協会　一九八二〜三年
『福岡県史』近世史料編久留米藩初期上　西日本文化協会　一九九〇年

「福島太夫殿御事」『改訂史籍集覧』別記部一九五　臨川書店　一九八四年
「別所長治記」『中国史料集』第二期戦国史料叢書7　人物往来社　一九六六年
「坊所鍋島家文書」『佐賀県史料』11　一九七〇年
『細川家史料』大日本近世史料1～23　東京大学史料編所　一九六九～二〇一二年
『本光国師日記』2　続群書類従完成会　一九六七年
『松井文庫所蔵古文書調査報告書』（『松井文庫』と略称）1～3　八代市立博物館未来森ミュージアム　一九九六～八年
「三河物語」『三河物語　葉隠』日本思想大系26　岩波書店　一九七四年
「身自鏡」『中国史料集』第2期戦国史料叢書7　人物往来社　一九六六年
「水野家島原記」　鶴田倉造訳文・解題　松本寿三郎監修　山崎信一発行　一九九八年
『三原市史』6資料編3　三原市役所　一九八六六年
『綿考輯録』二～六　出水叢書二～六　汲古書店　一九八八～一九九〇年
『山内家史料　第二代忠義公紀』一　山内神社宝物資料館　一九八〇年
「淀古今真佐子」『日本庶民生活史料集成』八・見聞記　三一書房　一九六九年
「万之覚」『榎本弥左衛門覚書』東洋文庫六九五　大野端男校注　平凡社　二〇〇一年

原史料

「御尋ニ付申上覚」熊本大学附属図書館蔵松井文庫
「寛永拾四丁丑年九州進発・翌年戊寅到江府帰陣中之書付」国文学研究資料館寄託大河内松平家文書
「玉滴隠見」国立公文書館内閣文庫蔵

「慶長中大坂城普請ニ関する記録」福岡県立図書館蔵「福岡県史資料」
「古郷物語」国立公文書館内閣文庫蔵
「御当家正伝記」北九州市立いのちのたび博物館蔵小笠原家文書
「島原一揆談話」秋月郷土館蔵
「島（原）覚書」久留米市立図書館蔵有馬家文書
「城主録」高田市立図書館蔵榊原文書
「青大録」国立公文書館内閣文庫
「草案」国文学研究資料館徳島阿波蜂須賀家文書
「筑前早鑑　古城古戦場記」下　末永虚舟　九州大学中央図書館
「長帳」高知城歴史博物館（旧土佐山内宝物資料館）
「破城之巻」国文学研究資料館寄託陸奥国福島板倉家文書
「久野御年譜」福岡県立図書館所蔵　複製本
「肥前国有間原城責絵図」国文学研究資料館寄託大河内松平家文書
「松井家譜」五～七　東京大学史料編纂所蔵
「山本日記」国立公文書館内閣文庫蔵

主要参考文献

一、城郭に関する文献は、一般書や文化財報告書まで含めると膨大な数となる。そのため、本書で参考にした文献に限った。
一、掲載は発表年順とし、城割に関する文献に＊を付けた。

一八九七〜一九五九年
瀬川秀雄「福島正則の改易を論ず」『史学雑誌』八―一・三・四　一八九七年
＊高柳光寿「元和一国一城令」『史学雑誌』三三―一一、一九二二年（『高柳光寿史学論文集』下　吉川弘文館　一九七〇年に所収）
大類伸・鳥羽正雄『日本城郭史』　雄山閣　一九三六年
古川重春『日本城郭考』巧人社書店　一九三六年
大類　伸『城郭之研究』　日本学術普及会　一九三八年
豊田　武『日本の封建都市』　岩波書店　一九五二年
鳥羽正雄『近世城郭研究』　雄山閣出版　一九五七年
＊桑田忠親「豊臣秀吉の城割」『國學院雑誌』五九　一九五八年
＊橋本季夫「広島城の城割に就て（その二）」『日本建築学会研究報告』四二　一九五八年
一九六〇年代
城戸　久「江戸幕府の諸侯城郭に対する政策について」『日本城郭全集』2　近世の城・概論編　一九六〇年
＊田中歳雄「一国一城令の成立過程―伊予国の場合―」『愛媛大学紀要』六―一　一九六一年

鳥羽正雄『近世城郭史の研究』日本城郭協会　一九六二年
加藤　隆『幕藩体制と城郭』近世城郭研究所　一九六三年
藩政史研究会編『藩制成立史の綜合研究　米沢藩』吉川弘文館　一九六三年
小野清著・高柳金芳校注『史料徳川幕府の制度』人物往来社　一九六八年
＊小和田哲男「一国一城令の不統一性」『城郭史研究』三　一九六八年
＊加藤　隆「元和一国一城令」『早稲田実業学校研究紀要』四　一九六九年
＊加藤　隆『解説近世城郭の研究』近世日本城郭研究所　一九六九年
＊加藤　隆『幕藩体制期における大名家格制の研究』近世日本城郭研究所　一九六九年
一九七〇年代
大類伸監修『日本城郭事典』秋田書店　一九七〇年
＊小和田哲男「一国一城令の施行状況」『日本攷究』一六　一九七〇年
鳥羽正雄『日本城郭辞典』東京堂出版　一九七一年
伊藤ていじ『城　築城の技法と歴史』読売新聞社　一九七三年
西ヶ谷恭弘『関東の名城』秋田書店　一九七三年
福山市教育委員会編『鞆城跡の発掘調査』一九七五年
北九州市教育委員会文化課編『小倉城―小倉城調査報告書―』一九七七年
網野善彦『無縁・公界・楽』平凡社　一九七八年
＊小林清治「奥羽仕置と「城わり」」『福大史学』二八　一九七八年（小林一九九四所収）
一九八〇年

大竹市教育委員会編『芸州亀居城跡―第1・2次発掘調査報告―』
五野井隆史「有馬晴信の新城経営と原城について」『キリシタン文化研究会報』二一―二
内藤　昌「三度立て替えの江戸城天守」『史窓余話』2
一九八二年
＊小和田哲男「元和一国一城令以前の城割」『古城』一七
鳥羽正雄『近世城郭史の研究〈全〉』雄山閣出版
中沢　肇『越後福島城史話』北越出版
渡辺　武「豊臣時代大坂城の三の丸と惣構えについて―『僊台武鑑』所収「大坂冬の陣配陣図」を中心に―」
一九八三年
岡本良一『大坂城の諸研究』日本城郭史研究叢書8　名著出版
＊加藤　隆『幕藩体制と城郭』近世日本城郭研究所
小宮木代良「幕府体制と巡見使（一）（二）―九州地域を中心として―」『九州史学』七七・七八
＊松尾良隆「天正八年の大和指出と一国破城について」『ヒストリア』九九
一九八四年
小島道裕「戦国期城下町の構造」『日本史研究』二五七
三鬼清一郎「近世初期における普請について」『名古屋大学文学部研究論集』史学三〇
一九八五年
藤木久志『豊臣平和令と戦国社会』東京大学出版会

一九八六年
乙咩政巳「中世末期から近世初頭にかけての城郭について—主として豊前国の場合—」『大分縣地方史』一二二
原口虎雄「薩摩藩外城制度の成立と元和の一国一城令—薩摩藩外城制度の研究（一）—」『法制史研究』三六
一九八七年
千田嘉博「織豊系城郭の構造—虎口プランによる縄張編年の試み—」『史林』七〇—二
高木昭作「乱世—太平の代の裏に潜むもの—」『歴史学研究』五七四
藤木久志『戦国の作法—村の紛争解決—』平凡社選書一〇三　平凡社
＊松尾良隆「織豊期の「城わり」について」横田健一先生古稀記念『文化史論叢』下
三鬼清一郎「普請と作事—大地と人間—」『日本の社会史』8　岩波書店
一九八八年
笹本正治『戦国大名と職人』中世史研究選書　吉川弘文館
藤岡通夫『城と城下町』　中央公論美術出版
松岡利郎『大坂城の歴史と構造』　名著出版
一九八九年
＊伊藤正義「『越後国郡絵図』と中世城郭—景勝政権下の地域的城郭破却令試論—」『奥田直栄先生追悼集』学習院大学輔仁会史学部
山本博文『寛永時代』日本歴史叢書39　吉川弘文館

一九九〇年
笠谷和比古「徳川幕府の大名改易政策を巡る一考察（一）（二）」『日本研究』三・四
藤井讓治「大名城郭普請許可制について」京都大学人文科学研究所『人文学報』66（藤井二〇〇三所収）
一九九一年
＊伊藤正義「講和の条件─領域の城郭破却─」『帝京大学山梨文化財研究・所報』一三
高田　徹「蓬佐文庫所蔵濃州古城之図について」『愛城研究報告』1
藤田達生「織豊系城郭論序説」『神戸大学史学年報』六
一九九二年
木島孝之「九州における織豊期城郭─縄張り構造にみる豊臣氏九州経営─」『中世城郭研究』六
福田千鶴「最上氏の改易について」『日本史研究』三六一（福田一九九九所収）
福田千鶴「慶長・元和期における外様大名の政治課題─黒田長政を事例として─」（『九州文化史研究所紀要』三七（福田一九九九所収）
藤井讓治『江戸開幕』日本の歴史12　集英社
一九九三年
＊伊藤正義「城を破る一陣参の作法②」（藤木編一九九三所収）
＊小林清治「信長・秀吉権力の城郭政策」『東北学院大学論集（歴史学・地理学）』二五（小林一九九四所収）
佐々木哲哉「博多松囃子」『福岡県史』通史編福岡藩文化上
＊長谷川成一「北の元和偃武」『研究年報・市史ひろさき』三（長谷川一九九八所収）

半田隆夫「幕府巡見使体制と西国経営」　藤野保先生還暦記念会編『近世日本の政治と外交』雄山閣出版
藤木久志編『歴史を読みなおす15　城と合戦　長篠の戦いと島原の乱』朝日百科日本の歴史別冊
藤木久志「村の城・村の合戦」（藤木編一九九三所収）
藤本正行「島原の乱」（藤木編一九九三所収）
横田冬彦「城郭と権威」『岩波講座日本通史』11　岩波書店
一九九四年
木島孝之「近世初頭九州における支城構造─黒田・細川領の支城について─」『福岡県地域史研究』一三
＊小林清治『秀吉権力の形成─書札礼・禁制・城郭政策─』東京大学出版会
高橋康夫「麓集落─その成立と景観」（『年報都市史研究2　城下町の類型』山川出版社
＊中澤克昭「空間としての「城郭」とその展開」　佐藤信・五味文彦編『城と館を掘る・読む』山川出版社
＊福田千鶴「元和の一国一城令と諸国城破り」『歴史と地理』四七二・日本史の研究一六七（福田二〇〇五所収）
堀　新「寺内町都市法の構造─「大坂並」の経済特権と領主権─」　中部よし子編『大坂と周辺諸都市の研究』清文堂出版
一九九五年
芦北町教育委員会編『佐敷（花岡）城Ⅰ─佐敷花岡城本丸跡発掘調査概報─』
安達裕之『異様の船　洋式船導入と鎖国体制』平凡社選書一五七
岩国市・岩国市教育委員会・山口県教育委員会編『岩国城跡（天守）─城山おもしろぱあく整備事業に伴う発掘調査報告─』山口県埋蔵文化財調査報告一七三

岩下哲典「発掘された江戸城」『歴史群像　名城シリーズ⑦江戸城』学習研究社
島田成矩『堀尾吉晴』松江今井書店
＊白峰　旬「織豊政権の城破却と元和一国一城令」『年報中世史研究』二〇（白峰一九九八所収）
白峰　旬「元和・寛永期の公役普請について」『日本歴史』五六二（白峰一九九八所収）
高田　徹「慶長期における本城・支城構造―福島・毛利領を中心として―」『中世城郭研究』九
廣崎篤夫『福岡県の城』海鳥社
＊福田千鶴「十七世紀初頭における城郭政策の展開―城破りの視点から―」『論集きんせい』一七
藤木久志『雑兵たちの戦場―中世の傭兵と奴隷狩り―』朝日新聞社
木島孝之「近世初頭九州における支城構造―黒田・細川領の支城について―」『福岡県地域史研究』一三
一九九六年
＊西ヶ谷恭弘監修・松本諒士著『築城　覇者と天下普請』理工学社
＊木島孝之「毛利領における岩国城・長府城の「城割」の実態と意味」『織豊城郭』三
＊木島孝之「肥前名護屋城の石垣における「城割」の実態と意味―「城割」は城の機能の消滅か―」『日本建築学会計画系論文集』六一（四八〇）
＊坂倉智之「幕藩体制下における一国一城令」『皇學館史学』一一
一九九七年
黒田基樹「慶長期大名の氏姓と官位」『日本史研究』四一四（黒田二〇一七所収）
高野信治『近世大名家臣団と領主制』吉川弘文館
中原健次『松江藩格式と職制』松江今井書店

＊藤木久志「山城停止令のこと」『戦国史研究』三三
松岡　進「『新編武蔵風土記稿』にみる古城と近世社会」『中世城郭研究』一一
渡部昌樹「下野唐沢山城の縄張りについて」『中世城郭研究』一一
一九九八年
加藤理文「天守編年―形態・位置からの可能性―」『織豊城郭』5
黒田基樹「福島正則文書の基礎的研究」『芸備地方史研究』二一〇・二一一（黒田二〇一七所収）
＊白峰　旬『日本近世城郭史の研究』校倉書房
高田　徹「江戸期における天守―その機能・使用方法・管理体制等を中心として―」『中世城郭研究』12
＊長谷川成一『近世国家と東北大名』吉川弘文館
堀田浩之「城郭礼賛」『特別展城郭を描く』兵庫県立博物館
一九九九年
白峰　旬「福島正則改易事件についての一考察」『愛城研報告』四（白峰二〇〇三に所収）
＊中澤克昭『中世の武力と城郭』吉川弘文館
福田千鶴『幕藩制的秩序と御家騒動』校倉書房
福尾猛市郎・藤本篤『福島正則』中央新書一四九一　中央公論新社
＊藤木久志「山城停止令の伝承を訪ねて」『史苑』五九―二
渡部浩一『近世日本の都市と民衆―住民結合と序列意識―』吉川弘文館
二〇〇〇年
石井進・服部英雄編『原城発掘―西海の王土から殉教の舞台へ―』新人物往来社

＊伊藤正義「原城の終焉の実態―破滅の作法―」（石井・服部編二〇〇〇所収）
千田嘉博『織豊系城郭の形成』東京大学出版会
中村雅治『日本の美術1　城と天守』四〇四　至文堂
松本慎二「原城と日野江城の発掘調査」（石井・服部編二〇〇〇所収）

二〇〇一年

＊伊藤正義・藤木久志編『城破りの考古学』吉川弘文館
＊伊藤正義「破城と破却の風景―越後国「郡絵図」と中世城郭」（伊藤・藤木二〇〇一所収）
木島孝之『城郭の縄張り構造と大名権力』九州大学出版会
＊中澤克昭「城を焼く―自焼没落とその後―」（伊藤・藤木二〇〇一所収）
＊福田千鶴「徳川の平和と城破り」（伊藤・藤木二〇〇一所収）
藤木久志『飢餓と戦争の戦国を行く』朝日選書六八七　朝日新聞社
松田憲治「美濃国武儀郡長瀬村豪農武井家と尾張藩社会」岸野俊彦編『尾張藩社会の総合研究』清文堂
＊藤木久志「山城停止令の伝承」（伊藤・藤木二〇〇一所収）
＊松本慎二「原城―島原の乱と城破り―」（伊藤・藤木二〇〇一所収）

二〇〇二年

小田原市教育委員会編『小田原城大久保雅楽介邸跡第X地点・小田原市文化財調査報告書』一〇五
川村博忠『寛永十年巡見使国絵図日本六十余州図』柏書房
藤井譲治『幕藩領主の権力構造』岩波書店
松岡　進『戦国期城館群の景観』校倉書房

光成準治「広島城二の丸の築造時期についての一考察」『芸備地方史研究』二三三
二〇〇三年
小林清治『奥羽仕置の構造―破城・刀狩・検地―』吉川弘文館
白峰　旬『豊臣の城・徳川の城―戦争・政治と城郭』校倉書房
福田千鶴「史料紹介　三奈木黒田家文書中の福島正則書状について」『九州文化史研究所紀要』47
二〇〇四年
西　和夫「古城は本当に古城だった」『日本歴史』六六八
藤田達生「戦争と城郭」『日本史講座』5近世の形成　東京大学出版会（藤田二〇一七所収）
二〇〇五年
福田千鶴『江戸時代の武家社会―公儀・鷹場・史料論―』校倉書房
二〇〇六年
白峰　旬『幕府権力と城郭統制―修築・監察の実態―』岩田書院
＊福田千鶴「戦争の終焉と城郭―福島正則の改易をめぐる三つの疑問―」藤田達生編『近世成立期の大規模戦争』岩田書院
福永泰久「慶長期豊前における細川氏の城郭政策と端城普請―豊後国高田城普請を中心に―」『大分縣地方史』一九七
藤木久志『土一揆と城の戦国を行く』朝日選書八〇八　朝日新聞社
二〇〇七年
胡　光「高松城下図屏風の総合研究」『香川県歴史博物館調査研究報告』三

徳島市立徳島城博物館編『阿波・淡路国絵図の世界』絵画図録3
丸山雍成「九州の近世城郭と福岡城」『海路』四
二〇一〇年
川村博忠『江戸幕府の日本地図』吉川弘文館
藤木久志『中世民衆の世界―村の生活と掟』岩波新書
二〇一一年
佐賀県教育委員会編『佐賀県の中近世城館』1文献史料編　佐賀県文化財調査報告書一九二
佐藤正彦『福岡城天守を復原する』石風舎
福田千鶴「福岡城三ノ丸東部に置かれた大身家臣の屋敷に関する一考察」『九州産業大学国際文化学部紀要』五〇
南島原市教育委員会編『史跡原城跡整備基本計画』
二〇一三年
佐賀県教育委員会編『佐賀県の中近世城館』2各説編1　佐賀県文化財調査報告書二〇一
堀　智博「熊本県立図書館所蔵「江戸江差上候御帳之扣（肥後国）」の再検討―江戸幕府の城郭政策をめぐって―」紙屋敦之『基盤研究B・藩世界と東アジア世界―西日本地域を中心に―』
＊花岡興史「江戸幕府の城郭政策にみる「元和一国一城令」」『熊本史学』九七
福岡市史編集委員会編『福岡城―築城から現代まで―』　新修福岡市史特別編
福田千鶴「福岡藩士時枝氏の先祖由緒地めぐり―『遠賀紀行』を読む（2）―」『九州産業大学国際文化学部紀要』五四

二〇一四年
＊宇山孝人「二つの「一国一城令」と阿波九城の終焉をめぐって」『徳島県立文書館研究紀要』六
五野井隆史『島原の乱とキリシタン』敗者の日本史14　吉川弘文館
佐賀県教育委員会編『佐賀県の中近世城館』3各説編2　佐賀県文化財調査報告書二〇四
福岡県教育委員会編『福岡県の中近世城館跡Ⅰ―筑前地域編1―』福岡県文化財調査報告書二四九
福田千鶴『豊臣秀頼』歴史文化ライブラリー三八七　吉川弘文館
福田千鶴「黒田家臣・栗山利安の覚書」『九州産業大学国際文化学部紀要』五七
丸山雍成「黒田孝高（如水）の戦略と築城」『城郭史研究』三四
二〇一五年
＊高橋雄七「佐竹義宣と元和の一国一城令」『国史談話会雑誌』五六
中野　等「一次史料に拠る福岡城築城過程の追究」『市史研究　ふくおか』一〇
福岡県教育委員会編『福岡県の中近世城館跡Ⅱ―筑前地域編2―』福岡県文化財調査報告書二五〇
二〇一六年
岩下哲典＋「城下町と日本人の心」研究会編『城下町と日本人の心性』岩田書院
胡　光「中世・近世の城から、近代の公園へ」（岩下編二〇一六所収）
神山　仁「江戸幕府の古城統制に関する一考察―奥羽の古城と寛永諸国巡見使の調査―」『城郭史研究』三五
高岡　徹「加賀藩初期の古城跡調査と幕府巡見使・国目付―越中国を中心に―」『富山史壇』一八一
中澤克昭「城郭と聖地　再考―中世から近世へ―」（岩下編二〇一六所収）

林　順子「名古屋城の描写と意識の変遷―江戸時代から近現代にかけて―」（岩下編二〇一六所収）
福田千鶴「天守と江戸人の心―機能からみる城郭観―」（岩下編二〇一六所収）
福田千鶴「一国一城と城下町の形成―城をめぐる日本人の心―」（岩下編二〇一六所収）

二〇一七年

稲葉継陽「島原・天草一揆と「天下泰平」」『原城落城のとき―禁教・潜伏への道のり―』南島原市・西南大学博物館
＊石畑匡基「土佐藩における「諸国城割令」の受容と破城」『高知県立歴史民俗資料館研究紀要』二一
黒田基樹『近世初期大名の身分秩序と文書』戎光祥出版
藤井讓治編『織豊期主要人物居所集成〔第2版〕』思文閣出版（〔第一版〕二〇一一年）
藤田達生『城郭と由緒の戦争論』校倉書房
山内治朋「四国の近世城郭誕生」四国地域史研究連絡協議会編『四国の近世城郭』岩田書院

二〇一八年

竹井英文『戦国の城の一生―つくる・壊す・蘇る―』歴史文化ライブラリー四七五　吉川弘文館
藤田達生『藤堂高虎論―初期藩政史の研究―』塙書房

二〇一九年

＊大平直子「多久家文書にみる大坂冬の陣後の城割普請」小宮木代良編『近世前期の公儀軍役負担と大名家―佐賀藩多久家文書を読みなおす―』
福田千鶴「加藤忠廣の基礎的研究　附　飯田覚資料の翻刻・紹介」『九州文化史研究所紀要』六二

著者略歴
一九六一年　福岡県に生まれる
一九九三年　九州大学大学院文学研究科博士課程中退
一九九七年　九州大学博士（文学）取得
国文学研究資料館・史料館助手、東京都立大学助教授、九州産業大学教授等を経て
現在　九州大学基幹教育院教授

〔主要著書〕
『幕藩制的秩序と御家騒動』（校倉書房、一九九九年）
『酒井忠清』（吉川弘文館、二〇〇〇年）
『豊臣秀頼』（吉川弘文館、二〇一四年）
『春日局』（ミネルヴァ書房、二〇一七年）
『近世武家社会の奥向構造』（吉川弘文館、二〇一八年）

城割《しろわり》の作法
一国一城への道程《みちのり》

二〇二〇年（令和二）一月二十日　第一刷発行

著　者　福《ふく》田《だ》千《ち》鶴《づる》
発行者　吉川道郎
発行所　株式会社　吉川弘文館
郵便番号一一三—〇〇三三
東京都文京区本郷七丁目二番八号
電話〇三—三八一三—九一五一〈代表〉
振替口座〇〇一〇〇—五—二四四番
http://www.yoshikawa-k.co.jp/
印刷＝株式会社　三秀舎
製本＝株式会社　ブックアート
装幀＝黒瀬章夫

ISBN978-4-642-03497-5